GARY B. LUNDBERG
JOY SAUNDERS LUNDBERG

Hörst du mir eigentlich zu?

Menschen, die uns wichtig sind, lassen wir mit ihren Problemen nicht gerne allein. Wir wollen helfen. Freunde, Partner, Kinder und Kollegen erhalten dann schnell mal ein paar gutgemeinte Ratschläge: »Du solltest …«, »Du müsstest …«. Leider ist damit das Problem nur selten aus der Welt.

Der erfahrene Psychotherapeut Gary B. Lundberg zeigt anhand anschaulicher Fallbeispiele, wie wir in ganz unterschiedlichen Situationen unser Gegenüber wirksam dabei unterstützen können, sich dem eigenen Problem zu stellen. Das Wichtigste dabei: Vertrauen in die Fähigkeiten des anderen, seine Probleme selbst zu lösen und wichtige Entscheidungen selbst zu treffen! Wer den anderen Menschen ernst nimmt, und nicht versucht, ihm seine Probleme und Gefühle auszureden, sondern ihn einfühlsam bestätigt, wird nicht nur sich selbst entlasten, sondern vor allem dem anderen die Kraft geben, sein Leben selbstverantwortlich in die Hand zu nehmen. Die Methode ist verblüffend einfach, anregend, unterhaltsam und immer und in jeder Beziehung anwendbar.

Autoren

Das Geheimnis zwischenmenschlicher Beziehungen und die damit verbundenen alltäglichen Kommunikationsprobleme stehen im Mittelpunkt von Seminaren und Workshops, die der praktizierende Ehe- und Familientherapeut Gary B. Lundberg und seine Frau, die Schriftstellerin und Drehbuchautorin Joy Saunders Lundberg, gemeinsam in den USA veranstalten. Die beiden sind Eltern von fünf Kindern und leben im Südwesten der Vereinigten Staaten.

Gary B. Lundberg
Joy Saunders Lundberg

Hörst du mir eigentlich zu?

Warum guter Rat nicht immer hilft

Aus dem amerikanischen Englisch
von Rita Höner

GOLDMANN

Die amerikanische Originalausgabe erschien 1999
unter dem Titel »I don't have to make everything all better«
bei Viking, New York.
Die deutsche Erstausgabe erschien unter dem Titel
»Ich muß mich nicht für alles verantwortlich fühlen«.

FSC

Mix

Produktgruppe aus vorbildlich
bewirtschafteten Wäldern und
anderen kontrollierten Herkünften

Zert.-Nr. SGS-COC-1940
www.fsc.org
© 1996 Forest Stewardship Council

Verlagsgruppe Random House FSC-DEU-0100
Das für dieses Buch verwendete FSC-zertifizierte Papier
Holmen Book Cream liefert Holmen Paper, Hallstavik, Schweden.

1. Auflage
Taschenbuchausgabe Januar 2008
Wilhelm Goldmann Verlag, München,
in der Verlagsgruppe Random House GmbH
Copyright © der Originalausgabe 1995
by Gary B. und Joy Saunders Lundberg
Copyright © der deutschsprachigen Ausgabe 1999
by Wilhelm Goldmann Verlag, München,
in der Verlagsgruppe Random House GmbH
Umschlaggestaltung: Design Team München
Umschlagabbildung: Martin Guhl/ Agentur dieKleinert
KF · Herstellung: Str.
Druck und Bindung: GGP Media GmbH, Pößneck
Printed in Germany
ISBN: 978-3-442-15481-4

www.goldmann-verlag.de

Inhalt

Geleitwort   7
Vorwort   9
Einführung 11

Erster Teil

Erster Grundsatz – Wirkungsvoll bestätigen 21
Zweiter Grundsatz – Die Verantwortung da lassen,
    wo sie hingehört 34
Dritter Grundsatz – Gefühle anerkennen 47
Vierter Grundsatz – Zuhören lernen 59
Fünfter Grundsatz – Der richtige Zeitpunkt
    für Belehrungen 73
Sechster Grundsatz – Bestätigende Formulierungen
    und Fragen 98

Zweiter Teil

Kinder bestätigen 107
Teenager bestätigen 133
Erwachsene Kinder bestätigen 157
Den Partner bestätigen 181
Eltern und Schwiegereltern bestätigen 205
Bestätigung in Scheidungs- und Patchwork-Familien . . . 227

Freunde bestätigen 254
Bestätigen am Arbeitsplatz 267

Schluß 282

Dank 285
Literatur 287

Geleitwort

Es gibt jede Menge Bücher über Psychologie, und in den meisten versuchen Fachleute mit kompliziertem Fachchinesisch Lösungen für zwischenmenschliche Probleme zusammenzubrauen – so ähnlich wie früher die Alchemisten aus Blei Gold herstellen wollten und mit weitgehend demselben Ergebnis.

»Ich muß mich nicht für alles verantwortlich fühlen« ist kein Buch dieser Art. Hier werden keine Wunderlösungen für reale Probleme angeboten. In der Tradition von Klassikern wie Dr. Scott Pecks »Der wunderbare Weg« und Stephen R. Coveys »Der Weg zum Wesentlichen« zeigt das Buch der Lundbergs erfreulicherweise einen praktisch anwendbaren, konkreten Ansatz für die Verbesserung von Beziehungen und bringt so mehr Freude in unsere Familie und in unser Leben.

Es ist immer erfrischend, vom Offenkundigen überrascht zu werden, und es gibt Kraft, zu wissen, daß wir unsere Lebensumstände selbst verbessern können.

Wenn es ein Benutzerhandbuch für Beziehungen gäbe, dann wäre es dieses Buch.

Richard Paul Evans
Autor des US-Bestsellers
»Die wundersame Schatulle«

Vorwort

In den letzten Jahren haben meine Frau Joy und ich viele Seminare zu den Grundsätzen und Prinzipien geleitet, die in diesem Buch vorgestellt werden. Nach den Veranstaltungen haben immer viele Leute gefragt, ob wir nicht ein Buch hätten, in dem diese Grundsätze erklärt werden. Wenn wir sagten, daß das nicht der Fall wäre, waren sie enttäuscht. Sehr oft haben wir dann gehört: »Bitte schreiben Sie dieses Buch. Ich weiß, daß es mir und meiner Familie helfen würde.« Andere haben gesagt: »Ich habe einen Freund, der das unbedingt braucht. Bitte schreiben Sie das Buch.« Aufgrund dieser wiederholten Ermunterung und dem Wunsch, unsere Erkenntnisse möglichst vielen Menschen zu vermitteln, haben wir das Buch schließlich geschrieben.

Die Grundlagen für diese sechs Grundsätze stammen aus verschiedenen Quellen. Unser unterschiedlicher familiärer Hintergrund hat uns einen jeweils anderen Blick auf die Welt und die Menschen mitgegeben. Joy ist mit sieben Brüdern und einer Schwester auf einem Bauernhof im Westen der USA aufgewachsen, ich mit zwei Brüdern in einer Großstadt im Osten. Wir lebten beide in einfachen, jedoch sehr unterschiedlichen Verhältnissen. Aber uns beiden wurde beigebracht, daß die meisten Menschen gut und vertrauenswürdig sind. Dies wurde uns sowohl im privaten wie auch im beruflichen Umfeld immer wieder bestätigt, so daß wir diese Überzeugung auch an unsere Kinder weitergegeben haben.

Während des Studiums lernte ich weitere Auffassungen und psychologische Theorien kennen. Ich überprüfte sie, und wenn sie mir entsprachen, verband ich sie mit meinen persönlichen Überzeugungen. Ich befaßte mich auch weiterhin mit zwischenmenschlichen Beziehungen, und diese Studien führten zusammen mit der praktischen Arbeit in meiner Praxis für Ehe- und Familientherapie zur Erweiterung dieser Theorien: Ich entwickelte die in diesem Buch vorgestellten sechs Grundsätze. Meine Frau Joy hat sie ausprobiert und ebenfalls für gut befunden, sie vertritt sie inzwischen genauso überzeugt wie ich. Die Anwendung dieser Grundsätze hat uns selbst geholfen, als wir genau wie jedes andere Paar mit Problemen kämpften.

Wir sind von den hier vorgestellten Grundsätzen überzeugt, weil sie unser Leben und das Leben vieler anderer Menschen positiv verändert haben. Wir glauben, daß sie auch Ihre Beziehungen zu Ihrer Familie und allen, mit denen Sie zu tun haben, wesentlich verbessern können.

Der leichteren Lesbarkeit halber wurde das Buch so geschrieben, als wäre es von mir alleine verfaßt worden, doch meine Frau und ich haben es gemeinsam geschrieben. Die geschilderten Erfahrungen haben wir selbst gemacht, oder sie wurden uns von anderen mitgeteilt. Es sind authentische Beispiele dafür, wie diese Grundsätze mit Erfolg angewandt wurden.

Einführung

>*Ich habe nicht die Macht, die Probleme anderer Menschen zu lösen, noch nicht einmal die meiner eigenen Familienangehörigen. Ich gebe ihnen die Kraft, ihre Probleme selbst zu lösen, wenn ich ihre Gefühle angemessen bestätige. – Diese Erkenntnis hat meine Beziehung zu ihnen wesentlich verbessert.*«

Wir machen ständig Erfahrungen, die mit positiven oder mit negativen Gefühlen verknüpft sind. Beim Durchleben dieser Gefühle möchten die meisten Menschen mit jemandem reden können, der sie mag und den sie mögen. Folgende Situation kennen Sie sicher (vgl. Seite 256):

»Ich hatte einen sehr anstrengenden Tag im Büro hinter mir, nichts hatte geklappt. Ich traf mich mit einem guten Freund und wollte ihm einfach nur erzählen, was alles passiert war. Als ich gerade damit angefangen hatte, unterbrach er mich schon und sagte mir, was ich seiner Meinung nach hätte tun sollen und was ich jetzt noch tun könnte, um mein Problem zu lösen. Diese Art Hilfe brauchte ich nicht. Innerlich hatte ich das Gefühl, schreien zu müssen: ›Sei still und hör mir zu! Ich muß jemandem erzählen, was los war, weil ich sonst platze, und ich dachte, du würdest dich für mich interessieren und mich verstehen.‹ Ich war frustriert, beendete die Unterhaltung schnell und ging deprimiert und verletzt weg.«

Einen anderen Vorfall erzählte mir die Mutter eines Mädchens im Teenageralter. Das Mädchen war wütend und enttäuscht über die Behandlung durch seine Freundinnen (vgl. Seite 154).

»Meine Tochter sagte: ›Wirklich, Mama, sie nutzen mich nur aus und behandeln mich wie ein Stück Dreck. Sie leihen sich meine Klamotten aus und geben sie mir nicht wieder, wenn ich sie haben will; und wenn sie sie schließlich bringen, sind sie total versifft.‹ Ich kannte die Lösung für ihr Problem, und also sagte ich: ›Schätzchen, die Lösung ist doch ganz einfach. Leih ihnen einfach keine Klamotten mehr und hol dir die zurück, die sie haben.‹ Sie starrte mich an und sagte: ›Du verstehst mich einfach nicht. Du interessierst dich nicht für mich. Du hörst mir nie zu!‹ Damit rannte sie aus dem Zimmer. Ich hatte ihr doch nur helfen wollen.«

Auf die eine oder andere Weise habe ich solche Situationen schon oft erlebt – und Sie wahrscheinlich auch. Wenn ich derjenige war, der den Rat gegeben hatte, und der andere dann deprimiert oder eingeschnappt war, dachte ich bei mir: »Ich hab dir doch nur helfen wollen.« Ich war felsenfest davon überzeugt, daß ich durch meine klugen Ratschläge und meine tollen Tips das Problem des anderen lösen und die Welt für ihn wieder in Ordnung bringen könnte. Umgekehrt fühlte auch ich mich oft unverstanden, wie im eingangs geschilderten Fall. In meiner Ehe gab es einmal eine Zeit, in der ich das Gefühl hatte, meiner Frau meine Probleme nicht erzählen zu können. Sie gab mir dann nämlich immer irgendwelche Ratschläge und sagte mir, was ich zu tun hatte, oder sie versuchte, meine Gefühle zu interpretieren. Als wir über dieses Kommunikationsproblem sprachen, stellte sich heraus, daß ich es bei ihr genauso machte. Und wir hatten beide dieselbe Rechtfertigung für unser Verhalten: *Wir wollten dem anderen dadurch helfen, daß wir seine Probleme lösten. Sind Partner dazu nicht schließlich da?*

Wenn wir auf der Geberseite sind, vergessen wir leicht, wie es sich anfühlt, der Empfänger zu sein. Wenn jemand anfängt, uns von seinen Problemen zu erzählen, schalten wir innerlich automatisch entweder auf »Problemlösung« oder auf »Abwehr«. Sehen wir uns die folgende Erfahrung eines Kundendienstmitarbeiters an (vgl. Seite 267):

»Das Telefon auf meinem Schreibtisch klingelte, und ich nahm den Hörer ab. Mit lauter, wütender Stimme sagte ein Mann: ›Ich hoffe, daß Sie mir helfen können, denn ich hab jetzt schon drei Leute an der Strippe gehabt und will, daß endlich was passiert! Mein Auto war in den letzten zwei Wochen dreimal wegen derselben Sache in Ihrem miesen Laden, und es funktioniert immer noch nicht!‹ Ich fragte: ›Können Sie mir sagen, was jetzt mit ihm nicht in Ordnung ist?‹ – ›Wenn ich wüßte, was mit der verdammten Karre nicht stimmt, hätte ich es schon selbst repariert!‹ Ich sagte: ›Tut mir leid, daß Sie solche Unannehmlichkeiten hatten.‹ Er unterbrach mich und sagte: ›Es ist mir piepegal, ob es Ihnen leid tut. Sie sind sowieso der traurigste Verein, den ich kenne. Was zum Teufel wollen Sie jetzt machen, um mein Auto hinzukriegen?‹ Ich ertappte mich dabei, daß ich wütend zurückgab: ›Jetzt hören Sie aber mal, ich kann doch nichts dafür, daß Ihr Auto nicht ordentlich repariert worden ist!!!‹«

Es ist sehr schwierig zu wissen, wie man in den unterschied-lichsten Situationen auf andere eingehen soll. Irgendwie halten wir es für unsere moralische Pflicht, alles in Ordnung zu brin-gen, oder wir glauben, alle würden von uns erwarten, daß wir ihre Probleme lösen. Auf diese Weise tragen wir eine fürchter-liche Last mit uns herum, die uns ordentlich niederdrückt. Doch wie kommt es, daß wir versuchen, für jeden der Pro-blemlöser vom Dienst zu sein? Wann hat diese Verpflichtung begonnen?

Die meisten von uns wissen nicht genau, wann die Vorstel-lung, sich um die Probleme anderer Leute kümmern zu müs-sen, zum ersten Mal aufgetaucht ist. Eine Klientin von mir sagte: »Der Gedanke war einfach immer da. Ich fühle mich irgendwie getrieben, für andere alles in Ordnung zu bringen.« Andere Klienten und Freunde haben ähnliche Bemerkungen gemacht. Wenn jemand anderes Schwierigkeiten hat, scheint es einfach ihre Aufgabe zu sein, die Lösung zu finden. Hier eine kleine Auswahl der Äußerungen, die ich zu diesem Thema immer wieder gehört habe:

»Ich muß irgendeine Aura haben, die anderen Leuten signali-siert, daß ich ihre Probleme lösen kann, denn sogar Fremde er-zählen mir von ihren Schwierigkeiten.«

»Mein ganzes Leben lang hat man mir gesagt, ich solle mich um meine jüngeren Brüder und Schwestern kümmern – daß ich für sie verantwortlich wäre. Wenn sie gestritten haben, mußte ich den Streit schlichten. Wenn sie Hunger hatten, mußte ich ihnen was zu essen machen. Ich mußte ihre Windeln wechseln, für die ganze Familie die Wäsche waschen und das Haus sauber hal-ten. Was *ich* wollte, wurde nie gefragt. Obwohl das schon lange her ist, fühle ich mich immer noch dafür verantwortlich, die

Probleme anderer zu lösen und ihre Bedürfnisse zu befriedigen.«

»Meine Kinder haben so unter meiner Scheidung gelitten, daß ich jetzt alles dafür tue, um es ihnen leichter zu machen. Mein neuer Partner muß das einfach verstehen.«

»Jedesmal, wenn meine Frau mir von irgendeinem Problem erzählt, fühle ich mich dafür verantwortlich, es zu lösen. Sie scheint zu sagen: ›Also was ist jetzt, was willst du daran machen?‹«

»Ich hab immer gewußt, daß ich alle bei Laune halten muß. Es ist meine Aufgabe, positiv zu sein und sie glücklich zu machen.«

»Mein Sohn und seine Frau haben finanzielle Schwierigkeiten, und jedesmal, wenn wir zusammen sind, beklagen sie sich darüber. Was erwarten sie von mir? Soll ich ihnen Geld schicken, damit sie sich nicht so abstrampeln müssen? Ich sage ihnen immer wieder, daß sie es so schlecht auch nicht haben.«

Kommen Ihnen solche Bemerkungen bekannt vor? Früher habe ich zum Teil ähnlich gefühlt und viele Fehler gemacht. Denn damals wußte ich noch nicht, wie wichtig es ist, die Gefühle anderer zu bestätigen, und schon gar nicht, wie ich das überhaupt machen sollte. Ich hielt es für meine Pflicht, die – offen geäußerten oder nur vermuteten – Probleme meiner Familie, meiner Freunde und anderer Menschen zu lösen.

Ich habe nicht die Macht, die Probleme anderer Menschen zu lösen, noch nicht einmal die meiner eigenen Familienangehörigen. Ich gebe ihnen die Kraft, ihre Probleme selbst zu lösen, wenn ich ihre Gefühle angemessen bestätige. – Diese Erkenntnis hat meine Beziehung zu ihnen wesentlich verbessert.

Ich habe nicht die Macht, die Probleme anderer Leute zu lösen. Aber wenn ich ihre Gefühle angemessen bestätige, gebe ich ihnen die Kraft, ihre Probleme selbst zu lösen.

Seitdem ich weiß, was alles passieren kann, wenn man die in diesem Buch vorgestellten Grundsätze anwendet, teile ich sie bei jeder passenden Gelegenheit meinen Klienten, Seminarteilnehmern und anderen mit. Wenn die Leute dann anfangen zu begreifen, wie das Bestätigen funktioniert, und daß es anderen die Kraft gibt, ihre Probleme selbst zu lösen, wollen sie mehr wissen. Es ist schön, die Begeisterung mitzuerleben, wenn sie lernen, Familienangehörigen und anderen wirklich zuzuhören und ihnen ein wahrer Freund zu sein.

Das Bestätigen ist kein neuer Gesprächsstil, und vielen scheint nicht klar zu sein, wie einfach es ist und wie positiv es ihre Beziehung zu anderen beeinflussen kann. Manche verwenden es vielleicht schon in gewissem Umfang, aber nicht so konsequent, wie es möglich wäre. In diesem Buch erfahren Sie alles über die Grundsätze des Bestätigens und über seine Praxis. Sie lernen, wie Sie das Bestätigen effizient – und sogar ganz automatisch – tagtäglich einsetzen können. Wenn Sie dies tun, werden all Ihre Beziehungen erfüllender, friedlicher und angenehmer.

Das Bestätigen ist kein Allheilmittel. Es ist eine Methode, um Lasten, die nicht die Ihren sind, zumindest teilweise abzulegen. Es ist eine Methode, um nahestehende Menschen selbst die

Verantwortung für ihre Probleme tragen zu lassen und ihnen dadurch zu helfen, daß sie sich von Ihnen geliebt fühlen. Viele glauben es zunächst nicht, aber es stimmt: Sie müssen sich nicht für alles verantwortlich fühlen.

In Teil eins werden Grundregeln und Grundlagen des Bestätigens erläutert. Die aufmerksame Lektüre dieser Kapitel vermittelt Ihnen ein erstes Verständnis dafür, wie wichtig die Regeln sind und wie sie sich anwenden lassen. Mit diesem Basiswissen können Sie die Beispiele zur praktischen Anwendung im zweiten Teil des Buches leicht nachvollziehen.

Diese Beispiele beschreiben, wie das Bestätigen in den unterschiedlichsten Situationen erfolgreich angewandt werden kann und auch angewandt worden ist. Die meisten Geschichten sind uns von Menschen zugetragen worden, die die Methode erlernt und in ihr Leben integriert haben. Sie waren bereit, ihre Erfahrungen mitzuteilen, damit andere ihre Effizienz sehen. Einige Beispiele zeigen auch, wie negativ es sich auswirkt, wenn die Grundsätze nicht angewandt werden. Wahrscheinlich werden Sie sich in vielen Situationen wiedererkennen. Es sind alltägliche Erfahrungen, die jeder von uns irgendwann schon gemacht hat.

Die in diesem Buch geschilderten Beispiele decken natürlich nicht alle Situationen ab, in denen das Bestätigen möglich ist. Sie sind eher so etwas wie eine Mustersammlung, die Sie zum Nachdenken anregen soll. Weil bestätigende Formulierungen so leicht anzuwenden sind und für den Empfänger so positiv sind, tauchen einige von ihnen mehrmals auf. Wenden Sie sie in ähnlichen Situationen an, und probieren Sie aus, wie sie Ihnen bei der Bewältigung Ihrer Lebensumstände helfen können.

Einige der in diesem Buch angesprochenen Ideen erscheinen vielleicht sehr simpel, aber sie führen zu überraschend guten

Ergebnissen, wenn sie angewandt werden. Legen Sie sie nicht zur Seite, weil sie so einfach sind. Geben Sie dem Bestätigen eine Chance, bevor Sie Ihr Urteil fällen. Es hilft!

Erster Teil

In diesem Teil
lernen Sie unsere sechs Grundsätze kennen.
Damit können Sie Menschen durch ihre Gefühle
hindurchbegleiten, und Sie geben ihnen die Kraft,
ihre Probleme selbst zu lösen.

Erster Grundsatz
Wirkungsvoll bestätigen

Laß mir meine Gefühle

Tagtäglich versuchen Menschen überall auf der Welt in allen möglichen Lebenslagen irgend jemandem gegenüber ihre Gefühle zu äußern. Betrachten Sie die folgenden Beispiele:

- Es ist ein kalter Wintermorgen, und Sie wecken Ihr Kind. »Ich will nicht aufstehen. Es ist kalt«, sagt das Kind. Sie antworten: »Es ist doch gar nicht so kalt. Du brauchst nur aufzustehen und dich zu bewegen, dann geht's dir gleich besser.«
- Sie kommen von der Arbeit nach Hause, und das Abendessen steht nicht auf dem Tisch. Ihre Frau, Mutter von drei Kindern und außer Haus nicht berufstätig, sagt: »Ich hab keine Lust, heute was zum Abendessen zu machen. Ich bin es leid, es ist jeden Tag dasselbe.« Sie entgegnen: »Du meinst, du hättest es schwer. Du weißt überhaupt nicht, wie gut du es hast. Du kannst zu Hause bleiben. Ich muß jeden Tag zur Arbeit.«
- Ihr sportlicher Sohn kommt nach Hause und sieht aus wie ein Häufchen Elend. »Ich hab es nicht geschafft, in die Mannschaft zu kommen«, sagt er. Sie erwidern: »Du mußt einfach weiter dein Bestes geben, dann schaffst du es irgendwann schon.«

- Ihre jungverheiratete Tochter beklagt sich bei Ihnen: »So hab ich mir das Eheleben auch nicht vorgestellt. Es ist verdammt schwierig. Nie ist Geld für irgendwelche Extras da.« Sie antworten: »Schätzchen, du weißt überhaupt nicht, was Schwierigkeiten sind. Als dein Vater und ich jung verheiratet waren...«

- Ein Bauarbeiter an der Betonmischmaschine sagt: »O Mann, ist das heiß hier draußen. Ich komm' mir vor wie ein Stück Fleisch in der Pfanne.« Und Sie, der Fahrer eines Betonmixers, erwidern: »Wenn du in dem Kasten hier sitzen würdest, wüßtest du, was heiß ist.«

Viele von uns reagieren so wie in diesen Beispielen. Wir erkennen das in jedem vorhandene universelle Bedürfnis nicht: Wir alle brauchen die Bestätigung, daß wir wertvoll sind, unsere Gefühle wichtig sind und irgend jemand sich wirklich für uns interessiert. Davon sind wir erst dann überzeugt, wenn uns gestattet wird, unsere Gefühle wahrzunehmen und zu äußern.

Wir alle brauchen die Bestätigung, daß wir
wertvoll sind, unsere Gefühle wichtig sind und
irgend jemand sich wirklich für uns interessiert.

Manchen Menschen fällt es schwer, ihre Gefühle wahrzunehmen – besonders Männern. Anderen wurde nicht erlaubt, das, was in ihnen vorging, zu äußern. Viele haben in ihrer Kindheit und Jugend von Eltern, Lehrern oder Freunden gehört, es wäre nicht richtig, das zu fühlen, was sie fühlten. Ein Klient erzählte mir, daß seine Eltern jedesmal, wenn er versuchte, über seine Gefühle zu reden, gesagt hätten: »Kinder sollte man sehen und nicht hören. Also sei still und geh spielen.« Er sagte: »Ich habe gelernt, daß es riskant ist, meine Gefühle oder Bedürfnisse zu äußern. Wenn ich es tat, wurden sie gegen mich eingesetzt, um mich in Verlegenheit zu bringen.« Er fuhr fort: »Wenn andere Erwachsene uns besuchten, sagte mein Vater oder meine Mutter manchmal: ›Weißt du, was unser Sohn gesagt hat?‹ Dann wiederholten sie, was ich gesagt hatte, und machten sich darüber lustig.«

Eine andere Klientin erzählte, daß ihr jedesmal, wenn sie anfing, von ihren Gefühlen zu reden, gesagt wurde, daß diese Gefühle nicht richtig seien und daß sie nicht so fühlen sollte. Ihre Eltern sagten ihr dann, welche Gefühle in dieser Situation »richtig« waren.

In einer Fernseh-Talkshow sprachen zwei Frauen über die Gefühle, die sie in ihrer Kindheit gehabt hatten. Wegen der Art, wie die Mutter auf ihre Gefühlsäußerungen reagierte, hatten sie sich oft ziemlich wertlos gefühlt. Eine Tochter sagte, ihre Mutter hätte häufig zu ihr gesagt, daß sie ein bestimmtes Gefühl nicht haben sollte, daß ihre Empfindungen falsch seien. Die Tochter sagte zur in der Talkshow ebenfalls anwesenden Mutter: »Ich ging dann mit der Überzeugung weg, daß ich als Person nicht wichtig war und meine Gefühle nicht zählten.« Die Tochter sah die Mutter an und sagte mit Tränen in den Augen: »Ich wollte doch einfach nur hören, daß du meine Gefühle verstehst. Dann wäre ich mit dem Gefühl weggegangen, etwas wert zu sein.«

Szenen dieser Art ereignen sich jeden Tag auf der ganzen Welt. Weil ich das Leid und den Mangel an Selbstwertgefühl kenne, die durch sie entstehen, möchte ich Menschen helfen, die Grundsätze des Bestätigens zu verstehen. Sie beruhen auf der Einsicht, daß ich so, wie ich bin, akzeptabel bin, und daß Sie so, wie Sie sind, akzeptabel sind. Sehr viele Menschen glauben jedoch: »Ich bin akzeptabel. Und du bist akzeptabel, wenn du dasselbe glaubst, siehst, fühlst und redest wie ich.«

Wir alle wollen, daß man uns zuhört und versteht. Wir wollen für das geschätzt werden, was wir als Person sind. Darum müssen wir ganz angehört und nicht beurteilt, korrigiert oder mit Ratschlägen eingedeckt werden. Wenn die Menschen, die in unserem Leben wichtig sind, sich nicht die Zeit nehmen, uns bis zum Ende anzuhören, wirkt sich das sehr negativ auf uns aus, wie die beiden Beispiele oben zeigen.

In vielen Familien gilt das Gesetz, daß man Kinder, egal wie alt sie sind, sehen, aber nicht hören sollte. Die Eltern wissen alles, sie haben eben »die Erfahrung«. Kinder bleiben Kinder, bis die Eltern sterben, und bis dahin sollen die Kinder ihre Eltern für allwissend halten. Von den Kindern wird erwartet, daß sie den Rat der Eltern akzeptieren und ihn befolgen, ohne Fragen zu stellen. – Was ich da sage, ist extrem, aber in vielen Familien bis zu einem gewissen Grad Realität. Eine derartige Einstellung unterdrückt das persönliche Wachstum und ist kein Zeichen für Respekt und Verständnis.

Zwischenmenschliche Beziehungen außerhalb der Familie laufen so ähnlich ab. Genauso wie die »allwissenden« Eltern wollen die meisten von uns für weise gehalten werden. Wenn jemand mit einem Problem zu uns kommt, denken wir alle – Männer wie Frauen – automatisch, wir müßten es sofort für ihn lösen. Wenn wir ein Problem geschildert bekommen, hören wir gar nicht richtig zu; statt dessen überschlagen sich unsere Gedanken, denn wir suchen nach Lösungen und können kaum erwarten, daß der andere aufhört zu reden, damit wir ihm sagen können, was er jetzt machen soll. Wir mögen diesen Menschen, und wir denken, es wäre unsere Pflicht, ihm so zu helfen. Dadurch wird die Kommunikation mit Freunden und Familienangehörigen allerdings nur unnötig belastet.

Das Gefühl, immer die richtige Antwort parat haben zu müssen, findet sich auch im beruflichen Bereich. Wenn ich der Inhaber oder Geschäftsführer einer Firma bin, muß ich für alle Bedürfnisse oder Probleme eine Lösung haben. Wenn es um die Firmenpolitik oder um wichtige Entscheidungen geht, ist dies manchmal tatsächlich notwendig, aber beim Lösen von alltäglichen Problemen kann es eine schreckliche Belastung sein. Manche Firmeninhaber sind sogar der Meinung, die Arbeitnehmer sollten nur tun, was ihnen gesagt wird, und das Denken dem Chef überlassen. Firmen mit dieser Philosophie haben mehr Schwierigkeiten als solche, die ein offenes Ohr haben. Denn neue Ideen, die durch das Bestätigen oft zutage gefördert werden, sind für den Erfolg unabdingbar.

Was bedeutet »Bestätigen«?

Bestätigen bedeutet, daß man bekräftigt, daß das, was jemand anders (oder man selbst) fühlt, sinnvoll und wichtig ist. Bestätigen ist die Fähigkeit, sich den Standpunkt eines anderen mitfühlend anzuhören und ihn zu verstehen, ohne ihn ändern zu wollen. Man kann es auch so sagen: Bestätigen ist die Fähigkeit, einen anderen Menschen durch seine Gefühle hindurchzubegleiten, ohne zu versuchen, seine Richtung zu ändern.

Der amerikanische Schriftsteller Robert Bly, der auch die Männerbewegung »A Gathering of Men« initiierte, sagte einmal in einem Fernsehinterview: »In einer Unterhaltung gibt es immer wieder Punkte, an denen Sie dem Gespräch eine konstruktive oder eine destruktive Wendung geben können. Wenn jemand sagt: ›Vor fünf Jahren habe ich meinen Bruder verloren‹, können Sie an dieser Stelle sagen: ›Na ja, wir alle verlieren unsere Brüder‹; Sie können auch seine Hand berühren;

oder Sie können in den Teil von sich hineingehen, der ebenfalls
einen Bruder verloren hat.

> *Man sollte einem Menschen erlauben, so tief in*
> *seine Gefühle hineinzugehen, wie es notwendig*
> *ist. Wenn man ihn dabei begleitet, kommt er aus*
> *eigener Kraft wieder aus ihnen heraus.*

Auf diese Weise können wir die Trauer nachempfinden.« Wenn
wir einen anderen Menschen durch seine Gefühle hindurchbegleiten, behandeln wir ihn höflich, freundlich und respektvoll.
Mit anderen Worten: Wir behandeln ihn so, wie wir selbst
gerne behandelt würden. Wird es einem Menschen erlaubt, so
tief in seine Gefühle hineinzugehen, wie es notwendig ist, und
wird er dabei begleitet, kommt er aus eigener Kraft wieder aus
ihnen heraus.

Anmerkung: Natürlich gibt es auch Probleme, die allein durch
Zuhören und Bestätigen nicht gelöst werden können. Seelische
Krankheiten wie zum Beispiel echte Depressionen oder psy-
chische Störungen wie Phobien gehören in die Hände eines
Fachmannes und müssen teilweise auch medikamentös behan-
delt werden.

Positives Denken

Viele Menschen schwören auf positives Denken. Sie glauben,
daß es in vielen Situationen die beste Lösung ist. Man muß das
Leben immer von der heiteren Seite sehen. – Und wenn man
anderen helfen möchte, sollte man ihnen stets die positive Seite

vor Augen führen und ihnen eine große Dosis positives Denken verabreichen, egal wie sie sich fühlen. An einem bestimmten Punkt kann dies durchaus angebracht sein. Doch der andere muß diesen Punkt in seinem eigenen Tempo erreichen.

Nehmen wir an, bei Ihnen sei gerade Krebs im Anfangsstadium diagnostiziert worden. Sie rufen eine Freundin an, um ihr die schreckliche Neuigkeit mitzuteilen, und fügen hinzu: »Ich hab furchtbare Angst. Jeden Tag sterben Leute an Krebs.« Wie würden Sie sich fühlen, wenn Ihre Freundin nun sagen würde: »Nimm es nicht so schwer. Sie haben ihn doch früh erkannt. Wahrscheinlich brauchst du dir überhaupt keine Sorgen zu machen.« Wie sensibel reagiert Ihre Freundin auf Ihre Gefühle? Was brauchen Sie in diesem Augenblick von ihr? Ist das der Zeitpunkt, eine Äußerung aus der Positiv-Denken-Schublade zu hören? Würden Sie sich nicht sehr viel besser fühlen, wenn Ihre Freundin statt dessen gesagt hätte: »Mensch, das tut mir aber wirklich leid«, und anschließend zum Beispiel gefragt hätte: »Wie hast du es entdeckt?« oder: »Was hat der Arzt gesagt?« Dann haben Sie die Möglichkeit, darüber zu sprechen – Ihrer Freundin mehr über das Problem zu erzählen, über das, was Ihnen Sorgen macht, wie ernst es sein könnte und was der Arzt empfiehlt.

Wir alle haben von Natur aus den Wunsch und das Bedürfnis, uns auf die positive Seite des Lebens auszurichten. Unsere Grundstruktur drängt uns, neue Möglichkeiten und Lösungen zu sehen. Aber *bevor* wir die positive Seite sehen können, müssen wir die eigenen Gefühle wahrnehmen und wir müssen wissen, daß wir sie tatsächlich haben dürfen. Sobald wir uns mit dem Gefühl ausreichend beschäftigt haben, sind wir bereit, positiver gestimmt weiterzugehen. Und wenn jemand uns durch unsere Gefühle hindurchbegleitet, können wir die positive Seite sehr viel leichter entdecken.

Ein Klient von mir – nennen wir ihn John – erzählte folgende Geschichte: Sein dreizehnjähriger Sohn kam eines Tages nach Hause und sagte: »Ich hasse Jim.« Normalerweise hätte die elterliche Seite in John nun so reagiert, daß er seinem Sohn gesagt hätte, er solle das Wort »hassen« nicht benutzen, weil er eigentlich ja gar nicht »hassen« meinte. Anstatt seinen Sohn durch diese abwertende Aussage zu unterbrechen, benutzte er das kleine, machtvolle Wörtchen »Oh«. Der Junge konnte daraufhin fortfahren und erzählen, was gesagt und getan worden war. John meinte: »Mein Sohn weiß, welche Köder er auswerfen muß, damit ich mich gefühlsmäßig in die Sache hineinziehen lasse und reagiere.« Er erklärte: »Mein Sohn sagte: ›Jim hat gesagt, seine Eltern hatten über dich geredet und gesagt, du würdest soviel Geld verdienen, daß du gar nicht wüßtest, was du mit ihm machen sollst, und daß du es verschwendest.‹ Ich ging diesem Köder aus dem Weg, indem ich sagte: ›Sicher hat es dich verletzt, daß sie so über deinen Vater geredet haben.‹ Er antwortete: ›Ja, am liebsten hätte ich ihn umgebracht.‹« Auch das war ein Köder, dem John auswich, indem er sagte: »Du scheinst ja wirklich wütend zu sein.« Der Sohn erwiderte, er sei tatsächlich wütend, und dann begann er, sein Herz auszuschütten. John sagte: »Ich hörte nur zu und bestätigte seine Gefühle. Seine Wut ließ nach, und schließlich ging er nach draußen, um zu spielen.« John sagte, sein Sohn sei immer offener geworden, je mehr er ihm zugehört und ihn durch seine Gefühle hindurchbegleitet hätte. So konnte er seine Wut loslassen, und inzwischen ist die Vater-Sohn-Beziehung friedlicher als je zuvor.

In sich ruhen

Grundlage des Bestätigens ist, daß Sie von sich und Ihrem Wertesystem fest überzeugt sind. Das bedeutet, daß Sie sich die Werte, Überzeugungen und Grundsätze, die Ihr Leben bestimmen, nicht von außen aufzwingen lassen. Mit anderen Worten: Sie fühlen sich in Ihrer Haut wohl. Wenn andere Leute andere Überzeugungen haben als Sie, fühlen Sie sich nicht bedroht. Und wenn andere Leute sich anders verhalten als Sie, brauchen Sie Ihre Überzeugungen oder Verhaltensweisen nicht an die der anderen anzupassen.

Wenn Sie sich mit sich und Ihrem Wertesystem wohl fühlen, können Sie zuhören und lernen und das, was andere sagen oder tun, annehmen oder ablehnen.

Sie sind der, der Sie sein wollen. Wenn Sie ein stabiles Weltbild haben, das auf dem beruht, was Sie gelernt, studiert und erfahren haben, ist dies Ihr Modell für das Leben. Auf dieser Grundlage bewerten Sie alles, mit dem Sie in Kontakt kommen. Sie können sich dann einen anderen Standpunkt anhören, seine Vorzüge ganz neutral einschätzen und sogar fragen: »Ist das was für mich?« Weil Sie sich mit sich und Ihrem Wertesystem wohl fühlen, können Sie zuhören und lernen und das, was andere sagen oder tun, annehmen oder ablehnen.

Bestätigen ist nicht Manipulieren

Jeder von uns muß für sich festlegen, wie er die Welt und die Menschen sieht. Wenn wir der Meinung sind, wir könnten andere Menschen nach Lust und Laune steuern und manipulieren, hilft das Bestätigen uns nicht weiter. Wenn wir hingegen im tiefsten Inneren daran glauben, daß Menschen gut sind, ist das Bestätigen eine konstruktive Methode. Ich glaube, daß die meisten Menschen gut sind und von Natur aus nach Höherem streben. Die meisten Menschen wollen rechtschaffen handeln und anderen helfen. Es gibt so viele Menschen, die Leidenden ihre Hilfe anbieten, auch wenn sie selbst dadurch keinen Vorteil haben. Beispielsweise tauchen wie aus dem Nichts immer Menschen auf, die Katastrophenopfern helfen. Solche Taten sind nicht auf einen bestimmten Ort auf der Erde beschränkt – sie geschehen überall. Nahrung und Unterkunft werden geteilt, medizinische Hilfe wird gewährt, den Trauernden wird Trost gespendet, und das eigene Talent wird eingesetzt, damit andere wieder Mut fassen. Es gibt zahllose Künstler, die Krankenhäuser und Altenheime besuchen, um die Last anderer leichter zu machen. Sicher, manche tun dies aus Gründen der Publicity, aber die meisten tun es einfach deshalb, weil ihnen etwas an anderen Menschen liegt.

Es ist wichtig, sich zu fragen: Welche Motive habe ich für das, was ich tue? Wie sieht mein Wertesystem aus? Wenn ich anderen helfe, weil ich vielleicht etwas zurückbekommen könnte oder weil es von mir erwartet wird, handle ich fremdbestimmt – ich werde manipuliert. Dann sollte ich vielleicht überprüfen, ob ich mir selbst etwas wert bin, und ob ich von meinem Wertesystem wirklich überzeugt bin. Wer selbst manipuliert wird, neigt außerdem dazu, andere ebenfalls so zu behandeln.

Der fest verankerte Glaube an das eigene Wertesystem bedeutet, daß ich Entscheidungsfreiheit habe, aber auch die Verantwortung für meine Gedanken, Überzeugungen und Handlungen übernehmen muß. Dann glaube ich auch, daß andere das gleiche Recht zur freien Entscheidung und die gleiche Verantwortung haben. Weil wir anderen helfen wollen, nehmen wir ihnen manchmal einen Teil ihrer Verantwortung ab.

---

*Wenn wir Hilfe anbieten, bleibt die Verantwortung
beim anderen.*

Bieten wir unsere Hilfe jedoch an, bleibt die Verantwortung beim anderen. Wir können zum Beispiel fragen: »Wie kann ich dir helfen?«, »Gibt es irgend etwas, das ich tun könnte, um dir zu helfen?« oder: »Würde es Ihnen helfen, wenn ich das und das machen würde?«

Solche Fragen lassen die Verantwortung für das, was getan wird, bei dem, dem Sie Ihre Hilfe angeboten haben. Hier kommt wieder Ihre Motivation für das Hilfsangebot ins Spiel. Ist Ihnen dieser Mensch wichtig, und Sie möchten ihm einfach helfen? Bieten Sie Ihre Hilfe an, damit dieser Mensch Sie dann, wenn Sie etwas brauchen, nicht im Stich lassen kann? Helfen Sie anderen, damit die Leute sehen, was Sie tun, und Ihnen Anerkennung geben? Natürlich hat keine Handlung nur ein einziges Motiv. Meist kommen mehrere zusammen. Letztlich geht es jedoch immer um Ihre generelle persönliche Motivation, die auf Ihrem Wertesystem beruht. Das Wertesystem bestimmt außerdem, welche Grenzen jemand setzt.

Das Wertesystem bleibt bestehen

Welche Grenzen Sie setzen, definiert Sie als Individuum. Die Grenzen zeigen, was Sie tun und was Sie nicht tun würden, was Sie mögen und was Sie nicht mögen, wie weit Sie gehen würden, wieviel Nähe Sie anderen gestatten oder selbst geben können – sie lassen sich durch viele weitere Aussagen beschreiben. Zusammenfassend kann man sagen: Grenzen sind Ihr Wertesystem in Aktion. Wenn Sie sich mit Ihrem Wertesystem wohl fühlen, können Sie Ihre Grenzen setzen, ohne sie verteidigen oder rechtfertigen zu müssen. Meiner Meinung nach sollte das Grenzensetzen vier Eigenschaften haben: es sollte *freundlich, höflich, respektvoll* und *bestimmt* geschehen. Sie brauchen weder zu schreien, noch sie zu verteidigen oder zu rechtfertigen. Es sind einfach *Ihre* Grenzen, die *Sie* setzen.

Wenn Sie einen anderen Menschen bestätigen, verändert dies Ihre Werte oder Grenzen nicht. Sie begleiten den anderen lediglich, um ihn nach bestem Können zu verstehen. Überlegt jemand zum Beispiel, wie er weiter vorgehen soll, könnte er zu einer Aussage kommen wie: »Am liebsten würde ich ihm ordentlich eins überbraten.« Ihr Wertesystem sagt: »Ich könnte jemand anderem nicht körperlich schaden.« Aber haben Sie nicht schon einmal das Gefühl gehabt, als würden Sie jemandem gern ordentlich eins überbraten, und haben es aufgrund Ihres Wertesystems nicht getan? Wenn Sie dieses Gefühl schon einmal hatten, können Sie sagen: »Dieses Gefühl kann ich verstehen.« Sie *verstehen* nur. Sie brauchen der beabsichtigten Handlung weder zuzustimmen, noch sie zu verzeihen.

Wenn Sie die Gefühle eines anderen Menschen verstehen, kann er seine Empfindungen offen äußern und innere Kämpfe konstruktiv abschließen. Wenn das Gefühl bestätigt wird, kommt der andere im allgemeinen selbst zu einer verantwortungsbewußten Entscheidung und Vorgehensweise. Wenn wir dem anderen eine kleine persönliche Katharsis erlauben, indem wir sogar körperliche Gewalt als ernsthafte Alternative in Erwägung ziehen, hilft ihm dies, schließlich eine gute Lösung zu finden. In meiner Praxis habe ich dies immer wieder beobachtet. Irgendeine dumme oder verrückte Aktion wird in Erwägung gezogen und emotional durchgespielt, und dann kommt die Aussage: »Eigentlich kann ich das gar nicht machen. Aber einen Augenblick lang hat es sich gut angefühlt.« Dann können Sie dem anderen helfen, selbst die beste Lösung für sich zu finden – *nicht Ihre Lösung, sondern seine!* Im Verlauf dieses ganzen Prozesses brauchen weder Sie noch der andere sein Wertesystem oder sein Verhalten zu verändern.

Das universelle Bedürfnis

Damit das Bestätigen zu einer Gewohnheit wird, sollten Sie unbedingt an das universelle Bedürfnis jedes Menschen denken. Jeder braucht Bestätigung, denn er möchte überzeugt sein: *Ich bin wertvoll, meine Gefühle sind wichtig, und irgend jemand interessiert sich wirklich für mich.* Vielleicht lernen Sie diesen Satz auswendig, damit Sie sich an ihn erinnern können, wenn jemand mit Ihnen über seine Gefühle redet. Wenn Sie anerkennen, daß der andere wertvoll ist, fühlt er sich von Ihnen geliebt und bekommt die Kraft, seine Probleme selbst zu lösen.

Die Verantwortung da lassen, wo sie hingehört

Das Prinzip des Bestätigens

Wenn Sie andere bestätigen, sind Sie von der Last befreit, deren Problem lösen zu müssen. Sie können Ihre ganze Aufmerksamkeit auf das richten, was gesagt wird. Dieser Aussage liegt folgendes Prinzip zugrunde:

ICH HABE NICHT DIE MACHT, IRGEND ETWAS FÜR EINEN ANDEREN MENSCHEN IN ORDNUNG ZU BRINGEN.

Wenn ich dieses Prinzip in meinen Workshops vorstelle, bitte ich die Teilnehmer immer, darüber abzustimmen, ob sie es für richtig halten oder nicht. Im allgemeinen entfallen die Stimmen gleichmäßig auf »Stimmt«, »Stimmt nicht« und »Weiß nicht«. Eine Frau sagte einmal ganz offen: »Wozu sind wir denn gut, wenn wir für andere nichts in Ordnung bringen können?« Die folgenden Beispiele machen das Prinzip deutlich:

- Sie haben sich den Arm gebrochen. Kann ein Arzt, und sei er auch noch so gut, den Bruch ungeschehen machen?
- In der Firma Ihres Freundes wird in großem Stil entlassen, und Ihr Freund verliert seinen Job. Er ist am Boden zerstört und klagt Ihnen seinen Frust. Können Sie das in Ordnung bringen? Können Sie ihm seinen Job wiedergeben?

- Jemand verliert einen geliebten Menschen durch Tod. Können Sie den geliebten Menschen zurückbringen?

Auch wenn wir es noch so sehr versuchen – wir können vergangene Ereignisse nicht ändern. Wenn jemand krank wird, ein Unfall geschieht, ein Knochen gebrochen wird, verletzende Dinge gesagt werden, eine Scheidung stattfindet, ein geliebter Mensch stirbt, eine Freundin wegzieht, jemand mißbraucht wird, eine Naturkatastrophe sich ereignet, ein Krieg ausbricht und Menschen getötet oder verstümmelt werden – nichts davon kann geändert werden, wenn es einmal geschehen ist. Wir alle wünschen, solche Ereignisse würden nicht geschehen, und wir würden sie gerne ändern können.

Wollen und Können

Doch viele Dinge *können* wir einfach nicht tun, auch wenn wir sie noch so sehr *wollen* – auch wenn wir glauben, wir müßten es können. Wenn ich meine Zuhörer frage, wie viele von ihnen etwas für einen nahestehenden Menschen in Ordnung bringen *wollen,* ist das Ergebnis einstimmig. Verwirrung und Enttäuschung entstehen, weil wir nicht wissen, was wir machen sollen. Wir alle haben den Wunsch, einander bei Streß, Unglücksfällen oder Katastrophen zu helfen. Die Beispiele von Menschen, die anderen nach Orkanen, Sturmfluten, Feuersbrünsten, Erdbeben und Unfällen helfen, würden Bände füllen. Das ist wunderbar, denn vieles wird leichter, wenn Hilfe gewährt wird; aber das Problem an sich ist nicht weg. Jeder muß sich selbst dem Problem stellen und sich mit dem Ereignis und seinen Verlusten auseinandersetzen. Nur der Betroffene selbst kann sich heilen.

Ich erinnere mich daran, daß ich mir als kleines Kind einmal in den Finger geschnitten hatte. Es tat weh, und weinend ging ich zu meiner Mutter. Sie säuberte die Wunde, gab ein desinfizierendes Mittel darauf (was noch weher tat), verband die Wunde, küßte sie dann und sagte: »Jetzt ist es weg.« In Wirklichkeit war die Schnittwunde natürlich nicht weg. Sie tat immer noch weh und blutete, wenn man sie anstieß. Aber irgend etwas *war* anders. Was war das? Ich fühlte mich besser und war glücklich, nach draußen zu gehen, um meinen Spielkameraden den neuen Verband zu zeigen und weiterzuspielen. Was hatte sich geändert? Die Veränderung hatte in meinem Kopf stattgefunden, denn ich wußte, daß jemand mein Bedürfnis verstanden und die Hilfe angeboten hatte, die möglich war. Deshalb lautet die komplette Aussage:

ICH HABE NICHT DIE MACHT, IRGEND ETWAS FÜR EINEN ANDEREN MENSCHEN IN ORDNUNG ZU BRINGEN. ICH KANN MEINE HILFE ANBIETEN, ABER ICH KANN DIE SITUATION NICHT UNGESCHEHEN MACHEN.

Hilfe anbieten

Im Fall des gebrochenen Knochens kann der Arzt den Knochen richten und die Schmerzen lindern. Die Heilung selbst braucht dann ihre Zeit. Doch bei den meisten Problemen sind die Bedürfnisse nicht so eindeutig wie bei einem gebrochenen Knochen. Dann sollten Sie Ihre Hilfe liebevoll und respektvoll anbieten. Um herauszubekommen, was gebraucht wird, können Sie zum Beispiel fragen: »Wie kann ich dir helfen?«, »Kann ich etwas für Sie tun?«, »Brauchst du etwas?«, »Was hättest du gerne, was ich für dich tue?«, »Ich möchte helfen, was kann ich tun?«, »Wäre es hilfreich, wenn ich das und das machen würde?« Dies sind nur ein paar Anregungen; es gibt viele andere Möglichkeiten, Fragen zu formulieren, in denen Hilfe angeboten wird. Sie lassen die Verantwortung für das, was getan werden muß, bei dem, der das Problem hat.

Oft ist es hilfreich, einen konkreten Vorschlag zu machen. Nach traumatischen Erlebnissen sind die Betroffenen oft verwirrt und können ihre Bedürfnisse möglicherweise nur schwer äußern. Als zum Beispiel eine Familie vor kurzem einen Sohn verlor, brachten die Nachbarn Essen vorbei, damit die Last des Kochens entfiel. Ein Nachbar kam und sagte, er würde gerne alle Schuhe der Familie putzen, damit sie sich auf das Begräbnis vorbereiten konnten. Beim Schuheputzen fing er an, mit einem Elternteil zu reden, und hörte zu, als dieser von seiner Trauer sprach.

»Sollte« und »müßte« — diese beiden Worte implizieren eher Verpflichtung und Erwartung als eine freie Entscheidung.

Sehr oft wird Hilfe auf eine Weise angeboten, die versucht, dem anderen die Verantwortung abzunehmen. Manchmal geschieht dies unter dem Deckmantel eines Ratschlags. Ein Ratschlag geht mit den besten Absichten einher und enthält im allgemeinen zwei Schlüsselworte: »sollte« und »müßte«. Diese beiden Worte implizieren eher Verpflichtung und Erwartung als eine freie Entscheidung. Wenn Sie zum Beispiel Schwierigkeiten mit Ihrem Chef haben und Ihren Frust äußern, könnte Ihr Gesprächspartner antworten: »Du solltest einfach viel energischer auftreten und deinem Chef die Meinung sagen.« Der, der den Rat bekommt, denkt dann vielleicht: »Du kennst meinen Chef nicht. Wenn ich ihm energisch die Meinung sage, verliere ich meinen Job. Ich mußte einfach nur mit jemandem darüber reden.«

Oder was ist mit der Mutter, die ihren Frust über das Verhalten ihres Sprößlings äußert? In bezug auf Kinder haben die Leute – vor allem die, die selbst keine Kinder haben – gern alle möglichen »Sollten« und »Müßten« parat. Zum Beispiel: »Du solltest dem Kleinen mal ordentlich den Hintern versohlen« oder: »Du müßtest ihm mal eine Woche lang Hausarrest geben.« Wenn Sie dann nicht tun, was der andere gesagt hat, hören Sie: »Tja, ich hab dir schließlich gesagt, was du machen solltest.«

Entscheidungen für andere treffen

Wir geben nicht nur Ratschläge, manchmal treffen wir auch gut gemeinte Entscheidungen für andere, ohne sie zu fragen.

- *Ein Einstellungsgespräch für einen Freund vereinbaren, ohne ihn vorher zu fragen.* Der Freund fühlt sich dann möglicherweise verpflichtet, sich um eine Arbeitsstelle zu bemühen, an der er gar nicht interessiert ist oder für die er nicht die richtige Ausbildung hat. Er denkt vielleicht, daß Sie ihn für undankbar halten, wenn er nicht darauf eingeht. Wenn er den Job bekommt und die Sache sich für ihn negativ entwickelt, gibt er Ihnen unter Umständen die Schuld daran, weil Sie ihn in etwas hineingetrieben haben, was er eigentlich gar nicht wollte.
- *Einen Telefonanruf für jemanden entgegennehmen, der nicht da ist, und eine Verpflichtung für ihn eingehen.* Wenn er dann zurückkommt, wird er informiert: »Ich hab ihr gesagt, du würdest sie anrufen« oder: »Ich hab ihnen gesagt,

du würdest gleich rüberkommen, wenn du da bist.« Hier geht der eine für den anderen eine Verpflichtung ein, anstatt zu sagen: »Ich werd's ihm ausrichten.«

• *Für jemanden im Restaurant das Essen bestellen, bevor er da ist.* Auch hier wird eine Verpflichtung eingegangen, ohne daß gefragt wird.

Bei Hilfsangeboten sollten Sie die Entscheidungsfreiheit bzw. die Verantwortung des anderen anerkennen und sie ihm nicht wegnehmen.

Wer hat die Verantwortung?

Kennen Sie das Kartenspiel »Schwarzer Peter«? Bei diesem Spiel geht es darum, nicht im Besitz der Karte zu sein, die als »Schwarzer Peter« bezeichnet wird, wenn man ihn bekommt, muß man ihn so schnell wie möglich weitergeben. Probleme sind wie dieser »Schwarze Peter«. Wer am Schluß mit ihm dasteht, hat verloren, und es ist schwer, derjenige zu sein, der am Schluß mit der Verantwortung für ein Problem dasteht, auch wenn es das eigene Problem ist.

Wie alles Unangenehme wollen die meisten Leute es so schnell wie möglich loswerden. Ich kenne niemanden, der ein Problem behalten möchte. Was mache ich also, wenn ich ein Problem habe? Vielleicht *will* ich es nicht selbst lösen; vielleicht *kann* ich es nicht selbst lösen; vielleicht ist die Lösung zu schwierig; vielleicht glaube ich, daß *Sie* es schneller, besser oder leichter lösen können; vielleicht will ich es einfach auch nur weitergeben. Eine Lösung besteht darin, nach dem Helden Ausschau zu halten, der darauf wartet, mein Retter zu sein – und das sind Sie!

Das hört sich vielleicht so an, als würde ich davon ausgehen, daß Leute mit Problemen auf alle möglichen krummen Touren versuchen würden, jemanden zu ködern, der es für sie löst. Manche tun das wahrscheinlich, aber ich glaube, daß die meisten Leute zuerst versuchen, ihre Probleme selbst zu lösen, und erst wenn sie es nicht schaffen, nach Hilfe Ausschau halten. Jetzt suchen sie jemanden, der ihnen ihre Probleme abnimmt.

Der Wunsch, gemocht und bewundert zu werden, weil man alles mögliche schafft oder Probleme zu lösen versteht, kann uns anfällig dafür machen, am Schluß derjenige zu sein, der mit dem »Schwarzen Peter« dasteht. Ich glaube nicht, daß wir von vornherein darauf aus sind, für die Probleme anderer Menschen verantwortlich zu sein, aber oft erkennen wir zu spät, daß jetzt wir den »Schwarzen Peter« in der Hand haben. Wie kann so etwas passieren?

Um meinen Klienten verständlich zu machen, wie dies funktioniert, benutze ich ein fiktives Szenario, das mein Gegenüber fast immer dazu bringt, für mein Problem ganz oder teilweise die Verantwortung zu übernehmen. Wenn er mein Problem akzeptiert hat und wir das Ganze hinterher durchsprechen, gibt er zu, daß ihm das genauso schon oft passiert ist. Und er räumt ein, daß er sich am Schluß überlastet und frustriert fühlt.

Wir lassen uns von Problemen oft emotional beeindrucken, vor allem wenn es um einen Freund geht. Über einer fesselnden Geschichte vergessen wir dann schnell, was da eigentlich abläuft. Es gibt bestimmte Formulierungen, mit denen man die Verantwortung für ein Problem abgibt – im Eifer des Gefechts achten wir oft gar nicht darauf. Erkennen Sie im Rollenspiel solche Formulierungen?

Das Szenario

Ich sage: »Jill, wir sind schon seit so vielen Jahren befreundet, und ich glaube, daß ich mit dir über ein Problem reden kann. Meine Frau und ich haben Schwierigkeiten mit unserer Tochter Tami. Wir können überhaupt nicht mehr mit ihr reden, ohne zu streiten, und kommen einfach nicht mehr an sie ran. Ich bin mit meiner Weisheit am Ende und brauche dringend Hilfe.« Jill (mein Klient) sagt dann im allgemeinen: »Oh, das tut mir aber leid. Was soll ich machen?«

Ich sage: »Ich weiß, wie gut du mit anderen Menschen umgehen kannst, und ich glaube, daß Tami auf dich hören würde. Sie braucht eine Freundin. Würdest du ihre Freundin sein?«

Jill antwortet: »Ja, ich glaube, das ließe sich machen.«

Ich sage: »Oh, vielen Dank. Das nimmt mir eine schwere Last von der Seele. Ich hoffe, du rufst sie bald an.«

Ich bin erleichtert, denn ich weiß, daß mein Problem jetzt in Jills Händen liegt. Jill ihrerseits spürt eine Last auf ihren Schultern und denkt: »Was mache ich jetzt?« Sie hat den »Schwarzen Peter«.

Wodurch entsteht das Gefühl der Belastung, obwohl Jill aufrichtig helfen wollte? Es entsteht dadurch, daß Jill ein Problem akzeptiert hat, das nicht genau definiert wurde. Was habe ich gemeint, als ich sie bat, »Tamis Freundin« zu sein? Jill fragt sich jetzt vielleicht: »An was genau hat er gedacht, und wie soll ich die Freundin eines Menschen sein, der sehr viel jünger ist als ich? Soll ich mit ihr in die Disco gehen? Soll ich sie zu mir einladen? Meint er, sie soll zu mir ziehen?« Jill weiß nicht, was ich von ihr erwarte. Solange Jill das Problem nicht durch meine Augen oder zumindest fast durch meine Augen sehen kann, ist es so groß wie die ganze Welt. Jill kennt weder seine Grenzen, noch meine Erwartungen.

Im weiteren Gesprächsverlauf versucht Jill, mehr Informationen zu bekommen, wird aber durch eine fast unwiderlegbare, erneute Übergabe des »Schwarzen Peters« ausmanövriert.

---

*Denken Sie immer daran, wo die Verantwortung
für das Problem hingehört.*

Jill sagt: »Also gut, ich werde mich bemühen, Tamis Freundin zu sein. Wie soll ich das deiner Meinung nach machen?«

Ich erwidere: »Wir haben um Hilfe gebetet, und dabei ist uns immer wieder dein Name eingefallen. Weil dein Name uns in den Sinn gekommen ist, bin ich sicher, daß du weißt, was zu tun ist. Ich bin dir so dankbar, daß du das machst.«

Jill sitzt da und denkt: »So ein Mist, soll ich mich jetzt auch noch mit dem lieben Gott streiten? Ihn kann ich ja wohl schlecht in Frage stellen.«

Denken Sie immer daran, wo die Verantwortung für das Problem hingehört. Wenn Sie das tun, können Sie so lange Fragen stellen, bis das, was getan werden muß, so eingegrenzt ist, daß es für Sie machbar ist. Sie brauchen nicht mit Gott zu streiten. Wie wäre es, wenn Sie also sagen würden: »Ich fühle mich wirklich geehrt, daß Gott meint, ich könnte euch helfen. Aber ich brauche noch ein paar mehr Informationen über das, was deiner Meinung nach für eure Tochter getan werden kann.« Jetzt ist es an der Zeit, Fragen mit *Wie, Was, Wo* und *Wann* zu stellen (siehe S. 64 ff., »Die Kunst, Fragen zu stellen«).

Haben Sie in dieser Szene die Formulierungen erkannt, mit denen die Verantwortung weitergegeben wurde? Ich habe zum Beispiel benutzt:

- »Wir sind schon seit so vielen Jahren befreundet.«
- »Ich glaube, daß ich mit dir über ein Problem reden kann.«
- »Ich bin mit meiner Weisheit am Ende und brauche dringend Hilfe.«
- »Ich weiß, wie gut du mit anderen Menschen umgehen kannst.«
- »Wir haben… gebetet, und… dein Name…«
- »Weil dein Name uns in den Sinn gekommen ist, bin ich sicher, daß du weißt, was zu tun ist.«

Jede Formulierung für sich scheint in Ordnung; ich habe sie sorgfältig kombiniert, um die Verantwortung weiterzugeben. Sie hören sich wie manipulative Schmeichelei an, aber die meisten Leute verwenden sie eher unbewußt.

Viele Variationen dieser Sätze werden benutzt, um andere dazu zu bringen, ein Problem zu übernehmen. Unsere neunjährige Tochter kam in das Zimmer, in dem wir mit zwei unserer älteren Jungen saßen, und sagte: »Mami, ist hier nicht zufällig irgendein gutaussehender, starker junger Mann in der Nähe, der meine Kommode etwas vorrücken könnte, damit ich an den Kamm komme, der dahinter gefallen ist?« Niemand brauchte mehr etwas zu sagen, denn zwei Jungen stürmten durch den Flur, um zu beweisen, wer der gutaussehende, starke junge Mann war.

Auch die folgenden Formulierungen gehören in diese Kategorie:

- »Du kannst das viel besser (bist viel klüger, talentierter, schneller, stärker, erfahrener etc.) als ich.«
- »Ich weiß einfach nicht, was ich machen soll.«
- »Du bist so eine gute Freundin.«

Dies sind nur ein paar Beispiele für Formulierungen, die Sie ködern sollen. Im passenden Kontext könnten einige dieser Sätze echte Komplimente sein. Nehmen Sie sie als solche, und lassen Sie sich von ihnen nicht dazu bringen, anderen ihre Verantwortung abzunehmen.

Was bürde ich mir auf?

Hilfsangebote, hinter denen aufrichtige Fürsorglichkeit steht, sind eine Geste der Freundlichkeit und brauchen Ihre Grenzen nicht zu verändern. Sehen Sie sich das folgende Szenario an.

Das Szenario

Ihre Freundin weint und sieht so aus, als wäre sie völlig mit den Nerven fertig. Sie setzen sich zu ihr und hören sich die Geschichte an. Sie hat Schwierigkeiten mit ihrem Sohn. Er ist ständig schlecht gelaunt, hat keine Freunde, und es mangelt ihm an Selbstbewußtsein. Während Sie zuhören und Ihre Freundin bestätigen, wird die ganze Geschichte vor Ihnen ausgebreitet. Schließlich sagt sie: »Ich weiß nicht, was ich machen soll.«

Jetzt verwenden Sie die bestätigende Frage: »Was würdest du denn am liebsten machen?« Sie sagt: »Am liebsten würde ich ihn auf den Mond schießen!« Können Sie dieses Gefühl verstehen? Wenn ja, sagen Sie es! »Ich glaube, dieses Gefühl kann ich verstehen.« Vielleicht sagt sie jetzt mit einem kurzen Auflachen: »Ja, aber ich hab nur eine Rückfahrkarte! Ich weiß wirklich nicht, was ich mit ihm machen soll.«

Weil Sie Ihre Freundin wirklich mögen, bieten Sie Ihre Hilfe an und fragen: »Kann ich dir irgendwie helfen?« Sie könnte dann antworten: »Uns ist nur eingefallen, daß wir ihm ein paar

Klamotten von derzeit angesagten Marken kaufen könnten, aber wir haben kein Geld. Es wäre eine Hilfe, wenn du uns ein bißchen Geld geben würdest, damit wir ihm diese Sachen kaufen können.«

Hier steht Geld als Metapher für alles, auf das Sie nicht eingehen können. Die Freundin könnte zum Beispiel auch wollen, daß ihr Sohn zu Ihnen zieht, oder daß Sie diejenige sind, die ihn diszipliniert, oder daß Sie die Vollzeit-Hauslehrerin ihres Sohnes sind etc. Es gibt viele Ansinnen, die in diese Kategorie passen würden.

An diesem Punkt der Unterhaltung könnten Sie gereizt folgendermaßen reagieren: »Wie kannst du mich um so etwas bitten? Du weißt doch, daß wir auch nicht Geld wie Heu haben. Du hast die Verantwortung für deinen Sohn, nicht ich. Außerdem halte ich es sowieso nicht für sinnvoll, irgend jemandem Geld zu geben. Ich finde es unglaublich, daß du mich um so etwas bittest.« – Eine solche Antwort deutet darauf hin, daß Sie sich mit Ihren Werten und Ihrer finanziellen Lage nicht wohl fühlen und leicht verletzt sind.

Die Antwort könnte aber auch so lauten: »Ich wünschte, ich könnte es, aber es geht nicht. Kann ich dir vielleicht irgendwie anders helfen?« – Das würde signalisieren, daß Sie sich mit Ihren Werten und Ihrer Position im Leben wohl fühlen und genug Selbstvertrauen haben, um sich nicht so schnell verletzen zu lassen. Es vermittelt auch, daß Ihre Freundin Ihnen wichtig ist und daß Sie bereit sind, ihr auf andere angemessene Weise zu helfen. Sie brauchen Ihre Werte oder Ihr Verhalten nicht zu ändern, wenn Sie Hilfe anbieten.

Auch wenn sie daraufhin wütend wird, brauchen Sie Ihre Überzeugungen und Werte nicht zu ändern. Wenn sie zum Beispiel sagt: »Ich dachte, du wärst meine Freundin, und du hast angeboten, mir zu helfen. Du bist mir eine schöne Freundin«, könnte dies bei Ihnen Schuldgefühle auslösen und das Gefühl, manipuliert zu werden. Stehen Sie dann zu Ihrer Meinung und erwidern Sie: »Ich *bin* deine Freundin und möchte auf eine Weise helfen, die für mich machbar ist. Gibt es eine andere Möglichkeit, wie ich dir helfen kann?«

Wenn Sie Hilfe anbieten, müssen Sie versuchen, das, was gebraucht und gewünscht wird, mit den Augen des anderen zu sehen. Das können Sie nur, wenn Sie Fragen stellen, die den anderen nicht bedrohen.

Wenn jemand seine Hilfe anbietet, sind dem, was er tun kann, immer Grenzen gesetzt. Es gibt viele Fragen, mit denen Sie die Bedürfnisse feststellen und auf etwas für Sie Machbares eingrenzen können. Sie könnten zum Beispiel so reagieren: »Was ist sonst noch mit deinem Sohn los?« oder: »Was könnte deiner Meinung nach gemacht werden?« Ihre Freundin könnte dann sagen: »Könntest du mit meinem Sohn reden?« Dann könnten Sie fragen: »Was muß denn besprochen werden?« oder: »Was willst du ihm denn vermitteln?« oder: »Was meinst du, wie soll ich das sagen?«

Wenn Sie Hilfe anbieten, müssen Sie versuchen, das, was gebraucht und gewünscht wird, mit den Augen des anderen zu sehen. Das können Sie nur, wenn Sie Fragen stellen, die den anderen nicht bedrohen und deren einziger Zweck das Sammeln von Informationen ist. Die Fragen dürfen kein Urteil über den Sachverhalt enthalten.

Dritter Grundsatz
Gefühle anerkennen

Die vier elementaren Gefühle

Als ich in einem regionalen Gesundheitszentrum mit gestörten Teenagern arbeitete, wurde mir klar, daß viele dieser jungen Menschen nicht wußten, was in ihnen vorging. Ihre Augen sagten mir, daß sie ein Gefühl hatten, aber wenn sie gefragt wurden, was sie fühlten, sagten sie, sie wüßten es nicht. Seitdem habe ich mit vielen Klienten aller Altersstufen gearbeitet, die ihre Gefühle nicht in Worte fassen konnten. Sie hatten eine von vier irreführenden Vorstellungen in bezug auf Gefühle erlernt – oder eine Kombination von ihnen:

- Ich darf meinen Gefühlen nicht trauen – lieber soll jemand anders mir sagen, was ich fühlen soll.
- Meine Gefühle sind unwichtig.
- Gefühle sind schlecht.

Mein Bruder Jay, der ebenfalls Ehe- und Familientherapeut ist, hat eine kurze Liste mit Gefühlen zusammengestellt, die ich in meiner Praxis gerne benutze. Er hat *wütend, froh, traurig* und *ängstlich* als die vier elementaren Gefühle bezeichnet. Jedes dieser Gefühle hat viele andere Bezeichnungen, aber diese Liste ist ein guter Ausgangspunkt.

Wichtig ist die Erkenntnis, daß Sie mehr als ein Gefühl gleichzeitig haben können; dann fühlt man sich oft frustriert oder verwirrt. Erst ein genaues Untersuchen der Gefühle bringt zutage, aus welchen Anteilen sich die Frustration oder Verwirrung zusammensetzt. Nachstehend ein paar Beispiele für Situationen, die mehr als ein Gefühl auslösen:

- *Wütend, traurig* und *froh:* In Ihrer Firma wird jemand befördert. Sie sind *wütend,* weil Sie nicht befördert worden sind, *traurig,* weil Ihr Einsatz nicht anerkannt wurde, und um die Sache weiter zu komplizieren, versuchen Sie, sich für den anderen zu *freuen.*
- *Froh* und *traurig:* Als einer unserer Söhne und seine Frau beschlossen, wegen eines neuen, vielversprechenden Arbeitsplatzes tausend Kilometer weit weg zu ziehen, waren wir *froh* darüber, daß er die Chance zum beruflichen Aufstieg bekommen hatte, und *traurig,* weil sie so weit weg sein würden.
- *Wütend, froh, traurig* und *ängstlich:* Vor ein paar Jahren hatte ich einen Autounfall, als ich an einer belebten Kreuzung nach links abbog und ein anderes Auto übersah. Nachdem die erste Aufregung sich gelegt hatte, war ich *wütend* auf mich, weil ich das Auto nicht gesehen hatte und *traurig,* weil ich den Unfall verursacht hatte. Ich war *froh,* weil niemand verletzt war, und *ängstlich,* wenn ich mir vorstellte, was noch alles hätte passieren können.

---

*Niemand braucht die Erlaubnis, etwas zu fühlen,
denn die Gefühle sind einfach da. Je eher wir sie
anerkennen, desto besser sind wir dran.*

Wichtig ist, zu wissen, daß jeder von uns Gefühle hat und daß wir mehr als ein Gefühl gleichzeitig haben können. Gefühle sind da, egal ob wir sie bewußt wahrnehmen oder nicht. Niemand braucht die Erlaubnis, etwas zu fühlen. Je eher wir unsere Gefühle anerkennen, desto besser sind wir dran.

Gefühle äußern sich körperlich

Gefühle spielen eine wichtige Rolle für unser körperliches Wohlbefinden. Damit die negativen Auswirkungen, die Gefühle auf unseren Körper haben können, möglichst gering bleiben, müssen wir sie bewußt wahrnehmen. Ich habe die Erfahrung gemacht, daß Gefühle sich an unterschiedlichen Stellen in unserem Körper zeigen.

Sehen wir uns zunächst die *Wut* an. Denken Sie an einen Vorfall, bei dem Sie extrem wütend waren – die Türen zugeknallt und mit den Zähnen geknirscht haben. Sie haben einen riesengroßen Knoten gespürt. Wo? Wenn ich in meinen Workshops diese Frage stelle, sagen alle: »Im Magen.« Ich frage dann: »Was haben Leute, die eine Menge unverarbeiteter Wut haben?« Die Antwort lautet ausnahmslos: »Magengeschwüre.« Dem kann ich nur zustimmen. Es ist daher eine zulässige Annahme, daß Wut sich oft im Magenbereich zeigt. Ein Klient von mir, der wegen der ungerechten Behandlung durch seinen Arbeitgeber wütend war, hatte starke Bauchschmerzen. Sein Arzt stellte fest, daß er Magengeschwüre hatte. Eine andere Klientin erzählte, sie habe mehrere Jahre lang unverdaute Wut mit sich herumgetragen, und schließlich seien ihr wegen Magengeschwüren zwei Drittel des Magens entfernt worden. Neuere Forschungen haben ergeben, daß Magengeschwüre durch Bakterien ausgelöst werden. Diese Bakterien können wir normalerweise in Schach halten, doch unsere Gefühle behindern wahrscheinlich diese Fähigkeit, so daß das Geschwür wachsen kann.

Wie sieht es mit der *Angst* aus? Denken Sie an eine Nacht, in der Sie ganz allein waren. Es war ganz still, Sie saßen auf dem Sofa und lasen, als Sie plötzlich in einem anderen Zimmer ein merkwürdiges Geräusch hörten. Sie hatten Angst, daß jemand einzubrechen versuchte, griffen sich den Schürhaken vom Kamin und bewegten sich vorsichtig ins andere Zimmer, um nachzusehen. Welche körperlichen Auswirkungen haben Sie gespürt? Ein Mensch in dieser Situation hat im allgemeinen das Gefühl, daß seine Atmung eingeschränkt ist – es kommt zu Herzklopfen, Kurzatmigkeit und einem Engegefühl im Brustkorb. Eine Klientin von mir war so voller Angst, daß sie ein Spray mit sich herumtrug, das ihr bei Bedarf das Atmen erleichtern sollte.

Und die *Trauer?* Vor einigen Jahren hatte ein guter Freund von mir einen schlimmen Unfall, der mich ziemlich fertig machte. Ich konnte es kaum ertragen zu sehen, wie er litt. Dabei empfand ich einen ganz realen Schmerz im Herzbereich. Menschen, die großen Kummer erleben, leiden unter einem »gebrochenen Herzen«. Wenn Kummer nicht angemessen bearbeitet und bewältigt wird, kann es sein, daß er irgendwann einmal schlimme körperliche Auswirkungen hat.

Und was ist mit *Freude?* Wir alle kennen die Redewendung »ein frohes Herz«. Es scheint, als könne Freude die Trauer aus unserem Herzen vertreiben, die Oberhand gewinnen und sich im ganzen Körper verbreiten. Freude wirkt stark heilend. Wenn wir glücklich sind, schüttet das Gehirn Endorphine aus. Diese »Glückshormone« erzeugen ein angenehmes Gefühl des Wohlbefindens.

Ich habe diese Gefühle in vereinfachter Form dargestellt, damit Sie sehen, wie stark sie unseren Körper beeinflussen. Immer mehr wissenschaftliches Material deutet darauf hin, daß unaufgelöste negative Gefühle unser Immunsystem schwächen und uns für viele Krankheiten und Beschwerden anfälliger machen. Deshalb ist es wichtig, daß wir unsere Gefühle und die Gefühle anderer erkennen und angemessen mit ihnen umgehen. Wenn wir anderen ihre Gefühle nicht gestatten, machen wir ihnen ihr Leben möglicherweise schwerer, und zwar auf der seelischen wie auch auf der körperlichen Ebene.

Anderen unabsichtlich etwas einreden

Sehr oft bringen wir unseren Kindern und anderen Menschen unabsichtlich bei, den eigenen Gefühlen zu mißtrauen. Dies geschieht durch kleine Sätze, die eine sehr viel größere Wirkung haben, als uns klar ist. Die folgenden beiden Beispiele geben Alltagssituationen wieder, die jeder von uns kennt.

Sehr oft bringen wir unseren Kindern und anderen Menschen unabsichtlich bei, den eigenen Gefühlen zu mißtrauen.

Erstes Szenario

Wenn Sie Kinder haben, erinnern Sie sich bestimmt an einen Tag, an dem Sie mal ein besonders leckeres Mittagessen vorbereitet haben. Es gab alles mögliche – Fleisch, Kartoffeln, Soße, Gemüse, Salat, Dips, Brötchen, Butter, Getränke und Dessert. Zur Essenszeit stürmt die hungrige Horde herein. Sie verteilt sich um den Tisch, hält vielleicht einen Augenblick zum Gebet inne und vertilgt dann alles bis auf den letzten Krümel. Mit einem Jungen im Teenageralter können Sie etwa eine halbe Stunde später etwas wirklich Erstaunliches erleben. Er drückt sich in die Küche und sagt: »Ich hab Hunger.« Seien Sie ehrlich, was antworten Sie da normalerweise? Ich selbst und fast alle, die ich gefragt habe, würden automatisch sagen: »Du hast doch gerade gegessen. Du kannst überhaupt keinen Hunger haben.«

Zweites Szenario
Sie sitzen im Wohnzimmer, als plötzlich die Tür aufgestoßen wird und Ihre Tochter hereinstürmt; ihre Fäuste sind geballt, der Kiefer ist zusammengepreßt, und sie schreit: »Ich hasse Frau Schmidt!« Was ist Ihre übliche Antwort? Sie wird lauten: »Aber Schätzchen, du haßt doch niemanden.« Manchmal holen wir dann auch die ganz große Keule heraus und sagen: »Der liebe Gott würde nicht wollen, daß du irgend jemanden haßt.«

Solche spontanen Reaktionen sind der Anfang eines Streits, bei dem der Junge sagt: »Ich *hab* aber Hunger« und das Mädchen: »*Wohl* hasse ich sie.« In den beiden Teenagern läuft dann etwas ab, was ihnen selbst vielleicht gar nicht klar ist. Bei dem Jungen könnte der unbewußte Denkprozeß etwa folgendermaßen aussehen: »Mama (oder Papa) sagt, daß ich keinen Hunger habe; aber wie kommt es dann, daß ich das Gefühl habe, daß meine Magenwände zusammenkleben? Ich interpretiere dies als Hunger. Aber meine Eltern sagen, daß ich nicht hungrig bin. Sie würden mich nicht belügen, und deshalb müssen meine Gefühle mich belügen.« Der unbewußte Denkprozeß der Tochter ist ganz ähnlich: »Mama (oder Papa) sagt, daß ich nicht hasse, aber wie kommt es dann, daß ich diese zusammengeballten Fäuste und den zusammengepreßten Kiefer habe? Ich interpretiere dies als Haß, aber meine Eltern würden mich nicht belügen, und vor allem der liebe Gott nicht. Deshalb müssen meine Gefühle mich belügen.« Unter dem Strich kommt heraus, daß das Kind lernt, seinen Gefühlen zu mißtrauen; es hält sich ab jetzt an andere, um zu sehen, was es fühlen »sollte«.

Ebenso möglich und genauso besorgniserregend ist ein anderer Gedankengang des Kindes: »Mama und Papa hören mir nicht zu und glauben oder vertrauen mir nicht. Deshalb werde ich auch nicht mehr glauben, was sie mir sagen, und ich werde ihnen nicht mehr vertrauen. Ich höre ihnen einfach überhaupt nicht mehr zu.« Damit bleibt die unbeantwortete Frage: »Wem glaube oder vertraue ich?« Trauriges Ergebnis ist, daß das Kind sich dann häufig an Gleichaltrige hält, die zwar dieselben Probleme, aber nicht genug Lebensklugheit haben, um ihm zu helfen und es zu trösten.

Es ist also sehr wichtig für die weitere Entwicklung des Kindes, daß die Eltern ihren Kindern beim Wahrnehmen und Verarbeiten ihrer Gefühle helfen.

Was können wir tun?

Eine kluge Mutter wird den Teenager, der sagt: »Ich hab Hunger«, bestätigen und ihm einen Snack anbieten: ein paar Kräcker, ein Glas Milch oder ein belegtes Brot. Wenn das Haushaltsgeld keinen Snack erlaubt, könnten Sie sagen: »Ich verstehe, daß du Hunger hast. *Trotzdem* essen wir erst wieder um sechs Uhr.« Damit haben Sie nicht seine Gefühle geleugnet, sondern nur abgelehnt, daß er jetzt etwas zu essen bekommt.

Ihre aufgebrachte Tochter sollten Sie fragen, was passiert ist, und dann *zuhören!* Lassen Sie sie ihre Geschichte erzählen, ohne sie zu unterbrechen. Wenn sie fertig ist, können Sie sie fragen, welche Gefühle sie zu dem hat, was passiert ist, oder was ihrer Meinung nach jetzt getan werden müßte. Sie können ihr sagen, daß Sie ihre Gefühle verstehen und daß Sie die gleichen Gefühle hätten, wenn Sie an ihrer Stelle wären. Versuchen Sie jetzt nicht, ihr irgendwelche moralischen Grundsätze beizubringen, ihr Vorhaltungen zu machen oder ihr zu sagen, was sie machen soll. Wenn sie Sie fragt, was sie machen soll, können Sie noch einmal fragen, was ihrer Ansicht nach am besten wäre; oder fragen Sie, welche Möglichkeiten sie sieht. Wenn sie immer noch wissen will, was sie machen soll, können Sie eine andere Sichtweise der Ereignisse *anregen* oder etwas *vorschlagen,* was sie machen könnte. *Sagen Sie ihr nicht, was sie machen soll!* Wenn sie ihren Haß und ihre Wut äußern darf, werden sie vergehen. Seien Sie nicht überrascht, wenn sie im nächsten Atemzug etwas fragt, was mit dem bisherigen Gespräch überhaupt nichts zu tun hat, zum Beispiel: »Was gibt's zum Abendessen?« Eine Klientin von mir erzählte, sie hätte ihrer Tochter gesagt, sie würde deren Gefühle verstehen und an ihrer Stelle wahrscheinlich dasselbe fühlen. Sie sagte, ihre Tochter hätte sie mit großen Augen angesehen und gesagt: »Das hast du mir noch nie gesagt. Danke.«

Die Regeln des Bestätigens

Das Bestätigen hat vier Grundregeln. Sie lauten: *zuhören, zuhören, zuhören* und *verstehen.*

Regel 1: *Hören Sie zu,* was gesagt wird und welche Ereignisse berichtet werden. Schenken Sie dem anderen Ihre volle Aufmerksamkeit.

Regel 2: *Hören Sie,* welche Gefühle geäußert werden.

Regel 3: *Hören Sie,* welche Bedürfnisse geäußert werden.

Regel 4: *Verstehen Sie* den anderen, indem Sie sich so gut Sie können in seine Lage versetzen.

Wenn Sie diese vier Regeln befolgen, rauschen die Worte nicht an Ihnen vorbei, sondern Sie hören wirklich zu und haben damit die Voraussetzungen für ein sinnvolles und nachhaltiges Bestätigen geschaffen.

Streit vermeiden

Marge und Juli hatten vor kurzem eine telefonische Diskussion, bei der Marge Juli bat, Thelma, eine kranke Nachbarin, ein bißchen zu unterstützen. Juli erwiderte: »Überhaupt nichts werde ich für sie tun, denn sie ist eine alte Kratzbürste!«

Die Antwort auf eine solche Äußerung lautet oft: »Aber hör mal, eigentlich ist sie doch gar nicht so kratzbürstig. Du mußt einfach ein bißchen verständnisvoller sein.« Worauf Juli wahrscheinlich sagen wird: »Doch, sie ist kratzbürstig. Du hast mit ihr nicht so viel zu tun wie ich, und deshalb kannst du es überhaupt nicht wissen.« Und schon befinden sich die beiden mitten in einem Streit. Wie können wir anders mit der Situation umgehen?

Marge kannte das Bestätigen und sagte also statt dessen: »Hm ja, sie ist tatsächlich kratzbürstig.« Thelma war wirklich meistens kratzbürstig, und der Umgang mit ihr war kein Zuckerschlecken. Sehen Sie sich jetzt einmal Julis Antwort an:

»Na ja, wahrscheinlich ist sie so kratzbürstig, weil ihr der Rücken so weh tut. Vielleicht könnte ich ihr tatsächlich ein bißchen helfen.« – Als Julis Kommentar: »Sie ist eine alte Kratzbürste!« mit: »Hm ja, sie ist tatsächlich kratzbürstig« bestätigt wurde, brauchte Juli ihre Position nicht mehr zu verteidigen.

Grundlage des Bestätigens ist die Fähigkeit, etwas
so zu sehen oder so zu empfinden wie der andere.

Grundlage des Bestätigens ist die Fähigkeit, etwas so zu sehen oder so zu empfinden wie der andere. Wenn Sie seine Sichtweise oder seine Gefühle nicht berücksichtigen, ist die Saat für einen Streit gesät. Es sieht so aus, als würden Sie dem anderen nicht richtig zuhören oder sich nicht wirklich für ihn interessieren. Oder Sie erwecken den Eindruck, als würden Sie lieber mit Ratschlägen um sich werfen, als tatsächlich zu helfen. Machen Sie sich klar, daß jeder seine eigenen Gefühle und Erfahrungen hat und Sie versuchen können, diese anhand seiner Worte zu verstehen. Ein solches Verständnis baut Freundschaften auf, die weit über ein momentanes Bedürfnis hinausgehen.

Sich in den anderen hineinversetzen

Wenn wir einen anderen Menschen bestätigen, bedeutet das nicht, daß wir und unsere Erfahrungen nicht zählen oder daß unsere Gefühle sich ändern müssen. Der Zuhörende denkt oft: »Wenn du die Situation mit meinen Augen sehen könntest, wäre dein Problem gelöst« oder: »Beeil dich, denn ich hab die Lösung, die du brauchst« oder: »Das ist nicht so wichtig wie mein Problem.« Jedes dieser Gefühle stellt die eigene Person in den Mittelpunkt.

Bestätigen bedeutet, daß man nicht sich selbst, sondern den anderen in den Mittelpunkt stellt. Dies wird durch die vier Regeln des Bestätigens erreicht, nämlich *zuhören, zuhören, zuhören* und *verstehen*. Denken Sie daran, daß Sie die Probleme des anderen nicht zu lösen brauchen! Sie können ohne Schuldgefühle zuhören. Sie können ohne den Druck, eine Lösung finden zu müssen, versuchen, die Lage des anderen zu verstehen. In den folgenden Kapiteln werden Sie entdecken, daß Menschen, die wirklich angehört und bestätigt werden, oft selbst die für sie richtige Lösung finden.

Ein Klient erzählte mir von einem Gespräch mit seinem besten Freund. Es war gerade ziemlich viel los in seinem Leben, und er stand vor einigen Problemen. Er berichtete, wie sein Freund ihn mittendrin unterbrach. »Er sagte zu mir: ›Du bist so stark, ich weiß, daß du das alles schaffst. Ach ja, ich wollte dir übrigens noch erzählen, was mir passiert ist.‹ Ich fühlte mich plötzlich sehr einsam. Ich dachte, er wäre mein Freund und würde sich wirklich für mich interessieren, aber ich glaube, das stimmt nicht.«

Fangen Sie heute an

Das Bestätigen ist sehr viel einfacher, wenn die Beteiligten in Kontakt mit ihren Gefühlen sind. Die meisten Leute wissen, daß die Gefühle da sind, aber sie leugnen oder unterdrücken sie. Um mit Ihren Gefühlen in Kontakt zu kommen, sollten Sie heute (und an jedem Tag der folgenden Woche) drei- oder viermal innehalten und sich fragen: »Was fühle ich jetzt?« Rufen Sie sich die kleine Liste der Emotionen ins Gedächtnis: Wut,

Trauer, Freude, Angst. Denken Sie daran, daß Sie mehr als ein Gefühl gleichzeitig haben können und daß dieses Konglomerat sich in Frustration äußert. Beschreiben Sie das, was Sie fühlen, mit einer oder mehreren der oben genannten vier Emotionen. Fragen Sie sich dann: »Was ist die Ursache für dieses Gefühl?« oder: »Mit welchem Ereignis ist dieses Gefühl verknüpft?« Wenn Sie das tun, nehmen Sie sich sehr viel stärker als Mensch mit Bedürfnissen, Wünschen und Gefühlen wahr.

Nun können Sie sich fragen: »Welche Möglichkeiten oder Alternativen habe ich, um mit meinen Emotionen oder Problemen fertigzuwerden?« Dann geben Sie sich die Erlaubnis, an die unterschiedlichsten Möglichkeiten zu denken. Im allgemeinen hören wir bei ein oder zwei Alternativen auf. Wenn Sie sich jedoch ein breites Spektrum von Möglichkeiten ansehen, auch solche, die zunächst vielleicht verrückt erscheinen, fällt Ihnen im allgemeinen eine Lösung ein, die für Sie praktikabel ist.

Wenn Sie diese Methode für sich selbst beherrschen, können Sie auch anderen dabei helfen, sich die unterschiedlichsten Lösungsmöglichkeiten für ihr Problem anzusehen. So fangen Sie an, sich und andere durch Gefühle hindurchzubegleiten.

Zuhören lernen

Zuhören ist eine Kunst

Die zwischenmenschliche Kommunikation gehört zu den schwierigsten Herausforderungen, vor denen wir stehen. Diese Herausforderung hat begonnen, als wir geboren wurden. Jeder von uns mußte lernen, seine Bedürfnisse mitzuteilen, ohne ein Wort sprechen zu können, und wir entdeckten schnell, wie frustrierend dies für uns und unsere Eltern sein konnte. Sicher haben Sie auch schon einmal beobachtet, wie ein Baby weint oder auf irgend etwas zeigt und ein Erwachsener zu interpretieren versucht, was das Baby will. Manchmal errät der Erwachsene es, und das Baby lächelt und gurrt; dann wieder weist das Kind x-mal auf etwas, ohne daß sein Bedürfnis erkannt wird, und Eltern und Kind sind frustriert und leiden.

Das wichtigste in der Kommunikation ist die Fähigkeit zuzuhören.

Im Lauf der Zeit lernt das Kind Worte, die mit Gegenständen, Bedürfnissen und Gefühlen verknüpft sind. Das Kind versucht, gedanklich eine Assoziationsstruktur aufzubauen und die

Worte mit seinem Mund zu formen. Gleichzeitig versuchen die Eltern, aus den Wortversuchen des Kindes eine Assoziationsstruktur abzuleiten. Auf diese Weise beginnt die Kunst der Kommunikation.

Das wichtigste dabei ist die Fähigkeit zuzuhören. Dies müßte eigentlich einfach sein, denn was wir dazu brauchen, ist angeboren: die Ohren mit ihren komplizierten Mechanismen, um Klänge zu verarbeiten. Dementsprechend müßten wir alle das gleiche hören können. Doch so funktioniert das Ganze leider nicht. Weil jeder Mensch andere emotionale und kulturelle Erfahrungen mit Worten hat, bedeuten sie für verschiedene Leute nicht unbedingt dasselbe. Dieser Vorgang wird noch komplizierter, wenn Hören und Sehen beeinträchtigt sind. Dann müssen andere Kommunikationsfertigkeiten erlernt werden, zum Beispiel die Zeichensprache oder die Blindenschrift. Ungeachtet der Kommunikationsmethode sind die grundlegenden Prinzipien jedoch die gleichen.

Die Botschaft erkennen

Es ist gar nicht so einfach, die eigentliche Botschaft mitzubekommen. Manche Worte lösen emotionale Reaktionen bzw. eine Abwehrhaltung aus. Dies ist in jedem Kontext möglich: in der Familie, in der Partnerschaft, in einer Freundschaft und im Bereich der Arbeit. Wenn es dann zum Streit kommt oder jemand beleidigt reagiert, sind wir verwirrt und fragen uns: »Was hab ich bloß falsch gemacht? Wie kommt er jetzt auf dieses Thema? Was wird nun von mir erwartet? Irgend etwas stimmt nicht, denn sonst würde dieses Thema nicht zur Sprache kommen.«

In allen möglichen Situationen haben Menschen uns indirekte Botschaften zukommen lassen und gehofft, uns ein Bedürfnis klarzumachen, ohne es direkt auszusprechen. Dabei kann es sich um so einfache Dinge handeln wie: »Mir juckt der Rücken« oder: »Der Rasen muß gemäht werden.« Sehen wir uns die Absicht dieser Aussagen an: Sind sie eine Beobachtung, oder sind sie eine indirekte Methode, den anderen so zu manipulieren, daß er freiwillig das Gewünschte tut?

Indirekte Botschaften sind keine klare
Kommunikation.

Die Vermutung, daß jemand schon verstehen wird, was Sie wollen, funktioniert nur selten. »Mir juckt der Rücken« signalisiert: »Wenn du mich magst, kratzt du mir den Rücken.« Aber indirekte Botschaften sind keine klare Kommunikation. Dieser Gesprächsstil bürdet dem Zuhörer die Last auf, extrem wachsam sein zu müssen, damit ihm nicht irgendeine versteckte Botschaft entgeht. Es ist daher ausgesprochen erfrischend, wenn wir uns mit jemandem unterhalten, der eine direkte Sprache spricht. Es ist oft derart überraschend, daß es ein bißchen dauert, bis wir uns an die Direktheit gewöhnt haben, und irgendwo im Hinterkopf halten wir unseren Gesprächspartner vielleicht sogar für aufdringlich, obwohl er in Wirklichkeit einfach nur geradeheraus ist. Für eine klare Kommunikation ist der folgende Gedanke wichtig: Wenn Sie etwas brauchen oder wollen, dann fragen Sie danach. Um nicht zudringlich zu klingen, können Sie dies freundlich tun, zum Beispiel: »Schatz, könntest du mir bitte mal an der und der Stelle den Rücken kratzen?«

Vor allem Männer fragen sich häufig im Verlauf eines Gesprächs: »Was soll ich jetzt wieder in Ordnung bringen?« Denn viele Frauen sprechen in indirekten Botschaften, was für ihre

Männer sehr frustrierend ist; sie sind dann nämlich aufs Raten angewiesen und überlegen: »Was will sie jetzt? Was braucht sie jetzt? Was soll ich dem, was ich höre, entnehmen?«

Den Zuhörer entlasten

Folgende Sätze haben Sie in einem früheren Kapitel (»Zweiter Grundsatz«) schon gelesen. Wenden wir diese zwei wichtigen Prinzipien des Bestätigens nun auf das Zuhören an:

- Ich habe nicht die Macht, für irgend jemanden irgend etwas in Ordnung zu bringen.
- Ich bin nicht dafür verantwortlich, die Probleme anderer zu lösen.

Wenn jemand anfängt, uns von einem Problem zu erzählen, fühlen wir uns häufig sofort für die Lösung des Problems verantwortlich, und wir möchten für unseren Gesprächspartner die Welt wieder in Ordnung bringen. Aufgrund dieses Verantwortungsgefühls versuchen wir, eine Lösung für jeden Aspekt des Problems zu finden, noch während es uns erzählt wird. So entgeht uns ein Teil der Information.

Wenn Sie die obigen beiden Prinzipien verstanden und verinnerlicht haben, ist der Druck weg, und Sie können wirklich ganz Ohr sein. Dann findet echte Kommunikation statt. Der nächste Schritt besteht darin, daß Sie den anderen wissen lassen, daß Sie zuhören und wirklich betroffen sind.

Die folgende persönliche Erfahrung von Rhea Zakich, die vorübergehend ihre Stimme verloren hatte, veranschaulicht das Konzept, zuzuhören, ohne Ratschläge zu geben. Sie erlebte folgendes mit ihrem kleinen Sohn Dean:

»In der Zeit meines erzwungenen Schweigens kam Dean eines Tages von der Schule nach Hause und schrie: ›Ich hasse meinen Lehrer! Ich geh' nie wieder in die Schule!‹

Bevor ich die Schwierigkeiten mit den Stimmbändern hatte, hätte ich jetzt meinerseits mit einem Ausbruch reagiert: ›Natürlich gehst du hin, und wenn ich dich hinschleifen muß!‹ Aber an diesem Nachmittag blieb mir nichts anderes übrig, als zu warten und zu sehen, was als nächstes passieren würde.

Nach kurzer Zeit legte mein wütender Sohn seinen Kopf in meinen Schoß und schüttete mir sein Herz aus. ›Ach Mama‹, sagte er, ›ich mußte einen Aufsatz vorlesen und hab ein Wort falsch ausgesprochen. Der Lehrer hat mich korrigiert, und alle Kinder haben gelacht. Es war mir so peinlich.‹ Ich umarmte ihn. Er war ein paar Minuten lang still. Dann löste er sich plötzlich aus meinen Armen. ›Ich bin mit Jimmy im Park verabredet. Danke, Mama.‹

Durch mein Schweigen hatte ich Dean ermöglicht, sich mir anzuvertrauen. Er brauchte weder meinen Rat noch meine Kritik. Er war verletzt. Er brauchte jemanden, der ihm zuhörte.«

Bei diesem Beispiel wußte der Sohn, daß die Mutter nicht sprechen konnte. Doch sie gab ihm zu verstehen, daß sie zuhörte, indem sie ihm ihre volle Aufmerksamkeit zuwandte und ihn umarmte.

Körpersprache und Augenkontakt zeigen Ihrem Gesprächspartner, ob Sie wirklich zuhören. Blick und Körperhaltung unterstützen das verbale Bestätigen. Wenn wir unsere Augen und unsere Aufmerksamkeit nicht auf den Sprecher richten, erwecken wir den Eindruck, daß wir uns im Grunde gar nicht für ihn interessieren. Oft brauchen wir unsere Körperhaltung nur leicht zu verändern, indem wir uns beispielsweise zum anderen vorbeugen, um ihm zu signalisieren, daß er unsere volle

Aufmerksamkeit besitzt. In manchen Fällen können wir auch sacht seine Hand oder seinen Arm berühren. All dies geschieht ohne Worte. Angemessenes Schweigen kann so zu einem guten Hilfsmittel des Bestätigens werden. Auch gut plazierte, nicht-bedrohliche Fragen zeigen dem anderen, daß Sie ihm wirklich zuhören.

Die Kunst, Fragen zu stellen

Gute Fragen erlauben uns, auf einer Ebene gegenseitigen Verständnisses zu kommunizieren. Schlechte Fragen sind aggressiv, lösen eine Abwehrhaltung aus und beenden die Verständigung. Wie lernt man, gute Fragen zu stellen? Dazu ist zunächst Ihre Absicht wichtig. Wollen Sie den anderen wirklich verstehen? Wollen Sie etwas erfahren, was Sie noch nicht wissen? Wollen Sie Ihren Standpunkt durch »Jetzt hab ich dich endlich ertappt«-Fragen beweisen? Versuchen Sie, dem anderen mit der Frage eine versteckte Botschaft zukommen zu lassen? Ihre Absicht, die sich an Ihren Augen, Ihrem Tonfall und Ihrer Körperhaltung zeigt, erreicht den anderen wahrscheinlich früher als Ihre Worte.

Schlechte Fragen sind aggressiv, lösen eine Abwehrhaltung aus und beenden die Verständigung.

Wichtig ist auch, welche Art von Fragen Sie stellen. Dies gibt ebenfalls Hinweise auf Ihre Absicht. Ich habe immer Schwierigkeiten mit *Warum*-Fragen (»Warum bist du so spät nach Hause gekommen?«), denn oft sind sie eine indirekte Methode, »Verteidige dich« zu sagen. Ein weiteres Beispiel ist die Frage:

»Warum hast du deine Milch verschüttet?« Heute amüsiert sie mich, aber als ich noch kleine Kinder hatte, sah das ganz anders aus. Die Lächerlichkeit dieser Frage wurde mir erst klar, als mein fünfjähriger Sohn mich ansah und antwortete: »Och, ich hab sie verschüttet, weil ich einfach mal sehen wollte, wie die Milch über den Tisch läuft.« Die im allgemeinen negative Wirkung von *Warum*-Fragen zeigt sich in den typischen Antworten darauf: »Weil... dies und das«, »Ich weiß nicht« oder ein Achselzucken.

Gute Fragen fangen im allgemeinen mit den
Worten Wie, Was, Wann, Wo an oder mit einem Verb.

Problematisch sind auch Fragen, die die Antwort schon enthalten: »Du bist wütend, oder?« – »Du glaubst doch nicht wirklich, was du da sagst?« – »Du bist doch meiner Meinung, oder?« – »So fühlen wir uns doch, oder?« – »Du magst doch Brokkoli?«

In Paarbeziehungen, in denen entweder der Mann oder die Frau solche Fragen stellt, denkt der andere Partner oft: »Es ist sinnlos, ihr zu antworten, denn eigentlich will sie es gar nicht wissen. Für sie ist die Sache schon klar, meine Meinung interessiert sie im Grunde nicht. Sie will nur, daß ich sage, was sie hören will.«

Die am einfachsten zu beantwortenden Fragen fangen im allgemeinen mit den Worten *Wie, Was, Wann, Wo* an oder mit einem *Verb*. Beobachten Sie einmal, welches Gefühl bei Ihnen entsteht, wenn Sie die obigen Fragen mit den soeben genannten Wörtern neu formulieren. »Was ist passiert, daß du so spät kommst?« – »Was war los, daß die Milch verschüttet wurde?« – »Wie fühlst du dich?« – »Bist du meiner Meinung?« – »Was meinst du dazu?« – »Magst du Brokkoli?« – »Welches Gemüse magst du?« Die Absicht dieser Fragen besteht darin, Informationen zu sammeln oder den anderen besser zu verstehen.

Wir haben schon davon gesprochen, daß Leute sich emotional auf eine gemeinsame Ebene begeben müssen, auf der sie ihre Gefühle angemessen verarbeiten können. Mit den richtigen Fragen kann der Zuhörer dem anderen auf diese Ebene folgen, ohne seine Richtung zu verändern. Denken Sie daran: Sie brauchen Ihre Werte, Meinungen und Überzeugungen nicht zu ändern, wenn Sie einen anderen Menschen durch seine Gefühle hindurchbegleiten – und im Idealfall versuchen Sie auch nicht, *seine* zu ändern.

Schlüsselworte

Die Kunst, Fragen zu stellen, hängt eng mit der Fähigkeit zusammen, zuzuhören, ohne das Gehörte zu übersetzen. Der Zuhörer muß darauf achten, welche Worte verwendet werden, denn sie liefern wichtige Anhaltspunkte: Sie sind die *Schlüsselworte,* die in den anschließenden Fragen verwendet werden müssen. Wenn Sie die Worte des anderen in Ihre Worte übersetzen, wird er glauben, daß Sie ihm nicht richtig zuhören. Die Worte, die jemand verwendet, haben für ihn eine ganz bestimmte Bedeutung. Wenn Sie diese Worte – die Worte des anderen – verwenden, werden Sie nicht nur als jemand wahrgenommen, der genau zuhört, sondern auch als jemand, der versteht, was der andere sagt.

Damit ist jedoch *nicht* gemeint, daß das, was der andere sagt, einfach wiederholt bzw. nachgeplappert wird. Dann hat dieser nämlich das Gefühl, ständig ein Echo zu hören, und das kann ziemlich nervig sein. Sie sollen also nicht seine Sätze wiederholen, sondern das Erkennen der Schlüsselworte erlaubt Ihnen, den Gedanken des anderen zu folgen.

Die Schlüsselworte, die jemand verwendet, führen ihn dahin, wo er hin muß. Wenn jemand sagt: »Ich bin im Moment ziemlich down«, ist das Schlüsselwort »down«. Also könnten Sie fragen: »Weshalb bist du down?« Die Antwort könnte dann lauten: »Meine Kinder haben Schwierigkeiten.« Das Schlüsselwort hier ist: »Schwierigkeiten«. Dazu könnten Sie fragen: »Ach, das tut mir aber leid. Was haben sie für Schwierigkeiten?« Oder: »Wieso haben sie Schwierigkeiten?« Denken Sie beim Formulieren der Fragen daran, die Wörter *Wie, Was, Wann, Wo* oder ein *Verb* anstelle von *Warum* zu benutzen.

Wenn der Zuhörer auf Schlüsselworte achtet, konzentriert er sich auf das Zuhören, und der Redende bekommt mit, daß seiner Gesprächsführung gefolgt wird. Sein Weg wird weder in Frage gestellt oder umgelenkt, er wird bei seinen Gefühlen begleitet.

Jeder von uns hat sich im Lauf seiner Entwicklung ein »Wahrnehmungsfenster« geschaffen, durch das er das Leben betrachtet. Dieses »Fenster« ist wie eine Brille, die speziell auf die Bedürfnisse Ihrer Augen abgestimmt ist. Und da zwei Menschen nur selten exakt dieselbe Brillenstärke haben, müssen sie die Worte und deren Verwendung durch den anderen verstehen, um durch sein Wahrnehmungsfenster sehen zu können. Wenn Sie ein bestimmtes Wort oder seine spezielle Verwendung nicht verstehen, können Sie nachfragen: »Du sagst (geben Sie das Wort oder die Worte an). Ich glaube, ich weiß, was du meinst, aber ich bin mir nicht ganz sicher. Kannst du mir helfen, genau zu verstehen, was du meinst?«

Ich habe Paaren bei dem Versuch zugehört, miteinander zu kommunizieren. Der eine äußert, was er braucht, und dann bitte ich den anderen, zu sagen, was er gehört hat. Es ist erstaunlich, wie oft die Worte verändert werden und die Bedeutung vollkommen mißverstanden wird. Beispielsweise sagte der Mann: »Ich möchte gerne wissen, wo du hingehst, wenn du weggehst.« Die Frau hörte: »Du vertraust mir nicht und willst mich kontrollieren.« Er erklärte mir: »Ich wollte nur wissen, wo sie hingeht, damit ich sie im Notfall erreichen kann.« Dies ist ein einfaches Beispiel für die vielen Fälle, in denen ich unzutreffende Übersetzungen von Worten und Gedanken gehört habe. Es zeigt nicht nur, daß wir behutsam fragen, sondern auch, daß wir genau zuhören müssen.

Wenn das nächste Mal jemand anfängt, Ihnen zu erzählen, was ihm passiert ist, dann hören Sie gut zu und folgen Sie den Schlüsselworten. Denken Sie daran: Sie brauchen nichts in Ordnung zu bringen, und Sie brauchen auch keinen Schlachtplan aus dem Ärmel zu schütteln. Hören Sie einfach zu, versuchen Sie zu verstehen, und zeigen Sie dem anderen, daß er Ihnen wichtig ist.

Der große Zerstörer

Es gibt ein Wörtchen, das die Macht hat, auch den freundlichsten, fürsorglichsten Kommentar zunichte zu machen. Erkennen Sie es in den folgenden Szenen?

- Ihr achtjähriger Sohn kommt aus der Schule nach Hause und ist ganz aufgeregt wegen eines Bildes, das er gemalt hat. Er grinst von einem Ohr zum anderen, als er es Ihnen zeigt, und weist auf die gute Note hin, die der Lehrer ihm gegeben hat. Sie sehen sich das Bild an, lächeln stolz und sagen: »Junge, das ist ja wirklich ein schönes Bild. Aber du hast überall deine schmutzigen Fingerabdrücke hinterlassen.«

- Ihre Angestellte kommt mit dem erbetenen Bericht zu Ihnen. Sie blättern ihn durch, lächeln und sagen: »Das sieht gut aus, aber ich glaube, daß ich ein paar Sachen herausnehmen muß.«

- Sie reden mit einem Freund über ein Möbelstück, das er umstellen möchte. Er sagt: »Kein Problem, ich glaube, ich habe genug Kraft, es selbst zu verschieben.« Sie antworten: »Du bist stark, aber nicht so stark. Du brauchst ein bißchen Hilfe.«

- Sie und Ihre Mutter hatten eine Meinungsverschiedenheit. Sie sagen zu ihr: »Ich mag dich, Mama, aber wir haben ein Problem, das wir lösen müssen.«

Das zerstörerische Wörtchen lautet offensichtlich »aber«. Egal wie nett der Kommentar vor dem »Aber« ist – die anschließende Bemerkung ist das, was in Erinnerung bleiben wird.

---

*Egal wie nett der Kommentar vor dem »aber«
ist – die anschließende Bemerkung ist das, was in
Erinnerung bleiben wird.*

»Aber«-Sätze sind meist negative Kommentare. Wenn Sie ein Kompliment machen wollen, lege ich Ihnen dringend nahe, vor dem »Aber« die Bremse zu ziehen und den Rest wegzulassen. Die Mutter, die von ihrem Sohn ein selbstgemaltes Bild gezeigt bekommt, könnte bei dem Bild bleiben und einfach sagen: »Junge, das ist ja wirklich ein schönes Bild.« Pause. Jetzt handelt es sich um ein echtes Kompliment ohne entkräftenden Beisatz. Ignorieren Sie die Fingerabdrücke – sie sind jetzt unwichtig. Im Fall des schriftlichen Berichts der Angestellten ist es nicht nötig zu sagen: »Aber ich muß da ein paar Sachen herausnehmen«, auch wenn Sie dies letztlich tun werden. Das kann später immer noch erwähnt werden. Es ist schade, einer guten Arbeit durch einen »Aber«-Kommentar einen Dämpfer zu verpassen.

Manchmal können Sie das, was Sie sagen wollen, in Ihre Aussage einbauen, ohne den ersten Teil des Satzes abzuwerten. Statt »aber« können Sie manchmal das Wörtchen »und« verwenden. Im Fall des Freundes, der ein Möbelstück verschieben möchte, ist der Ersatz durch »und« ohne weiteres möglich. Sie könnten sagen: »Ja, du bist stark, *und* ich möchte dir ein bißchen helfen. Ist das okay?« Auch in dem Beispiel mit Ihrer Mutter könnten Sie sagen: »Ich mag dich, Mama, *und* wir haben ein Problem, das wir lösen müssen.« Ich bitte meine Klienten stets eindringlich, das »Aber« aus ihren Unterhaltungen zu verbannen. Es entkräftet fast immer jegliche Bestätigung, die vorher gegeben wurde.

In den Augen lesen

Die Augen sind das Fenster der Seele. – Ich habe festgestellt, daß diese Aussage stimmt. Die Augen sagen sehr viel über einen Menschen aus und geben Hinweise auf das, was in ihm vorgeht. Es gibt verschiedene Reaktionen, die sich an den Augen ablesen lassen. Wenn ich welche beobachtet habe, habe ich am Ende des Gesprächs mit den Leuten über meinen Eindruck gesprochen, um meine Interpretation zu überprüfen. In der Regel haben sie meine Beobachtung bestätigt.

Eine Reaktion besteht zum Beispiel darin, daß mein Gesprächspartner aufmerksam mein Gesicht studiert und herauszufinden versucht, was er fühlen soll. Er sucht nach Hinweisen, die ihm sagen könnten, was für ein Gefühl jetzt angesagt ist.

Oft sagt jemand auch nur deshalb etwas, weil er meine Reaktion testen und sehen will, ob seine Antwort akzeptabel ist. Eine andere Reaktion besteht darin, daß der Zuhörer in den Raum starrt und seine Augen glasig werden. Dies findet sich oft bei Teenagern, und die dahinterstehende Botschaft lautet: »Es interessiert mich nicht, was Sie sagen.« Wenn ich so einen Teenager in der Therapie frage, was er fühlt, sagt er: »Ich glaube nicht, daß meine Eltern mir zuhören oder mir glauben. Warum sollte ich dann Ihnen zuhören?« Das ist im allgemeinen das Ergebnis von Strafpredigten oder Äußerungen, die ihm sagen, was er fühlen »sollte« oder »müßte«. Bei einer dritten Reaktion wandern die Augen schnell von einer Stelle zur anderen. Dies zeigt das Gefühl oder die Überzeugung an, daß es gefährlich ist, offen zu reden.

Die vielleicht bedeutsamste Reaktion ist folgende: Die Augen wandern leicht nach unten und zu einer Seite und blicken ins Leere. Sie scheinen sich auszuruhen und brauchen sich nicht auf irgendein Objekt zu konzentrieren. Gewöhnlich handelt es sich um eine kurze Veränderung der Blickrichtung, der Betreffende wendet sich nach innen, um zu sehen, was er fühlt. Dies zeigt, daß er seine Umgebung als sicher und Sie nicht als bedrohlich empfindet. In einem Gespräch mit Freunden oder Kindern ist dies oft ein guter Hinweis darauf, daß die gestellte Frage klar und nicht bedrohlich ist und den anderen nicht in die Enge drängt, so daß er in sich gehen und das Gesagte überdenken kann. Wenn er dann antwortet, stellt er den Blickkontakt wieder her und sieht Sie an.

Fangen Sie heute an

Beobachten Sie, wie Sie normalerweise zuhören. Hören Sie aufmerksam zu, oder basteln Sie im Geiste an Lösungen, während der andere spricht? Warten Sie ungeduldig darauf, Ihren Standpunkt loszuwerden? Unterbrechen Sie den anderen automatisch, wenn er Atem holt oder innehält, um einen Gedanken zu Ende zu denken?

Hören Sie in der nächsten Unterhaltung, die Sie mit jemandem haben, bewußt ganz aufmerksam zu. Konzentrieren Sie sich immer wieder auf das ausschließliche Zuhören, wenn Sie anfangen, im Geist irgendeine Antwort zu formulieren, während der andere noch redet. Eines der größten Zeichen Ihrer Wertschätzung, das Sie einem anderen Menschen geben können, ist Ihre ungeteilte Aufmerksamkeit.

Fünfter Grundsatz

Der richtige Zeitpunkt für Belehrungen

Wann findet Lernen statt?

Das Leben besteht nicht *nur* aus Bestätigung. Aber durch Bestätigung schaffen wir die Voraussetzungen für erfolgreiches Lernen. Wir haben die Verantwortung, Kindern (und manchmal auch einander) Werte, Grundsätze und neue Informationen zu lehren. Wir möchten dafür den besten Zeitpunkt und die beste Methode finden. Wie und wann sollen wir also anderen etwas beibringen?

Man sagt, für Lernen gibt es immer einen richtigen Moment. Man sollte diesen Moment ergreifen und nutzen, wenn er kommt, denn er kommt vielleicht nie wieder. Das Problem besteht darin, daß nur die allerwenigsten von uns wissen, wie sie den »richtigen Moment« erkennen sollen. Haben Sie schon einmal versucht, jemandem etwas im »Eifer des Gefechts« beizubringen, also unvermittelt, wenn der andere nicht mit Belehrungen rechnet? Wie erfolgreich waren Sie damit? Entweder es kommt zu einem Streit, oder der, dem Sie etwas beibringen wollten, sagt: »Du kannst mich einfach nicht verstehen« und geht. Wann also lernen wir?

Eine Art des Lernens ist das Überschreiten einer Grenze mit der entsprechenden Konsequenz. Hier ein paar Beispiele: Ein Kind lernt, wie oft die Eltern nein sagen, bevor sie explodieren;

ein Autofahrer lernt, wie weit er die Geschwindigkeitsbeschränkung überschreiten kann, ohne geblitzt zu werden; ein Kind spielt mit Feuer, bis es ihm zu nahe kommt und sich verbrennt. Diese Art des Lernens findet oft dann statt, wenn – bildlich gesprochen – das Kind schon in den Brunnen gefallen ist; sie stammt aus der harten Schule des Lebens und hat manchmal schwerwiegende Folgen. Zu den Gefühlen, die mit dieser Art des Lernens verbunden sind, gehört die Angst.

Als »Eifer des Gefechts« bezeichne ich die Zeit während oder unmittelbar nach einem Vorfall.

Eine andere Art des Lernens resultiert aus dem Bedürfnis oder dem Wunsch, etwas herauszufinden, was man nicht weiß oder nicht ganz versteht. Wenn wir mit einem Menschen zusammen sind, der diese Information vielleicht haben könnte, sind wir bereit dafür, etwas zu lernen. Ein einfaches Beispiel dafür ist ein Kind, das lernen will, Plätzchen zu backen oder einen Drachen zu bauen. Oder denken Sie an das kleine Kind, das fragt: »Papa, wo kommen die Schmetterlinge her?« Wenn Papa für eine Antwort zu beschäftigt ist, entgeht ihm vielleicht eine erstklassige Gelegenheit, seinen Sprößling für die Natur zu interessieren und ihm etwas über sie beizubringen. Was hat das Kind dazu veranlaßt, zu diesem Zeitpunkt diese Frage zu stellen? Vielleicht hat es einfach einen Schmetterling gesehen. Wird es später noch etwas über ihn erfahren wollen? Vielleicht nicht. Ein paar Minuten Zeit und eine kurze Erklärung oder der Hinweis auf das Lexikon können dem Kind zu einer aufregenden Entdeckung verhelfen. Wenn Kinder Antworten bekommen, entdecken sie, daß Lernen Spaß machen kann – und daß Sie sich für sie interessieren.

Man lernt, wenn man sich sicher fühlt und
Vertrauen zu seinem Lehrer hat.

Auch in der Schule wird gelernt. Als Kinder gehen wir zur Schule, weil dies gesetzlich so vorgeschrieben ist. Wenn wir beginnen, in einer sicheren Atmosphäre Fertigkeiten im Lesen, Schreiben und Rechnen zu erwerben, wird der Wunsch nach mehr Bildung geweckt. Dies ist in dem Film »Stand and Deliver« sehr gut dargestellt. Der Film beruht auf einer wahren Geschichte über High-School-Schüler aus einem sehr gewalttätigen Stadtbezirk. Ein Lehrer glaubt fest an sie, fordert sie und bringt ihnen höhere Mathematik bei. Sie lernen, weil sie Vertrauen zu ihrem Lehrer haben. Und während sie Mathematik lernen, lernen sie Selbstvertrauen. Wäre es nicht wunderbar, wenn Unterricht immer das Ziel hätte, eine geschützte Atmosphäre zur Verfügung zu stellen, in der alle Schüler Selbstvertrauen aufbauen können!

Die folgenden beiden Situationen zeigen, wie eine geschützte Lernatmosphäre auch bei Erwachsenen zu positiven Ergebnissen führt.

Erstes Szenario

Eine Frau sagt zu ihrem Mann: »Ich hab schon alles mögliche ausprobiert, um im Computer Spalten zu erzeugen, aber ich krieg' es einfach nicht hin. Könntest du mir dabei helfen?« Der Mann hat früher schon einmal versucht, es ihr zu erklären, aber damals war sie nicht bereit zu lernen. Jetzt ist sie bereit. Es wäre demütigend, sie jetzt dadurch fertigzumachen, daß Sie zum Beispiel sagen: »Ich hab doch schon versucht, es dir beizubringen, aber du wolltest nichts davon wissen. Wenn du mir damals zugehört hättest, hättest du jetzt keine Schwierigkeiten.« Damit wäre nichts gewonnen. Auch wenn es stimmt, provoziert ein solcher Kommentar nur Streit, und es kommt nichts dabei heraus. – Danach wird sie keinen Rat mehr annehmen. Versuchen Sie, eine bestätigende Formulierung zu verwenden, zum Beispiel: »Das ist sicher frustrierend« und dann: »Ja klar, ich helf' dir gerne.« Ein solches Vorgehen kann für Ihre Beziehung wahre Wunder wirken.

Zweites Szenario

Eine Gruppe von Freunden unterhält sich, und im Verlauf der Diskussion sagt einer: »Das täte möglich sein.« Ein anderes Mitglied der Gruppe, eine Deutschlehrerin, kann sich nicht enthalten, ihn zu korrigieren, und sagt: »Das heißt ›Das wäre möglich.‹ ›Täte möglich sein‹ ist grammatikalisch falsch.« An diesem Punkt weiß niemand mehr, was eigentlich »möglich wäre«, und es tritt ein verlegenes Schweigen ein.

Eine Unterhaltung ist nicht der richtige Zeitpunkt für eine Grammatiklektion. Wenn die Deutschlehrerin den Drang verspürt, einen Freund zu belehren, kann sie dies freundlich und respektvoll später unter vier Augen tun – und vorher um Erlaubnis bitten. Sie könnte zum Beispiel sagen: »Unsere Unterhaltung hat mir Spaß gemacht, und ich habe mich gefragt, ob es dir etwas ausmachen würde, wenn ich dir einen kleinen Grammatiktip geben würde?« Oder sie könnte den Grammatikfehler einfach ignorieren.

Der Eifer des Gefechts ist nicht der richtige
Zeitpunkt, um jemandem etwas beizubringen.

Ein Nachbar erzählte mir, er würde nie vergessen, wie er als Teenager einen erwachsenen Geschäftskollegen seines Vaters korrigiert hatte und sein Vater ihm daraufhin eine Lektion erteilte. Als sie zu Hause waren, sagte der Vater: »Mußtest du ihn unbedingt korrigieren? Es ist mir egal, daß du recht hattest, aber halt das nächste Mal den Mund.« Manchmal ist es höflich, Dinge einfach zu übergehen. Dadurch kann der, der den Fehler gemacht hat, seine Würde wahren. Auch in diesem Fall hatte der Vater gewartet, bis sie zu Hause und also nicht mehr im »Eifer des Gefechts« waren, um seinem Sohn zu sagen, was er das nächste Mal machen sollte, anstatt ihn vor seinem Geschäftskollegen in Verlegenheit zu bringen.

In solchen Fällen ist es wichtig, eine geschützte und respektvolle Atmosphäre zu schaffen. Dann können die unterschiedlichsten Lernprozesse erfolgreich sein, und das Selbstwertgefühl aller Beteiligten steigt. Andernfalls entsteht nur eine aggressive Stimmung.

Der Eifer des Gefechts

Als »Eifer des Gefechts« bezeichne ich die Zeit während oder unmittelbar nach einem Vorfall. Wenn die Gefühle brodeln und Schuld und Scham schneidend scharf empfunden werden, fühlt der andere sich bedrängt und wird wahrscheinlich sein Tun rechtfertigen wollen. Das ist *nicht* der Zeitpunkt, an dem er bereit ist, etwas zu lernen.

Einige von Ihnen werden jetzt vielleicht sagen: »Aber genau dann ist doch alles noch frisch, und alle Details sind präsent. Wenn man diesen Zeitpunkt nicht nutzt, geht die ganze Wirkung flöten. Man muß die Gelegenheit beim Schopf packen!« Ich habe dies oft gehört und früher selbst so argumentiert.

Vor Jahren fragte mein damals fünfzehnjähriger Sohn mich einmal, ob er sich meine Drahtschere ausleihen könnte. Ich sagte ihm, er könnte es, wenn er sie wieder an ihren Platz zurücklegen würde. Ich kann mich an diese Geschichte noch gut erinnern, weil es eine sehr gute Drahtschere war und ich an ihr hing. Ich dachte nicht mehr daran, daß er sie ausgeliehen hatte, bis ich zwei Wochen später in den Garten ging und sie im Gras liegen sah. Ich hob sie auf und stellte fest, daß die Schnittfläche so verrostet war, daß sie nicht mehr instandgesetzt werden konnte. Ich war total sauer. Ich stürmte ins Haus, fuchtelte mit der Drahtschere meinem Sohn vor der Nase herum und schrie wütend: »Du hast meine Drahtschere im Gras liegen lassen, und jetzt ist sie ruiniert! Sieh sie dir an. Wie konntest du sie da draußen liegen lassen, wo doch jeden Tag der Rasensprenger an war! Du hast gesagt, du würdest sie zurücklegen. Wie konntest du das tun? Es ist meine Lieblingsschere.« Ich war wirklich fuchsteufelswild.

Können Sie seine Antwort erraten? Ich wette, jeder Vater und jede Mutter kann es. Er sah mich an und sagte: »Ich war das nicht.«

In einer solchen Situation sagt fast jedes Kind alles, was notwendig ist, um seine Haut zu retten. Es kommt also nichts Gutes dabei heraus, wenn Sie im Eifer des Gefechts reagieren. Ich stimme von ganzem Herzen Steven R. Covey zu, der in »Die sieben Wege zur Effektivität« schrieb: »Meine Erfahrung ist die, daß es Zeiten gibt zu lehren und Zeiten, nicht zu lehren. Wenn die Beziehungen gespannt sind und die Luft voller Emotionen ist, wird der Versuch zu lehren oft als eine Form von Beurteilung und Ablehnung wahrgenommen.« Ich mußte erst wieder ruhig werden. Danach konnte ich darüber sprechen, wie man Werkzeuge richtig behandelt, und meinem Sohn die Gelegenheit geben, eine neue Drahtschere zu kaufen.

Der folgende Vorfall veranschaulicht ebenfalls sehr gut, wann man jemandem etwas beibringen kann und wann nicht. Vor einigen Jahren wurde unser damals dreizehnjähriger Sohn beim Fahrradfahren von einem betrunkenen Autofahrer angefahren. Er hatte Zeitungen ausgefahren und sollte eigentlich sofort nach Hause kommen, wenn er damit fertig war. Statt dessen beschloß er, ein in der Nähe gelegenes Geschäft aufzusuchen. Um dorthin zu kommen, mußte er eine dunkle, stark befahrene Straße ohne Randstreifen oder Trottoir nehmen. Als wir am Unfallort ankamen, waren die Sanitäter da, und unser Sohn war ziemlich schwer gestürzt. Ja, er hatte nicht gehorcht. Ja, er war zur Hauptverkehrszeit auf einer gefährlichen Straße gefahren. Ja, wir waren wütend und besorgt. Ja, sein neues Fahrrad war kaputt. Ja, das Ganze wäre nicht passiert, wenn er auf uns gehört hätte. In diesem Fall sieht man leicht, daß dies nicht der richtige Zeitpunkt war, um ihm etwas beizubringen. Aber wann ist der richtige Zeitpunkt?

Belehrungen sind nur dann erfolgreich, wenn Sie sich unter Kontrolle haben. Wenn Sie als Frau, Mann, Elternteil, Nachbarin, Freund, Chefin oder Arbeitnehmer wütend oder sonst außer sich sind, kann wirkliches Lehren oder Lernen nicht stattfinden. Sie werden wahrscheinlich Dinge sagen, die Sie später bereuen, der andere geht in die Defensive, und ein Streit bricht aus. Erst wenn die Beteiligten sich beruhigt haben, ist ein Lernprozeß möglich. Bei unserem Sohn war dies der Fall, als er nach seinem Krankenhausaufenthalt wieder zu Hause war und sich besser fühlte. Und interessanterweise zog er selbst die Lehre aus dem Vorfall. »Ich hätte nicht zu dem Geschäft fahren sollen«, sagte er. Anstatt uns noch stärker auf das einzuschießen, was er falsch gemacht hatte (es war nicht notwendig – er hatte es verstanden), drehte unsere Unterhaltung sich mehr um die Auswirkungen des Fahrens unter Alkoholeinfluß – etwas, was bei ihm gefühlsmäßig jetzt stark besetzt war. Es wurde für alle in der Familie zu einer guten Lernerfahrung.

Ein anderes gutes Beispiel für die Wichtigkeit, in solchen Situationen die Beherrschung nicht zu verlieren, stammt vom Vater eines fünfzehnjährigen Jungen.

»An einem Wintertag, als die Straße voller Schnee und sehr glatt war, fuhr ich mit meinem Sohn nach Hause. Kurz nachdem wir in unserem Viertel angekommen waren, meinte er übermütig: ›Komm, wir wollen mal Achterbahn fahren‹ und trat mit dem Fuß auf die Bremse und stieß das Lenkrad an. Er hatte es nur ganz leicht angetippt, aber ich verlor trotzdem die Kontrolle über das Fahrzeug. Es kam rutschend und ohne Schaden zum Stehen, aber wir waren beide zu Tode erschrocken.

Ich beschloß, nichts zu sagen, denn ich nahm an, daß ihm klar geworden sein mußte, wie dumm und gefährlich das war, was er getan hatte – und wie schnell ein Auto auf einer glatten Oberfläche außer Kontrolle gerät. Als wir in die Garage fuhren, fragte ich ihn ruhig, ob er etwas gelernt hätte. Leise und aufrichtig sagte er ja, das hätte er, und ich antwortete, daß dann über die Sache kein Wort mehr verloren werden müßte, weder zwischen uns noch zu jemand anderem. Er hat das nie vergessen – aus zwei Gründen: Er hatte die Lektion gelernt, die das Auto ihm gegeben hatte, und er weiß es immer noch zu schätzen, daß ich ihn nicht fertig gemacht habe.«

Manchmal ist die Erfahrung selbst der beste Lehrmeister; wenn wir sie zerreden, vermindern wir ihre Wirkung. In Fällen wie dem vorigen bleibt die Selbstachtung intakt.

Nicht jede Frage direkt beantworten

Der beste Zeitpunkt, jemandem etwas beizubringen, ist der Moment, in dem jemand etwas lernen möchte, wenn er also beispielsweise eine Frage stellt. Ob er dann tatsächlich etwas lernt, kommt auf das an, was Sie mit der Frage machen. In manchen Situationen will man nur ein Problem mit jemandem durchsprechen, ohne eine direkte Lösung zu erwarten, oder man möchte einfach ein paar Ideen loswerden, um zu sehen, wie sie klingen. Es ist ein Entdeckungsprozeß, und diese Phase ist perfekt für bestätigende Formulierungen und Fragen. Sie kann dann zu einer echten Lernerfahrung werden – nicht weil jemand anders meine Fragen beantwortet, sondern weil man in sich selbst eine Antwort findet.

Wenn uns jemand fragt: »Was meinst du, was ich machen soll?«, wird jeder in einem ersten Impuls dem anderen sagen, was er machen soll. Mit anderen Worten: Wir versuchen, die Verantwortung für sein Problem zu übernehmen. Aber wie oft haben Sie das schon getan und dann gehört: »Ach, das geht ja doch nicht« oder: »Wie soll ich das denn machen?« Nach so einer Antwort denken Sie vielleicht: »Warum hast du mich überhaupt gefragt, wenn du gar nicht willst, daß ich dir helfe?« Oder Sie haben dem anderen gesagt, was er machen soll, und später kommt er zurück und sagt: »Ich hab genau gemacht, was du gesagt hast, aber es hat nicht geklappt.« Vielleicht entdecken Sie auch, daß er nicht gemacht hat, was Sie ihm gesagt haben. Dann beschließen Sie vielleicht sogar, nie mehr irgend jemandem zu sagen, was er machen soll. Und bei diesem Entschluß bleiben Sie, bis Sie das nächste Mal hören: »Was meinst du, was soll ich machen?« Es ist nicht einfach, Leuten *nicht* zu sagen, was sie machen sollen, wenn sie uns fragen. Aber in diesem Augenblick müssen wir uns daran erinnern, daß es in den meisten Fällen nichts bringt.

Wenn mich jemand fragt, was er machen soll, gehe ich im Geist mein Grundkonzept durch: Ich kann die Sache für den anderen nicht in Ordnung bringen, und der andere hat das Problem, nicht ich. Mit dieser Einstellung im Hinterkopf tue ich folgendes: Ich versuche herauszufinden, was er schon gemacht hat und was er am liebsten machen würde. Dafür stelle ich direkte Fragen, zum Beispiel: »Was hast du denn schon ausprobiert?« oder: »Was würdest du denn am liebsten machen?« oder: »Welche Möglichkeiten hast du?« Ich höre dann ganz aufmerksam zu, ohne im Kopf schon einen Alternativplan zu entwickeln. Es ist verblüffend, aber durch diese Vorgehensweise können sowohl der Ratsuchende als auch der Zuhörende wirklich etwas lernen.

Durch das Reden über die Hintergründe, die bisher unternommenen Schritte und die weiteren Möglichkeiten ergibt sich oft die beste oder zumindest eine mögliche Lösung. Der Ratsuchende sagt dann am Schluß vielleicht sogar: »Danke, daß du mein Problem gelöst hast!« oder: »Jetzt hab ich's! Warum hab ich nicht gleich daran gedacht?« Es ist nicht wichtig, ob meine Hilfe beim Lösen des Problems anerkannt wird oder nicht. Meine Hauptaufgabe bestand darin, den Entdeckungsprozeß des anderen zuhörend zu begleiten und unterstützende Fragen zu stellen.

Wenn Sie jemand fragt, was er machen soll, ist es hilfreich, ihm eine andere Betrachtungsweise des Problems nahezubringen, zum Beispiel indem Sie sagen: »Hast du es schon einmal so gesehen?« oder: »Gibt es irgendwelche anderen Möglichkeiten?« Dadurch tun sich oft ganz neue Gedankengänge auf. Wenn der andere schon alles genannt hat, was ihm eingefallen ist, eine gute Lösung aber immer noch nicht in Sicht ist, können Sie ihm etwas vorschlagen: »Ich habe eine Idee, was dir vielleicht helfen könnte. Ich weiß nicht genau, ob es dir weiterhilft, aber vielleicht doch.« Machen Sie dann Ihren Vorschlag ohne »sollte« oder »müßte«. Bei so einer Gelegenheit kann man eine Erfahrung mitteilen, die entweder Sie selbst oder ein Bekannter von Ihnen gemacht hat und die dem jetzigen Problem gleicht. Dies kann den anderen auf neue Gedanken bringen und ihm helfen, eine Lösung zu finden, die für ihn paßt.

Der richtige Zeitpunkt zum Nachfassen

Nach einem Vorfall, der besprochen werden muß, ist es wichtig, den richtigen Zeitpunkt zum Nachfassen zu finden. Nehmen wir an, Sie sind der Vater einer Tochter im Teenageralter. Sie hat ihrer Mutter eine freche Antwort gegeben, Sie haben dies von einem anderen Zimmer aus gehört, stürmen nun herein und schreien: »Hörst du wohl auf, so mit deiner Mutter zu reden!« Ihre Tochter läuft weinend in ihr Zimmer.

Nach einem Vorfall, der besprochen werden muß,
ist es wichtig, den richtigen Zeitpunkt zum
Nachfassen zu finden.

Wann ist in diesem Fall der Zeitpunkt gekommen, der Tochter etwas beizubringen? Nachdem wir festgestellt haben, daß im

Eifer des Gefechts keiner etwas lernen kann, sollten Sie am besten warten, bis Sie beide sich abgeregt haben. Dann können Sie ganz ruhig an ihre Tür klopfen und sagen: »Hast du ein paar Minuten Zeit? Ich möchte mit dir reden.« Wenn Ihre Stimme höflich und respektvoll klingt, wird sie Sie wahrscheinlich hereinbitten. Wenn nicht, ist sie noch nicht bereit, also warten Sie noch eine Weile ab. Wenn Sie dann in das Zimmer gehen, können Sie die Unterhaltung mit einem bestätigenden Kommentar beginnen, zum Beispiel: »Es ist schrecklich, wenn wir so einen Krach haben. Es tut mir leid, daß ich dich angeschrien habe. Bitte entschuldige. Erzähl mir doch, was passiert ist, bevor ich reingekommen bin.« Hören Sie dann einfach zu, und bestätigen Sie sie, ohne sich zu rechtfertigen oder ihre Gefühlsäußerungen zu unterbrechen.

Wenn sie fertig ist, können Sie die in Ihrer Familie gültige Wertvorstellung wiederholen, daß Eltern mit Respekt zu behandeln sind, und anregen, daß sie sich bei ihrer Mutter entschuldigt. Vielleicht beschließen Sie beide, respektvoller miteinander und anderen Familienmitgliedern zu reden. Dies wird Ihre Tochter mehr über Respekt lehren als jede Predigt Ihrerseits, denn sie hat gerade erlebt, daß Sie sich bei ihr entschuldigt und sie mit Respekt behandelt haben.

Ein Vater erzählte, wie er einmal sehr versucht war, etwas in dem Augenblick zu sagen, in dem der Vorfall sich ereignete – im Eifer des Gefechts –, dann aber innehielt und zu warten beschloß, bis die Gemüter sich beruhigt hatten.

»Mein Sohn und seine Frau besuchten uns, und die Frau stellte ein Glas Wasser auf dem Kaffeetisch ab. Mein Sohn fuhr sie in beleidigendem Ton an: ›Stell das Glas nicht da hin! Das gibt doch Ränder! Stell es auf die Zeitung – dafür liegt sie da.‹ Und abrupt nahm er das Glas von dem Holztisch weg und stellte es auf eine Zeitung. Seiner Frau war es sehr peinlich. Ich war bei seinen Worten innerlich zusammengezuckt, auch wenn ich wußte, daß er nur versuchte, auf unseren Tisch zu achten. Er hätte dasselbe freundlicher und liebevoller erreichen können. Ich beschloß, für den Moment still zu sein und keine große Sache daraus zu machen.

Als er und ich später an meinem Computer arbeiteten, sagte ich ihm, was für Gefühle es bei mir ausgelöst hatte, als er so mit seiner Frau gesprochen hatte. Ich teilte ihm mit, daß dies sehr verletzend geklungen hatte und sagte, daß seine Frau und deren Gefühle doch wichtiger seien als der Tisch. Ich machte ihn nicht fertig; ich erwähnte es einfach.«

Dieser Vater war so klug, die Sache nicht zu übertreiben. Wenn wir versuchen, eine Sache ganz klar zu machen, sagen wir manchmal zu viel und ruinieren dadurch den Lerneffekt. Man kann des Guten auch zuviel tun.

Was können Sie tun, wenn Ihre erwachsene Tochter Sie anruft und Ihnen ihr Leid klagt? Sie wissen, daß Zuhören und Bestätigen das Beste sind, was Sie im Moment für sie machen können.

Wenn wir versuchen, eine Sache ganz klar zu
machen, sagen wir manchmal zu viel und
ruinieren dadurch den Lerneffekt.

Doch Sie fragen sich jetzt vielleicht, wann der richtige Zeitpunkt gekommen ist, um ihr ein paar Ideen oder eigene Erfahrungen mitzuteilen, die Sie für hilfreich halten. Ich empfehle, daß Sie zunächst abwarten und sie später anrufen. Sie könnten dann sagen: »Ich hab über unsere Unterhaltung von gestern nachgedacht und habe ein paar Ideen, die dir vielleicht helfen könnten. Das kannst du aber selbst entscheiden. Ich hab mich dran erinnert, daß ich auch einmal in einer ähnlichen Lage war ...« Dann erzählen Sie ihr von Ihrer Erfahrung, und was Sie damals getan haben oder am liebsten getan hätten. Oder Sie sagen: »Hast du schon einmal daran gedacht, ...?« und teilen ihr auf diese Weise Ihre Ideen mit. Wenn Sie so reden, setzen Sie Ihre Tochter im Hinblick auf die Umsetzung dieser Ideen nicht unter Druck. Diese Art, ihr etwas zu vermitteln, kann sie zum Nachdenken anregen. Wenn Sie es in dem Moment machen, in dem sie Ihnen ihr Herz ausschüttet, funktioniert es nur selten. Dann ist sie nämlich nicht bereit, etwas zu lernen, denn sie ist im Eifer des Gefechts.

Ein Paar, das das Manuskript zu diesem Buch Korrektur las, wurde durch diese Stelle an eine eigene Erfahrung erinnert. Sie lag schon viele Jahre zurück, und die Frau hatte ihrem Mann nie etwas über ihre damaligen Gefühle gesagt. Der Mann erzählte folgendes:

»Meine Frau war Vorsitzende einer Organisation. Sie hatte eine frustrierende Erfahrung und war ziemlich sauer; sie wollte alles hinschmeißen. Sie rief mich bei der Arbeit an, um ihren Frust loszuwerden. Sie war so aufgebracht, daß ich ihr nur zuhören konnte. Die Unterhaltung war eher einseitig: Sie redete, und ich hörte zu.

Ich wußte, daß sie das Ganze ziemlich beschäftigte, und deshalb rief ich sie am selben Tag später noch einmal an, um ihr ein paar Gedanken mitzuteilen, die ich zu ihr als Person hatte. Sie war nicht zu Hause, und deshalb hinterließ ich eine längere Nachricht auf dem Anrufbeantworter. Ohne es zu wissen, muß ich ihre Gefühle bestätigt und ihr Selbstwertgefühl verstärkt haben. Noch mehrere Wochen später hörte sie sich das Band immer wieder an.

Erst als wir dieses Manuskript lasen, erfuhr ich, welche Wirkung meine Botschaft auf sie gehabt hatte. Sie sagte mir: ›Als ich dich angerufen habe, hast du nicht versucht, mir Ratschläge zu geben, sondern hast einfach zugehört. Das war das, was ich brauchte. Dann hast du später angerufen und in der langen Nachricht auf dem Anrufbeantworter genau das gesagt, was ich hören mußte. Als ich die Nachricht abhörte, hatte ich mich ein bißchen beruhigt und war bereit, die Dinge zu hören, die du zu sagen hattest. Das änderte alles.‹«

Die richtige Lernsituation

Wollen Sie einem Kind etwas beibringen, müssen Sie dies planen und den richtigen Zeitpunkt abpassen. Es ist wichtig, eine Atmosphäre zu schaffen, die sich zum Lernen eignet. In einer feindseligen, aggressiven Umgebung können Sie Lehrversuche gleich vergessen, denn es kommt nur zu Rechtfertigungen und Streit. Es gibt viele Situationen, die eine herzliche, freundschaftliche Atmosphäre fördern und in denen die Voraussetzungen für eine echte Kommunikation und effiziente Belehrungen gegeben sind. Im folgenden finden Sie einige Beispiele:

---

*Wenn Sie einem Kind etwas beibringen wollen,
müssen Sie dies planen und den
richtigen Zeitpunkt abpassen. Es ist wichtig,
eine Atmosphäre zu schaffen, die sich
zum Lernen eignet.*

Mahlzeiten

Wenn die ganze Familie am Tisch sitzt, ist dies ein idealer Zeitpunkt für den Austausch von Ideen und Meinungen. Solche Gespräche sind »emotionale Nahrung« und genauso wichtig wie das Essen selbst. Viele Familien nehmen sich heute für diese wichtige Tradition keine Zeit mehr. Oft ist es zur Gewohnheit geworden, etwas in die Mikrowelle zu schieben und allein oder im Stehen zu essen. Ich kann nicht oft genug wiederholen, wie wichtig es für eine Familie ist, sich mindestens einmal am Tag gemeinsam zu einer Mahlzeit hinzusetzen. Versuchen Sie, zusammen zu frühstücken, wenn der Zeitplan eine gemeinsame Abendmahlzeit nicht erlaubt. Wenn nicht alle Familienmitglieder da sein können, machen Sie es mit denen, die da sind. Wenn ein Kind aufgrund seiner Aktivitäten oder seiner Arbeit ständig fehlt, sollten Sie sich die Zeit nehmen, wenigstens ein paar Mal in der Woche mit diesem Kind gemeinsam zu essen, auch wenn die anderen dann nicht dabei sind. Mahlzeiten können sehr lehrreich sein, wenn Eltern und Kinder sich zu den unterschiedlichsten Themen *ohne Kritik* freimütig äußern können.

Eine Mutter berichtete, wie sie dabei vorgeht: »Ich spreche über einen Zeitungsartikel zu einem Thema, das mich beschäftigt. Mein Mann und ich reden darüber, während unsere Kinder die Information aufnehmen. Dann denken sie nie, daß ich eine Predigt halte.« Das Gespräch muß echt sein, nicht zwanghaft oder verlogen. Wenn die Kinder spüren, daß die Unterhaltung ernst gemeint ist, hören sie zu. Bestätigen Sie sie, wenn sie einen Gedanken einwerfen, und lassen Sie ihnen ihre Meinung, auch wenn sie sich von Ihrer unterscheidet. Wenn die Kinder ihre eigene Meinung äußern können, hilft ihnen dies, die in der Familie gültigen Werte zu formulieren und zu verinnerlichen.

Aus Erfahrung weiß ich, daß Mahlzeiten nicht der richtige Zeitpunkt sind, um auf schlechten Gewohnheiten oder bestehenden Konflikten herumzureiten. Da geht sofort die Klappe runter. Über solche Dinge können Sie ein andermal reden. Wenn Sie Ihren Kindern Tischmanieren beibringen wollen, können Sie ein formelles Abendessen inszenieren, bei dem jeder kleine Aufgaben übernimmt, und dann darüber reden. Das kann genauso lustig wie informativ sein.

Zubettgehzeit
Vor allem kleine Kinder scheinen offen dafür zu sein, abends vor dem Zubettgehen etwas zu lernen. Sie tun fast alles, um das Einschlafen hinauszuzögern. Als unsere Kinder klein waren, legte meine Frau sich zu ihnen ins Bett und erzählte ihnen pädagogisch wertvolle Geschichten. Sie waren wie kleine Schwämme, wenn sie dort im Dunkeln lagen, zuhörten und Fragen stellten. Meine Frau sang auch oft mit ihnen – Lieder mit Botschaften, die sie ihnen vermitteln wollte, ruhige Lieder, um sie zu besänftigen, oder lustige Lieder, die ihnen Spaß machten. Einmal sagte sie mir: »Die Kinder merken gar nicht, daß ich keine schöne Stimme habe. Es scheint ihnen einfach zu gefallen.«

Eine Verwandte von uns erzählte: »Mein Mann hat unseren Kindern mit seinen selbsterfundenen Geschichten viel beigebracht. Er hatte zwei fiktive Charaktere, die jede Menge Abenteuer erlebten, und die Kinder waren fasziniert. Sogar heute noch, wo unsere Kinder erwachsen sind, erzählt er diese Geschichten unseren Enkelkindern. Wenn unsere Kinder in der Nähe sind, halten sie immer mit dem inne, was sie gerade tun, und hören zu.« Sie sagte: »Eine Enkelin von uns sagte eines Tages zu mir: ›Oma, erzähl mir eine Geschichte – eine von diesen selbsterfundenen.‹ Ich sagte ihr, ich könne das nicht so gut wie Opa, und sie sagte: ›Das macht nichts, fang einfach an, die Geschichte kommt dann von selbst.‹ Sie hatte recht. Ich fing an, eine Geschichte entwickelte sich, und sie fand sie toll.«

Es gibt viele gute Bücher mit Geschichten, die moralische Grundsätze und Möglichkeiten zum Umgang mit alltäglichen Problemen schildern. Eine andere Quelle könnten Geschichten aus der Bibel sein. Das Vorlesen vermittelt nicht nur eine Botschaft, sondern kann im Kind auch eine Liebe zum Lesen wecken. Zur Abwechslung können Sie vor dem Schlafengehen auch eine Kassette anhören und darüber sprechen.

Das Zubettgehen ist eine gute Zeit, damit Kinder sich öffnen und reden. Das gilt auch für Teenager, besonders wenn es dunkel ist. Die Dunkelheit scheint ein Gefühl der Sicherheit zu vermitteln, weil man das Gesicht des anderen nicht sieht. Es ist eine nicht-bedrohliche Umgebung. Eine Frau erzählte folgendes: »Im allgemeinen kniete ich neben den Kindern, wenn sie ihr Gebet sprachen. Wenn sie dann ins Bett gesprungen waren, blieb ich neben ihren Betten knien und plauderte mit ihnen. Dabei war das Licht aus. Es waren kostbare Minuten, in denen wir uns sehr nah waren. Auch als sie schon in der High-School waren, sagten sie auf dem Weg ins Bett manchmal: ›Komm mit und red mit mir, Mama.‹ Ich fand es toll!«

Sie können sich auch auf die Bettkante setzen, wenn Ihr Sohn oder Ihre Tochter im Bett liegt, und – ohne Vorwürfe oder Moralpredigten – ein Erlebnis erzählen, das für Sie an diesem Tag wichtig war. Machen Sie weiter, auch wenn die Kinder maulen, und bestätigen Sie ihre Gefühle mit: »Ich weiß, daß du müde bist, und es dauert auch nicht lange. Ich wollte dir nur etwas erzählen.« Halten Sie sich aber auch daran, und fassen Sie sich kurz. Ein solcher Austausch zeigt Ihrem Kind, daß Sie es ernst nehmen und daß Sie es lieb haben. Wenn die Kinder Ihre Liebe spüren, öffnen sie sich auch für das, was Sie zu sagen haben. Hören Sie ihnen dann zu, wenn sie anfangen zu reden. Wenn sie ihre Gefühle und Erfahrungen mit Ihnen teilen, können Sie sie und ihre Bedürfnisse besser verstehen.

Das Reden im Dunkeln wirkt auch bei Paaren ausgesprochen positiv. Es erlaubt Ihrem Partner, Gefühle und Erfahrungen mitzuteilen, die er ansonsten vielleicht nicht äußern würde.

Der Familienabend

Manche Familien planen jede Woche einen Abend ein, der ausschließlich der Familie vorbehalten ist. Die Eltern halten sich diese Zeit frei, treffen keine anderen Verabredungen, und die Kinder machen es genauso. Man kann Brettspiele spielen, über interessante Dinge reden, die man in dieser Woche erlebt hat, oder einzelne Familienmitglieder bereiten kurze Lektionen mit einer Botschaft vor, die sich auf die speziellen Bedürfnisse oder Interessen der Familie beziehen. Man kann zusammen Inline-Skating betreiben oder zum Bowling, in den Zirkus, ins Konzert oder zu irgendeiner anderen Veranstaltung gehen, die allen Spaß macht. Wenn Sie solche Dinge zusammen erleben, ergeben sich ganz von selbst viele Gelegenheiten zum Lehren und Lernen. Ein guter Aktivitäten-Mix ist günstig und sorgt dafür, daß alle mit Spaß bei der Sache sind. Diese Treffs sind auch ein guter Rahmen, um Regeln für die Familie zu besprechen, weil die Kinder sich an dem Vorgang beteiligen können. Gibt es außerdem noch besondere Leckereien zum Essen, werden diese Abende für alle noch attraktiver und angenehmer. Bei gutem Essen tauen Menschen sehr viel schneller auf.

Ein achtjähriges Mädchen erzählte, daß sich bei ihm zu Hause immer zu Beginn eines Schuljahres die Familie zusammensetzt. Die Kleine sagte: »Mein Papa erinnert uns dann daran, daß wir bei irgendwelchen Tests in der Schule nicht abschreiben sollen. Er sagt, es wäre besser, ehrlich zu sein, als wegen einer besseren Note zu schummeln.« Dieser traditionelle Familientreff gibt den Eltern die Gelegenheit, den Kindern die in der Familie gültigen Werte nahezubringen. Und es scheint zu funktionieren. Das kleine Mädchen erzählte, daß eine Freundin, die neben ihm saß, sich zu Beginn eines Tests zu ihm hinübergebeugt und gefragt hätte, ob es ihr bei den Antworten helfen könne. Es erinnerte sich an das, was sein Vater ihm beigebracht hatte, und sagte: »Wenn ich meiner Freundin beim Abschreiben geholfen hätte, hätte ich ja geschummelt. Deshalb schüttelte ich den Kopf und lehnte ab. Am nächsten Tag rief die Lehrerin meine Freundin und mich in den Flur und sagte, unsere Antworten seien dieselben. Es fiel mir leicht, die Lehrerin anzusehen und ihr zu sagen, daß ich nicht gemogelt hatte. Als ich meine Freundin ansah, war sie am Weinen. Sie sagte der Lehrerin, sie hätte auf mein Heft geguckt. Es tat mir wirklich leid wegen meiner Freundin, aber ich war froh, daß ich ehrlich gewesen war.«

Alleinerziehende Väter und Mütter können wahre Wunder vollbringen, wenn sie solche Familientreffs einführen. Ein geschiedener Mann, der nicht der sorgeberechtigte Elternteil war, verbrachte den Tag und den Abend mit seinem im Teenageralter befindlichen Sohn. Sie hatten zusammen Golf gespielt, außer Haus zu Abend gegessen und kehrten nun dahin zurück, wo der Junge wohnte. Als sie ankamen, war es dunkel. Der Mann sagte: »Mein Sohn fing an, ein paar Fragen über das Leben zu stellen. Es war wirklich der perfekte Zeitpunkt, um ihm etwas beizubringen. Er scheint grundlegende philosophische Fragen am liebsten zu stellen, wenn es dunkel ist und wir allein sind, und wir besprachen an diesem Abend ein paar sehr ernste Themen. Bevor er aus dem Auto stieg, beugte er sich zu mir hinüber, umarmte mich und sagte: »Danke, Papa. Ich hab dich lieb.«

Zusammen arbeiten

Gemeinsames Arbeiten bietet großartige Gelegenheiten, um einem Kind etwas beizubringen. Es ist erstaunlich, wie sehr ein Kind sich in dieser Zeit öffnet, wenn ein Gefühl der Kameradschaft besteht. Obwohl Kinder lernen müssen, für bestimmte Aufgaben in Haus und Garten verantwortlich zu sein, kann es sehr fruchtbar sein, wenn wir einige dieser Arbeiten mit ihnen zusammen erledigen. Natürlich ist dies auch die beste Möglichkeit, ihnen beizubringen, wie die Arbeit richtig gemacht wird.

Natürlich gilt das nur, wenn zwischen Elternteil und Kind keine Feindseligkeit herrscht. Bei einer schlechten Stimmung können wir das Ganze in Grenzen halten, indem wir unsere Fertigkeiten im Bestätigen einsetzen, wenn das Kind Fehler macht oder sich ungeschickt anstellt. Prinzipiell bietet sich bei der Zusammenarbeit die Gelegenheit, über das zu sprechen, was im Leben der Kinder vorgeht, und wie sie sich auf die Zukunft vorbereiten können.

Exkursionen

Diese Methode, jemandem etwas beizubringen, wird an Schulen seit Jahren erfolgreich praktiziert. Es gibt verschiedene Möglichkeiten, ganz bewußt ein Kind oder die Familie zu bestimmten Orten oder Ereignissen mitzunehmen. Vor Jahren haben wir drei unserer Kinder, die damals im Teenageralter waren, zu einem Vortrag mitgenommen, bei dem ein Krebschirurg über die Auswirkungen von Nikotin auf den Körper sprach. Wir hatten gehört, daß er das Thema anschaulich und gut darstellen würde. Wir dachten, diese Erfahrung könne unsere Kinder endgültig zu dem Entschluß bringen, nicht zu rauchen. Es war eine der klarsten und bewegendsten Darstellungen, die ich je zu dem Thema gesehen habe. Vor kurzem meinte unsere erwachsene Tochter, die damals zwölf Jahre alt gewesen war: »Ich habe das, was der Arzt gesagt hat, und die schrecklichen Bilder, die er gezeigt hat, nie vergessen. Das hat mir wirklich gereicht. Ich hab nie geraucht, und ich werde nie rauchen.«

Eine Mutter, deren Sohn talentiert war, der aber keine Lust zum regelmäßigen Klavierüben hatte, nahm den Sohn zu Klavierkonzerten mit, so oft sie konnte. Dies beeinflußte ihn, und er bekam Spaß am Klavierspielen. Heute ist er erwachsen und hat ein gutes Einkommen als Komponist und Pianist. Ein anderes Elternpaar, dessen Sohn zum Stehlen neigte, arrangierte sich mit dem nächstgelegenen Gefängnis und nahm den Jungen dorthin mit, damit er aus erster Hand sehen konnte, wohin die Klauerei führte.

Manche Familien führt ihre wöchentliche Exkursion in den Gottesdienst. Auch hier nimmt jemand den Eltern ihre Lehrverantwortung ab. Das Thema der Predigt kann dann noch Gesprächsstoff für den Nachhauseweg liefern.

Sie können die unterschiedlichsten Exkursionen unternehmen – die Möglichkeiten sind unbegrenzt. Sehen Sie sich an, was Ihr Kind braucht, und suchen Sie dann nach Gelegenheiten, es an Orte mitzunehmen, an denen es etwas lernt, ohne daß Sie ein Wort zu sagen brauchen. Es dauert eine Zeitlang, bis die Wirkung sich zeigt, aber letztlich kann dies das Leben Ihres Kindes sehr positiv beeinflussen.

Briefchen und Telefonanrufe

Kurze Nachrichten sowie Briefe und Telefonanrufe können wichtige Lehr- und Lernmomente enthalten. Ein Freund erzählte uns von einem Geistlichen in Washington D.C., der mit kleinen Briefchen und Telefonanrufen den Mitgliedern seiner Gemeinde und seiner Familie seine Liebe, seine Anteilnahme und seine Ratschläge übermittelte. Sein stressiger Arbeitsplatz beim Militär brachte es mit sich, daß er früh aus dem Haus ging und erst spät abends wiederkam, und das sechs Tage in der Woche. Er nutzte freie Augenblicke bei der Arbeit, um Leute anzurufen, wobei er oft einfach nur sagte: »Ich habe nur angerufen, um dir zu sagen, daß ich dich lieb habe.« Seine Kinder haben ganz begeistert erzählt, sie wären in der Schule wegen eines »Notfalls« aus dem Klassenzimmer geholt worden, nur um dann festzustellen, daß ihr Vater sie aus dem Pentagon anrief, um ihnen zu sagen, wie stolz er auf sie sei. Sonntags sah man ihn oft, wie er ein Kärtchen aus seiner Tasche zog und eine Nachricht darauf schrieb. Manche Briefchen überbrachte er persönlich unmittelbar nach den Gottesdiensten, oder er gab sie zur Post. Er war ein Meister darin, sich Zeit für die Menschen zu nehmen, die ihm wichtig waren, egal ob er körperlich präsent war oder nicht. Jeder liebte ihn – und hörte ihm zu.

Es ist sehr wichtig, unserer Familie zu vermitteln,
daß wir sie lieben.

Wenn Sie aus irgendwelchen Gründen etwas nicht zu Ende bringen oder mitteilen können, sollten Sie dies nachträglich tun: Rufen Sie Ihren Partner oder Ihr Kind an, um das Problem zu besprechen, sich zu entschuldigen oder Anteilnahme, Ideen oder Ihre Zuneigung zu äußern. Es ist sehr wichtig, unserer Familie zu vermitteln, daß wir sie lieben. Dadurch werden alle Belehrungen akzeptabel.

Sie können es schaffen

Die vielen Möglichkeiten und Zeitpunkte für erfolgreiche Belehrungen werden in diesem Kapitel auch nicht annähernd abgedeckt. Ich will Sie hier nur zum Nachdenken anregen und Ihnen helfen, die Zeiten herauszufinden, zu denen es am erfolgversprechendsten ist, Kindern oder anderen Menschen etwas beizubringen. Belehrungen sind notwendig, wenn wir wollen, daß unsere Kinder, unser Partner, unsere Angestellten, andere und wir selbst etwas lernen. Vergessen Sie aber nicht, daß es richtige und falsche Zeitpunkte für Belehrungen gibt. Wenn Sie wollen, daß Lernprozesse stattfinden, müssen Sie bereit sein, cool zu bleiben und den richtigen Moment für die richtige Botschaft abzupassen. Wenn Sie das Ganze mit ein bißchen Humor angehen und selbst Spaß dabei haben, lernt der andere sehr viel bereitwilliger. Manchmal ist es günstig, die Dinge einfach ein bißchen lockerer zu sehen.

Am ehesten und besten können Sie andere belehren, wenn sie sehen, wie Sie die Grundsätze, die Sie ihnen beizubringen versuchen, im Alltag selbst leben. Wir können nicht immer und überall perfekt sein, aber wir können immer wieder versuchen, es besser zu machen. Dieses ständige Sich-Bemühen ist eine sehr viel effizientere »Predigt« als alle Worte. Ein weiser Mensch hat einmal gesagt: »Wie soll ich hören, was du sagst, wenn das, was du tust, mir das Trommelfell zerreißt?«

Belehrungen bringen für den anderen die Welt nicht wieder in Ordnung. Aber sie vergrößern sein Wissen und zeigen ihm neue Alternativen und Möglichkeiten. Sie helfen ihm dabei, für seine Bedürfnisse die beste Lösung zu finden.

Wenn Sie beim Belehren an die Anwendung der vier Grundregeln des Bestätigens denken – *Zuhören, Zuhören, Zuhören* und *Verstehen* – schaffen Sie eine angenehme Lernatmosphäre. Wenn Sie sich nur ein bißchen anstrengen, können Sie anderen etwas beibringen.

Fangen Sie heute an

Sehen Sie sich Ihre Situation an und überlegen Sie, wem gegenüber Sie eine Lehrverpflichtung haben. Welche Methoden haben Sie dabei bisher benutzt? Überlegen Sie, wie Sie sie verändern oder verbessern können. Fangen Sie damit an, daß Sie sich für eine der in diesem Kapitel vorgestellten sechs Lehrsituationen entscheiden. Legen Sie fest, was Sie dem anderen beibringen wollen. Denken Sie daran, daß Zuhören und Bestätigen unverzichtbare Bestandteile des Belehrens sind. Wenn Sie verheiratet sind, sollten Sie Ihren »Lehrplan« für die Kinder mit Ihrem Partner besprechen, denn der Erfolg ist größer, wenn Sie sich einig sind.

Bestätigende Formulierungen und Fragen

Bestätigende Formulierungen

Je öfter Sie das Bestätigen praktizieren, desto schneller fallen Ihnen in einer Unterhaltung geeignete bestätigende Redewendungen ein. Nach kurzer Zeit verwenden Sie sie automatisch. Aber Vorsicht: Die Bedeutung vieler Formulierungen ändert sich mit dem Tonfall. Nehmen wir zum Beispiel das kleine Wörtchen »oh«. Je nach Intonation kann es herausfordernd, sarkastisch, verächtlich, abwertend, spöttisch, überrascht oder inquisitorisch klingen – oder einfach anzeigen, daß wir wirklich zuhören. Es kommt einzig und allein auf unsere Absicht an. Damit unsere kürzeren oder längeren Antworten den anderen bestätigen, müssen sie *freundlich, höflich* und *respektvoll* sein und die Absicht verfolgen, den anderen zu verstehen. *Wie* wir diese Redewendungen äußern, bestimmt, wie sie aufgenommen werden. Vielleicht fragen Sie sich, ob die Formulierungen auch dann erfolgreich eingesetzt werden können, wenn Ihr Gesprächspartner sie schon kennt. Die Antwort ist: Ja. Sie führen immer zu einem positiven Ergebnis, wenn Sie sich wirklich für Ihren Gesprächspartner interessieren und ihn wirklich verstehen möchten. Es ist egal, ob er die Redewendungen kennt oder vielleicht sogar selbst benutzt, denn es fühlt sich einfach gut an, wenn jemand sich ernsthaft für uns interessiert.

Nachstehend ein paar Formulierungen, die sehr hilfreich sind. Wenn Sie die Grundsätze des Bestätigens anwenden, werden Ihnen wahrscheinlich noch andere einfallen.

- »Oh.«
- »Das ist sicher schwierig.«
- »Das tut sicher weh.«
- »Ich glaube, das kann ich verstehen.«
- »Hm.«
- »Ich glaube, ich hätte dasselbe Gefühl.«
- »Das muß ja frustrierend sein.«
- »Es tut mir so leid, daß dir das passiert ist.«
- »Toll!«
- »Das ist ja interessant.«
- »Das ist ja wirklich eine schwierige Situation.«
- »Das ist ja schrecklich!«
- »Ich mache dir keine Vorwürfe.«
- »Das ist ja super!«
- »Das war gut.«
- »Ich freue mich auch.«
- »Das freut mich für dich.«
- »Ich bin genauso geknickt wie du.«
- »Das tut weh.«
- »Das war sicher kompliziert.«
- »Ich glaube, ich muß auch gleich weinen.«
- »Da bist du ja wirklich in einer unangenehmen Situation.«
- »Das war echt Spitze.«
- »Das hat sicher Spaß gemacht.«
- »Klasse!«
- »Sicher vermißt du ihn.«
- »Da wäre ich auch vor Scham im Boden versunken.«
- »Das ist ja aufregend.«

- »Das hätte ich nicht gedacht.«
- »Das ist eine gute Idee.«
- »Das ist eine gute Möglichkeit, mit der Sache umzugehen.«
- »Vielleicht ist das die beste Lösung.«
- »Das ist ja wirklich das Allerletzte.«
- »Du meine Güte!«
- »O nein! Ich weiß, wieviel dir das bedeutet hat.«
- »Da sitzt du wirklich ganz schön in der Tinte.«
- »Das ist ja wirklich der absolute Horror.«
- »Das ist ja stark!«
- »Kannst du mir mehr darüber erzählen?«
- »Das scheint ja eine echte Herausforderung für dich zu sein.«

Bestätigende Fragen

Wenn Sie jemandem helfen wollen, seine Probleme selbst zu lösen, ist es entscheidend, daß Sie die richtigen Fragen stellen. Ohne diese Fragen kommt der andere immer wieder auf die Ausgangsfrage zurück, nämlich: »Was soll ich machen?« Denken Sie daran: Sie brauchen sein Problem nicht zu lösen. Dazu haben Sie auch gar nicht die Macht. Aber Sie können ihm helfen, indem Sie die bestätigenden Fragen stellen, die dazu führen, daß er sich seine eigenen Gefühle und Wünsche genauer ansieht und selbst die für ihn beste Lösung findet.

Hier ein paar bewährte Fragen, die Sie auf den Geschmack bringen sollen.

- »Was?«
- »Wie hast du dich dabei gefühlt?«
- »Was hast du gemacht?«
- »Und was hast du dann gemacht?«

- »Was würdest du denn gerne machen?«
- »Was meinst du, wann das gemacht werden könnte?«
- »Was meinst du, was dabei herauskommt?«
- »Was meinst du, was klappen könnte?«
- »Was meinst du, was das nächste Mal klappen könnte?«

Denken Sie daran, daß Sie dem anderen zeigen wollen, daß Sie sich wirklich für ihn interessieren; stellen Sie daher Ihre Fragen freundlich, höflich und respektvoll.

- »Gibt es noch andere Möglichkeiten?«
- »Was ist passiert?«
- »Wie ist das passiert?«
- »Wo ist es passiert?«
- »Wann ist es passiert?«
- »Was hast du gedacht, als es passiert ist?«
- »Wie konntest du das aushalten?«
- »Wie hast du das bloß ausgehalten?«
- »Und was hast du dann gesagt?«
- »Was meinst du, ist die Ursache?«
- »Was ist los?«
- »Was ist schiefgegangen?«
- »Wie war das?«
- »Hat es dir Spaß gemacht?«
- »Hat dir das weh getan?«
- »Was bedeutet das?«
- »Was hättest du gerne, was ich jetzt machen soll?«
- »Kann ich irgend etwas tun, um dir zu helfen?«
- »Würde es dir helfen, wenn ich … (nennen Sie etwas, das Sie tun können)?«

Wie in Kapitel »Vierter Grundsatz – Zuhören lernen« erwähnt, lösen gewisse Fragen sofort eine abwehrende Antwort aus; viele von ihnen fangen mit dem Wörtchen *Warum* an. Zum Beispiel: »Warum hast du das getan?« – »Warum bist du zu spät gekommen?« Sie erreichen sehr viel mehr, wenn Sie fürsorglichere Fragen stellen, zum Beispiel: »Was ist passiert?« Auf *Warum*-Fragen gibt es einfach keine guten Antworten. Sie werden meist benutzt, wenn man wütend oder genervt ist, und Fragen, die den anderen in die Enge treiben, sind nicht hilfreich. Wenn Sie statt dessen höfliche, bestätigende Fragen verwenden, werden Ihre Kinder, Ihr Partner und alle, an denen Ihnen etwas liegt, wahrscheinlich zugänglicher. Dann können gute Lösungen gefunden und umgesetzt werden.

Es ist ganz wichtig bei bestätigenden Formulierungen und Fragen, daß sie die Antwort nicht gleich mitliefern. Sie sollen die Gefühle und Äußerungen des Menschen, dem Sie zuhören, begleiten, ohne das Gehörte zu interpretieren und dem Erzählenden Ihre Meinung aufzudrängen. Ein Beispiel für eine Frage, die die Antwort schon enthält, wäre: »Meinst du nicht, du solltest…?«

Bestätigende Fragen verfolgen die Absicht, mehr über den anderen oder die Situation zu erfahren. Mit einer Frage wie: »Was meinst du, was da gemacht werden könnte?« lassen Sie die Verantwortung da, wo sie hingehört, und ermuntern den anderen, in sich zu gehen und seine ganz persönliche, für ihn machbare Lösung zu finden.

Fangen Sie heute an

Denken Sie an ein paar Situationen in der letzten Woche, in denen Sie sich mit einem Familienmitglied, einer Freundin oder einem Kollegen unterhalten haben. Denken Sie nach und versuchen Sie, sich zu erinnern, welche Arten von Fragen Sie gestellt haben. Haben die Fragen mit *Warum* angefangen? Wenn ja, formulieren Sie die Fragen um und stellen Sie sie auf eine nicht-bedrohliche, verständnisvollere Weise, indem Sie mit *Wie, Was, Wann, Wo* oder einem *Verb* anfangen. Die obigen Anregungen können Ihnen dabei helfen, Ihre Fragen umzuformulieren.

Wenden Sie dieses Wissen und Ihre neu erworbene Fähigkeit an, wenn Sie sich das nächste Mal mit jemandem unterhalten. Beobachten Sie die Augen Ihres Gegenübers: Blicken sie weg, ohne sich auf irgend etwas Bestimmtes zu konzentrieren, und kommen sie bei der Antwort dann wieder zu Ihnen zurück? Wenn ja, haben Sie die richtige Art von Fragen gestellt.

Es lohnt sich, die Kunst des Fragens zu erlernen, auch wenn es zunächst anstrengend ist und geübt werden muß. Denn es vermittelt dem anderen, daß er Ihnen wichtig ist und Sie seinem Urteil vertrauen.

Zweiter Teil

Hier finden Sie viele Beispiele dafür,
wie die sechs Grundsätze
erfolgreich angewandt werden.

Kinder bestätigen

Fangen Sie mit Ihrem Baby an

Es ist nie zu früh, damit anzufangen, ein Kind zu bestätigen. Auch wenn ein Baby Ihnen nicht mit Worten sagen kann, was es empfindet, kann es seine Bedürfnisse mitteilen. Eltern lernen schnell, daß Schreien nicht gleich Schreien ist, und sie bemühen sich, die Bedürfnisse des Babys zu verstehen. Sie bestätigen es, indem sie versuchen, diese Bedürfnisse zu erfüllen.

Kluge Eltern bestätigen ihr Baby, indem sie versuchen, seine Bedürfnisse zu erfüllen.

Vor kurzem konnte ich beobachten, wie unsere Schwiegertochter dies mit ihrem zwei Monate alten Sohn machte. Er lag auf seiner Decke auf dem Fußboden und fing an zu weinen. Unsere Schwiegertochter wußte, daß er nicht hungrig war (sie hatte ihn vor kurzem gestillt), daß seine Windeln trocken waren und daß es nicht sein Bauchschmerz-Weinen war. Sie hob ihn auf und sagte: »Was hast du, mein Kleiner? Ist dir langweilig?« Natürlich konnte er nicht antworten, aber er hörte ihre beruhigende Stimme, die ihn bestätigte und versuchte, sein Bedürfnis zu verstehen. Sie knuddelte ihn ein paar Minuten und setzte ihn dann in eine Kinderwippe auf dem Tisch, an dem sie arbeitete. Während sie das Abendessen vorbereitete, redete sie mit ihm über das, was sie gerade tat, als ob er es verstehen könnte. Er war zufrieden. Seine Gefühle waren verstanden und bestätigt worden.

Schreit ein Baby immer noch, obwohl Sie schon alles mögliche versucht haben, um seine Bedürfnisse zu erfüllen, sollten Sie es weiter mit beruhigender Stimme bestätigen, während Sie versuchen, es abzulenken, es schaukeln oder in sein Bettchen legen. Wenn Sie wütend werden, führt das zu nichts und macht das Baby und Sie nur noch unleidiger. Vielleicht muß es einfach ein bißchen weinen, um ein Problem zu verarbeiten. Vielleicht ist es auch krank oder es tut ihm irgend etwas weh. Es dauert nicht mehr lange, bis es alt genug ist, um Ihnen zu sagen, was mit ihm los ist. Das wird es dann auch tun, denn es ist Ihr Verständnis und Ihre Bestätigung gewöhnt. Ein weiser Satz lautet: Wenn Sie mit Ihrem Kind reden, wenn es klein ist, wird es mit Ihnen reden, wenn es älter ist.

Die Gefühle der Kinder sind wichtig

Wenn Kinder heranwachsen und dabei die unterschiedlichsten Lernprozesse durchlaufen, kommen viele Probleme auf sie zu. Stellen Sie sich vor, Ihre sechsjährige Tochter beklagt sich bei Ihnen über einen Jungen aus ihrer Klasse. »Jimmy hat schon wieder auf mir rumgehackt. Warum läßt er mich nicht in Ruhe?«

Was würden Sie tun? Das Ganze hat sich schon einige Male abgespielt, und offen gestanden sind Sie es leid, daß sie sich darüber beklagt. Sie haben ihr gesagt, sie soll ihn ignorieren. Ein andermal haben Sie ihr gesagt, sie solle sich behaupten und ihm sagen, er solle sie in Ruhe lassen. Warum macht sie nicht einfach, was Sie ihr sagen? Sie wiederholen es also noch mal und um es ihr diesmal ganz klar zu machen, legen Sie ein oder zwei Dezibel zu.

Warum machen wir etwas, das nicht funktioniert, weiter? Wir Erwachsene neigen zu der Überzeugung, daß wir alle Antworten für unsere Kinder haben. Denn ganz eindeutig wissen wir mehr als sie, und deshalb ist es unsere Pflicht, ihrem wißbegierigen kleinen Verstand all dies mitzuteilen. Das hört sich gut an, bringt uns aber genauso weit, als würden wir mit gewachsten Skiern einen schneebedeckten Berg hochsteigen wollen. Wir enden genau da, wo wir angefangen haben – oder weiter unten. Gewöhnlich weiter unten, denn Vorträge, Predigten und Ratschläge haben eher die gegenteilige Wirkung. Bestätigen dagegen bringt uns weiter.

Sehen wir uns die Szene mit der quengelnden Tochter noch einmal an und überlegen wir, wie in diesem Fall das Bestätigen wirken würde. Ihre Tochter hat Ihnen gerade ihr Herz ausgeschüttet. Denken Sie daran: Wir alle möchten das Gefühl haben: *Ich bin wertvoll, meine Gefühle sind wichtig, und irgend jemand interessiert sich wirklich für mich.* Würden Sie Ihre Tochter mit einem »Wie oft soll ich es dir noch sagen«-Vortrag abfertigen, wenn Sie sich wirklich für sie und ihre Gefühle interessieren? Natürlich nicht. Die Gefühle Ihrer Tochter sind wichtig. Sie ist wichtig. Wie wäre es, wenn Sie mit ein bißchen Zärtlichkeit in der Stimme sagen würden: »Ach, Schätzchen, das muß wirklich schlimm sein. Sicher hast du es gründlich satt.« Denken Sie dann an die vier Regeln des Bestätigens:

- *Hören Sie zu*, indem Sie Ihrer Tochter Ihre volle Aufmerksamkeit schenken.
- *Hören Sie*, welche Gefühle sie äußert.

- *Hören Sie,* welche Bedürfnisse sie äußert.
- Versuchen Sie zu *verstehen.* Es dauert nur ein paar Minuten.

Wenn Sie so vorgehen, hören Sie vielleicht einen Satz wie den folgenden: »Ich will nicht mehr, daß er auf mir rumhackt. Am liebsten würde ich ihn verhauen!« Jetzt müssen Sie sich einen Vortrag über das Verhauen anderer Leute verkneifen. Darum geht es hier nicht. Sie hat einfach dieses Gefühl, und das ist, wie Sie sich erinnern werden, das einzig Wichtige. Sie könnten darauf erwidern: »Ich mache dir keine Vorwürfe. Ich glaube, mir ginge es genauso, wenn ich an deiner Stelle wäre.« Und stimmt das nicht sogar? Sie brauchen nur ehrlich zu sein.

Auch ein kleines Kind
kann eine gute Lösung finden.

Merken Sie, daß diese Worte die Gefühle Ihrer Tochter bestätigen? Es ist in Ordnung, daß sie jetzt dieses spezielle Gefühl hat. Niemand kann es ändern, und deshalb hat es keinen Zweck, wenn Sie es versuchen. Jede andere Reaktion würde sie nur noch mehr frustrieren. Wenn Sie Ihrer Tochter zuhören, sie bestätigen und ihr ihre Gefühle lassen, wird sie so lange reden, bis der ganze Frust weg ist. Und das ist das einzige, das ihre Gefühle ändern wird. Auch wenn Ihre Tochter Sie fragt, was sie machen kann, um seine Sticheleien zu beenden, ist Zurückhaltung angesagt. Sie denken natürlich, daß Sie die Antwort kennen, aber um ihr wirklich zu helfen, muß sie selbst darauf kommen. Wie wäre es, wenn Sie antworten würden: »Hmmm. Ich weiß nicht genau. Was meinst du denn, was funktionieren würde?« Beobachten Sie, wie vernünftig sie mit einem Mal wird. Auch ein kleines Kind kann eine gute Lösung finden.

Kinder sind gute Problemlöser

Oft denken wir, ein Kind würde nicht genug wissen, um eine gute Lösung zu finden. Damit werten Sie Kinder ab. Deren Fähigkeit, Probleme zu lösen, ist sehr viel größer, als uns klar ist. Allerdings haben sie oft nicht genug Gelegenheiten, diese Fähigkeit zu entdecken und zu entwickeln. Wenn Sie kleinen Kindern beim Papa-und-Mama-Spielen oder anderen Als-ob-Aktivitäten zusehen und zuhören, können Sie beobachten, welche beeindruckenden Verhandlungs- und Problemlösefähigkeiten sie schon besitzen.

Einer der einflußreichsten Entwicklungspsychologen des 20. Jahrhunderts, Jean Piaget, entdeckte, daß Kinder sehr früh lernen, ihre Probleme selbst zu lösen. Er erzählte das folgende Beispiel: »Mit achtzehn Monaten spielt Lucienne zum ersten Mal mit einem Puppenwagen, dessen Griff bis in die Höhe ihres Gesichtes reicht. Sie rollt ihn über einen Teppich, indem sie daran stößt. An der Wand angelangt, zieht sie den Wagen, indem sie rückwärts geht. Da ihr aber diese Stellung unbequem ist, unterbricht sie ihre Tätigkeit und wechselt ohne Zögern die Seite. Nun kann sie den Wagen von der anderen Seite stoßen. Sie hat also das richtige Vorgehen durch einen Einsichtsakt entdeckt, selbstverständlich in Analogie zu anderen Situationen, aber ohne Dressur, auch nicht in einem Lernvorgang und ohne Mitwirkung des Zufalls.«

Eines Abends erhielt meine Frau einen Anruf von unserer Schwiegertochter Rose; sie war gerade ziemlich frustriert, weil ihre fast dreijährige Tochter Jade trotz all ihrer Bemühungen immer noch nicht sauber war. Unsere Schwiegertochter sagte: »Ich hab im letzten halben Jahr alles mögliche ausprobiert, und nichts hilft. Die Windeln für zwei Kinder kosten ein Vermögen.

Jade ist überhaupt nicht kooperativ und schreit, sobald wir das Töpfchen erwähnen. Sie läßt sich noch nicht einmal versuchsweise ein Höschen anziehen. Hast du irgendwelche Vorschläge?«

Da wir gerade mitten in der Abfassung dieses Buches steckten, beschloß meine Frau, Rose vorzuschlagen, sie solle die Grundsätze ausprobieren und Jade die Gelegenheit geben, das Problem zu lösen – schließlich ging es auch sie etwas an. Meine Frau sagte also: »Du könntest versuchen, ruhig mit Jade allein zu reden; erklär ihr das Problem und bitte *sie* um eine Lösung.« Am nächsten Nachmittag rief Rose zurück und erzählte folgendes:

»Stell dir vor, was gestern abend passiert ist. Ich hab mir deine Anregung zu Herzen genommen und zu Jade gesagt: ›Wir haben ein Problem. Colton ist noch ein Baby und muß Windeln anziehen. Windeln kosten viel Geld, und weil du ein großes Mädchen bist, würden wir viel Geld sparen, wenn du keine Windeln mehr anziehen müßtest. Was meinst du, was könntest du tun, um uns dabei zu helfen, daß du keine Windeln mehr brauchst?‹

Jade begann sofort, eine Reihe zusammenhangloser Worte aufzusagen, was sie manchmal macht, wenn sie aufgeregt ist. Eins dieser Worte war ›Töpfchen‹. Ich sagte ihr: ›Meinst du, du könntest aufs Töpfchen gehen, und das würde helfen?‹ Jade sagte deutlich: ›Ja, ich kann aufs Töpfchen gehen.‹ Ich fragte: ›Jetzt direkt?‹ Jade sagte: ›Ja‹, rannte ins Badezimmer, setzte sich aufs Töpfchen und machte. Ich war erstaunt.

Damit sie es sich noch besser merkte, und weil ein bißchen göttliche Hilfe ja auch nicht schaden konnte, fügte ich in das Gebet, das sie vor dem Schlafengehen aufsagte, einen neuen Satz ein: ›Bitte hilf mir, aufs Töpfchen zu gehen, wenn ich muß.‹

Am nächsten Morgen fragte ich sie, ob sie aufs Töpfchen gehen wollte, und sie sagte: ›Ja‹, ging hin und machte. Ich zog ihr ein Höschen an, und zwei Stunden später war es immer noch trocken. Ich fragte sie wieder: ›Willst du aufs Töpfchen gehen?‹ und wieder sagte sie: ›Ja‹ und ging.

Ich konnte es kaum glauben. Ich war so glücklich, daß ich hätte schreien können. Ich war dermaßen zufrieden, daß ich Jade jedes Mal einen Aufkleber schenkte, wenn es geklappt hatte, was ihr großen Spaß machte.« (Die Geschichte mit den Aufklebern hatte vorher nicht funktioniert.)

Jade begriff den Sinn des Töpfchengehens so gut, daß sie zwei Wochen später, als ihr eines Morgens beim Aufwachen schlecht war, sagte: »Mami, ich muß aufs Töpfchen gehen.« Sie trug nachts immer noch Windeln, und als Rose begann, ihr die Windeln auszuziehen, damit sie gehen konnte, sagte Jade: »Nein, Mami. Mein *Mund* muß aufs Töpfchen gehen.« Sie rannte ins Badezimmer und erbrach sich in die Toilette.

Ich meine nicht, daß alle Kinder mit dieser Methode sauber werden. Sie müssen bereit dafür sein. Wenn Sie es ausprobieren und das Kind nicht reagiert, sollten Sie eine Weile warten und es dann noch einmal versuchen. Verwenden Sie Formulierungen, die Ihr Kind versteht, wenn Sie es um seine Hilfe beim Lösen des Problems bitten.

Die Fähigkeit von Kindern, Probleme zu lösen, erlebte ich auch eines Nachmittags, als ich nach draußen ging, um die Post hereinzuholen. Ein fünfjähriges Mädchen aus der Nachbarschaft wanderte traurig vom Swimmingpool der Wohnanlage nach Hause. Ich sagte: »Hallo, Jennifer. Wie geht's dir heute?« Jennifer sagte: »Ach, es geht. Die Jungs am Swimmingpool machen sich über mich lustig.« Ich bestätigte ihre Gefühle mit den Worten: »Ach, das ist aber gar nicht schön.« Jennifer antwortete: »Nein, überhaupt nicht, und ich will das nicht mehr. Sie machen es die ganze Zeit.« Ich sagte: »Das ist schlimm, aber ich habe eine Idee, die du ausprobieren könntest.« Leicht entrüstet sagte sie: »Was?« Ich sagte: »Wie wäre es, wenn du sie einfach ignorieren würdest?« Jennifer sagte: »Das ist keine gute Idee. Das hab ich schon probiert, und es hat nicht geklappt.«

Dann erinnerte ich mich daran, wie wichtig es ist, einem Kind die Chance zu geben, sein Problem selbst zu lösen, und sagte: »Was meinst du denn, was klappen würde?« Jennifer dachte einen Augenblick nach und sagte dann: »Ich glaube, ich werde meiner Mama sagen, sie soll mit ihren Mamas reden. Das hilft sicher.« Dann ging sie glücklich ihrer Wege.

Wenn ein Kind die Chance bekommt, sein Problem selbst zu lösen, findet es entweder eine gute Antwort, oder es sagt: »Ich weiß nicht, was ich machen soll.« Dann können Sie ihm helfen, nach guten Ideen zu suchen, indem Sie zum Beispiel sagen: »Kannst du dir auch nur eine einzige Sache vorstellen, die du ausprobieren könntest?« Lassen Sie das Kind ein paar Minuten nachdenken. Wenn es spürt, daß Sie es nicht gleich mit einer Antwort überfahren, wird es die Zeit, in der Sie schweigen, zum Nachdenken benutzen. Ermuntern Sie es, sich weiter zu überlegen, was klappen könnte. Wenn es überhaupt keine Idee hat, können Sie ihm eine Anregung geben.

Anregungen sind keine Ratschläge! Ein Ratschlag sagt: »Du solltest«, »Du müßtest« oder: »Du mußt«, während Anregungen dem Kind erlauben, selbst die Entscheidung zu treffen. Wenn Sie einen Rat nicht annehmen, enttäuschen Sie den Ratgeber, und dann haben Sie außer dem Problem auch noch Schuldgefühle. Und wem geben Sie die Schuld, wenn Sie den Rat befolgen und er nicht funktioniert? Wen werden Sie dann in Zukunft nicht mehr fragen?

Statt dessen könnten Sie dem Kind zum Beispiel sagen: »Ich frage mich, was passieren würde, wenn du...« Machen Sie dann Ihren Vorschlag. Beachten Sie die Formulierung: »Ich frage mich...« Damit legen Sie eine Idee nahe, die in Erwägung gezogen werden kann, aber es ist kein Ratschlag. Oder Sie geben eine andere Anregung, die Sie für hilfreich halten, indem Sie sagen: »Mir ist da was eingefallen, was du ausprobieren könntest. Ich weiß nicht genau, ob es dir hilft, aber vielleicht schon.« Achten Sie auch hier auf die Formulierung. Sie drängen das Kind nicht, Ihre Idee umzusetzen, und Sie übernehmen auch keine Erfolgsgarantie. Äußern Sie dann Ihre Anregung, und *fügen Sie hinzu, daß ihm vielleicht eine noch bessere Idee einfällt.*

Haben Sie erkannt, wie ein solches Vorgehen das Selbstwertgefühl des Kindes aufbaut? Merken Sie, daß es Sie von der Verantwortung befreit, all seine Probleme lösen zu müssen? Sehen Sie, daß es ihm ermöglicht, seine Probleme selbst zu lösen? In Zukunft wird es sehr viel bereitwilliger mit Ihnen über seine Enttäuschungen und Probleme reden – die dann sehr viel gravierender sein können. Wenn Sie die Gefühle Ihrer Kinder bestätigen und ihnen erlauben, Probleme selbst zu lösen, wird dies dazu beitragen, daß sie zu emotional gesunden und verantwortungsbewußten Menschen heranwachsen.

Bedürfnisse akzeptieren, ohne sie sofort zu erfüllen

Vor einiger Zeit hat meine Frau zwei junge Mütter in einem Supermarkt beobachtet. Beide hatten ein kleines Kind dabei, drei oder vier Jahre alt, das neben ihnen herlief. Als die erste Mutter ihren Einkaufswagen an den Regalen mit Süßigkeiten vorbeischob, sagte das Kind ganz aufgeregt: »Süßigkeiten! Mami, ich will Süßigkeiten.« Als das Kind nach einer Tüte Gummibärchen griff, zog die Mutter schroff seine Hand weg und sagte streng: »Nein. Wir sind nicht zum Süßigkeitenkaufen hier!« Sofort ging das Betteln los: »Aber ich will Süßigkeiten. Bitte, Mami, bitte.« Ein bißchen lauter sagte die Mutter: »Was hast du? Kannst du nicht hören? Ich habe nein gesagt!« Jetzt begannen die Tränen zu fließen. Die Mutter war jedoch in Fahrt und zur Schlacht bereit. »Du ißt sowieso zu viele Süßigkeiten«, predigte sie. »Deine Zähne werden dir noch im Mund verfaulen.« Und sie schob den Wagen weiter. Das Kind lag inzwischen auf dem Boden und brüllte nach Süßigkeiten. »Hör auf zu schreien, sonst nehme ich dich nie wieder mit zum Einkaufen!« Es war eine häßliche Szene, die sich leider viel zu oft ereignet. Meine Frau wußte nicht genau, wer jetzt die Schelte verdient hatte – wahrscheinlich eher die Mutter.

Die zweite Mutter kam denselben Gang entlang, und ihr Kind sagte ebenfalls: »Süßigkeiten! Mami, ich will Süßigkeiten!« Die Mutter hielt inne, ging in die Hocke, so daß sie auf einer Höhe mit den Augen des Kindes war, und sagte: »Oh, das sieht wirklich gut aus.« Mit strahlenden Augen antwortete das Kind: »Jaaaa.« Die Mutter sagte dann: »Toll! Hier sind ja alle möglichen Süßigkeiten. Wir haben heute leider nicht genug Geld für Süßigkeiten, und deshalb können wir keine kaufen, aber wenn wir es könnten, welche würdest du dann nehmen?« Das Kind sah sich alles an, wies dann auf eine Tüte mit Lutschern und sagte: »Die hab ich am liebsten.« Die Mutter sagte: »Die sind sicher gut. Wenn ich das nächste Mal Süßigkeiten kaufe, denke ich daran.« Das Kind war selig, und sie gingen weiter.

Das bißchen Bestätigen hatte einen Riesenunterschied bewirkt. Denken Sie daran: *Begleiten Sie den anderen durch seine Gefühle hindurch, lassen Sie ihn fühlen, was er fühlt.* Hören Sie, welche Bedürfnisse geäußert werden, und versuchen Sie zu verstehen. Das bedeutet nicht, daß Sie allen Forderungen des Kindes nachgeben müssen. Es bedeutet nur, daß Sie seine Gefühle anerkennen und verstehen.

Gesetzte Grenzen einhalten

Kinder sind in erster Linie damit beschäftigt, ihre eigenen Bedürfnisse um jeden Preis erfüllt zu bekommen. Erst wenn Grenzen gesetzt und eingehalten werden, werden Kinder emotional erwachsen und erkennen, daß auch andere Leute Bedürfnisse haben. Je eher Eltern lernen, das Kind zu bestätigen und freundlich, höflich, respektvoll und bestimmt Grenzen durchzusetzen, desto eher beginnt es, die Rechte anderer zu respektieren. Das Bestätigen verändert die Grenzen nicht; es erkennt an, daß Grenzen schwierig sein können.

Damit Kinder reifen können, müssen sie lernen,
daß es im Leben Grenzen gibt.

Vielleicht würden Kinder sich auf weniger destruktive Weise um eine Erfüllung ihrer Bedürfnisse bemühen, wenn sie ein bißchen mehr bestätigt würden. Wenn ein kleines Kind etwas haben will, mit dem es nicht spielen darf, könnten Sie zum Beispiel sagen: »So etwas Schönes. Würdest du es gerne einmal anfassen?« Lassen Sie das Kind dann den Gegenstand vorsichtig berühren, beriechen und auf jede andere mögliche Weise sinnlich erleben, während Sie für die Sicherheit des Objekts – und des Kindes – sorgen. Befriedigen Sie die Neugierde des Kindes. Erklären Sie dann, daß das nichts zum Spielen ist. Oft ist das alles, was das Kind braucht.

Eine solche Vorgehensweise respektiert die Gefühle des Kindes und beseitigt oder vermindert seine und Ihre Frustration. Wenn das Kind den Gegenstand immer noch haben will, können Sie ruhig erklären, daß das nichts zum Spielen ist. Lenken Sie es mit einem Spielzeug ab, bringen Sie es in ein anderes Zimmer oder entfernen Sie den Gegenstand aus seiner Reichweite. Bleiben Sie ruhig und bestimmt, wenn das Kind anfängt zu weinen. Wer zurückschreit, wenn ein Kind quengelt, macht die Sache nur noch schlimmer und lehrt das Kind, wie man schreit und brüllt. Wenn Sie jedoch den Tränen und den Wutausbrüchen nachgeben, sagt dies dem Kind, daß Sie keine Grenzen setzen. Damit Kinder reifen können, müssen sie lernen, daß es im Leben Grenzen gibt. Grenzen zu setzen und aufrechtzuerhalten, wenn die Kinder klein sind, bereitet sie entscheidend auf die Zeit vor, in der sie zu Teenagern werden. Sie wissen dann, daß Sie meinen, was Sie sagen.

Kluge Eltern können ihren Kindern dabei helfen, die Grenzen und ein angemessenes Verhalten zu verstehen. Sehen wir uns zum Beispiel die Eltern eines zweijährigen Jungen an, die uns die folgende Geschichte erzählten.

»Wir konnten unseren kleinen Jungen, Jared, nicht dazu überreden, in die Kindergruppe zu gehen, während wir in der Sonntagsschule waren. Wir waren abwechselnd mit ihm dort geblieben, aber sobald wir gingen, fing er an zu schreien und hörte nicht mehr auf. Er wollte bei uns sein, und niemand konnte ihn von etwas anderem überzeugen. Es war unmöglich, ihn die eine Stunde, die wir in der Sonntagsschule waren, ruhig zu halten. Wer hat Lust, jeden Sonntagmorgen mit einem Tiger zu kämpfen? Wir nicht. Wir verloren die Geduld und wurden wütend auf ihn. Wir fragten uns sogar, warum wir überhaupt versuchten, an der Sonntagsschule teilzunehmen, und tatsächlich gingen wir immer seltener in die Kirche, um die unangenehme Erfahrung mit Jared zu vermeiden.

Dann lernten wir das Bestätigen kennen und beschlossen, es auszuprobieren. Am nächsten Sonntagmorgen sprachen wir mit Jared, bevor wir zur Sonntagsschule gingen. ›Papa und ich verstehen, daß du nicht in die Kindergruppe gehen willst, und das ist in Ordnung‹, sagte ich und bestätigte damit seine Gefühle. ›Vielleicht bist du noch nicht soweit. Vielleicht müßtest du ein bißchen älter sein. Bis dahin kannst du mit uns zu unserem Unterricht für Große gehen und ganz still dasitzen, während der Mann redet.‹ Er war glücklich, als er dies hörte.

Als wir ein paar Minuten in unserem Unterricht waren, begann er herumzuzappeln; er wollte auf den Boden und herumlaufen. Ich brachte ihn nach draußen, aber nicht wütend. Wir gingen zur Kindergruppe, ich öffnete die Tür, und wir sahen hinein. ›Siehst du, wie die Kinder mit den Spielsachen spielen? Es scheint ihnen Spaß zu machen, aber ich weiß, daß du nicht hineingehen willst, und ich verstehe das. Du bist noch nicht soweit.‹ Ich schloß die Tür. ›Wir gehen in meine Gruppe zurück, wo du ruhig dasitzen mußt, während der nette Mann uns etwas erzählt.‹ Und wir gingen wieder in die Erwachsenengruppe.

Jared saß ein paar Minuten still da und wurde dann wieder unruhig. Wieder nahm ich ihn sanft bei der Hand, ging zur Kindergruppe, öffnete die Tür, und wir sahen hinein. ›Oh, sieh dir mal die Kinder in der Kindergruppe an‹, sagte ich zu ihm. ›Sie haben gerade Essenszeit. Junge, Junge, das sieht wirklich lecker aus.‹ Dann schloß ich die Tür und sagte: ›Aber du bist für die Kindergruppe noch nicht soweit, und das ist in Ordnung. Wir gehen wieder in den Unterricht für Mama und Papa zurück und sitzen ruhig da.‹ Und wir gingen wieder zurück.

Das machte ich drei Sonntage lang. Als es am vierten Sonntag Zeit wurde, in den Raum für die Sonntagsschule zu gehen, blieb Jared vor der Tür stehen und rief entschlossen: ›Kindergruppe! Ich will in die Kindergruppe!‹ Ich sagte: ›Bist du sicher, daß du soweit bist?‹ – ›Ja!‹ antwortete er nachdrücklich. Wir brachten ihn in die Kindergruppe, er winkte uns zum Abschied zu, und seitdem geht er ohne Theater dorthin.«

Dies ein klassisches Beispiel für die Macht des Bestätigens. Jareds Mutter verstand sein Bedürfnis nach einem Aufschub und vermittelte ihm dies auch. Gleichzeitig machte sie ihm klar, wo die Grenzen waren und was von ihm erwartet wurde: nämlich in der Erwachsenengruppe ruhig dazusitzen. Als sie ihn hinausbrachte, erlaubte sie ihm nicht, herumzulaufen oder zu spielen, sondern ergriff statt dessen die Gelegenheit, ihm etwas über die Kindergruppe beizubringen; dabei erkannte sie aber auch seinen Wunsch an, bei ihr zu sein. Dann brachte sie ihn wieder in ihre Gruppe zurück, wo er ruhig dasitzen sollte. Sie war *freundlich, höflich, respektvoll* und *bestimmt,* so daß er schließlich die Kindergruppe als den besten Ort für sich akzeptieren konnte.

Augenkontakt

Wenn Sie ein Kind bestätigen, ist es wichtig, daß Sie sich auch körperlich auf seine Ebene hinabbegeben. Eine Bekannte von uns hat nach ihrer Scheidung wieder geheiratet. Sie selbst hat zwei kleine Kinder, ihr neuer Mann ist der sorgeberechtigte Elternteil von drei Kindern und ein Meister darin, Kinder zu bestätigen. »Wenn seine oder meine Kinder mit ihm reden, geht er jedesmal in die Hocke, damit er sich mit ihnen auf gleicher Augenhöhe befindet, und hört geduldig zu. Die Kinder beten ihn an.«

Sie erzählte, wie einmal, als die Kinder nicht zu Hause waren, ein Nachbarkind an der Tür klingelte. »Es fragte: ›Kann Andrea herauskommen und mit mir spielen?‹ Mein Mann ging in die Hocke, so daß er mit dem kleinen Kind auf Augenhöhe war, und sagte: ›Ich weiß, daß sie sicher sehr gern mit dir spielen würde, wenn sie da wäre, aber sie ist zu ihrer Oma gegangen. Es tut ihr bestimmt leid, daß sie dich verpaßt hat. Ich sag' ihr, daß du hier warst.‹ Es war eine liebevolle Szene, und der Gesichtsausdruck des Kindes ließ darauf schließen, daß es sich verstanden und wichtig fühlte.«

Und darum geht es beim Bestätigen.

Sich in die Lage des Kindes versetzen

Folgende Geschichte erzählte eine Großmutter. Sie zeigt anschaulich, wie wichtig es ist, sich beim Bestätigen in die Lage des Kindes zu versetzen.

»Meine Tochter, ihr Mann und ihre achtjährige Tochter Stacy warteten darauf, in eine neue Wohnung zu ziehen, und wohnten in der Zwischenzeit etwa einen Monat bei uns. Eines Morgens mußten meine Tochter und ihr Mann ziemlich viel erledigen und beschlossen, Stacy, die noch schlief, bei uns zu lassen. Als Stacy aufwachte, blickte sie sich nach ihren Eltern um, stellte fest, daß sie nicht da waren, und begann zu weinen. Ich ging sofort zu ihr und versuchte, sie zu trösten, indem ich sagte: ›Es ist alles in Ordnung, Stacy. Sie kommen später wieder, und ich hab da ein paar lustige Sachen, die wir heute machen können.‹ ›Nein!‹ schluchzte sie und weinte noch schlimmer als vorher. ›Ich will meine Mama!‹ Sie ließ sich nicht trösten. An diesem Punkt wurde mir klar, daß ich eigentlich nichts Besseres tun konnte, als ihr ihre Gefühle nicht mehr auszureden, sondern diese zu bestätigen und sie ihr zu lassen. Ich umarmte sie und sagte: ›Es ist überhaupt nicht lustig, nicht mitgenommen zu werden, oder?‹ Immer noch weinend sagte sie: ›Nein, überhaupt nicht! Es gefällt mir nicht. Ich wollte doch mitgehen.‹ Ich sagte: ›Das verstehe ich. Wenn man mich nicht mitnehmen würde, wäre ich auch enttäuscht.‹ Sie weinte und jammerte noch ein bißchen, und dann, wie auf Knopfdruck, hörte sie auf zu weinen und sagte: ›Also, was machen wir heute, Omi?‹ Von da an war sie zufrieden.«

Haben Sie sich schon einmal in einem Wartezimmer mit einem Kind herumgeschlagen, das sich langweilt? Je länger das Warten dauert, desto schwieriger wird es. Die Mutter einer vierjährigen Tochter berichtete von einer solchen frustrierenden Erfahrung. Sie nahm immer ein paar Bücher mit, um das kleine Mädchen zu unterhalten, während sie darauf warteten, daß sie an die Reihe kamen, aber nach kurzer Zeit wurde das Kind zappelig und wollte nicht mehr stillsitzen. Die Mutter sagte: »Früher wurde ich in solchen Situationen wütend und sagte meiner Kleinen, sie solle ruhig sein und Geduld haben. Es hat nie geholfen, und die Zappelei wurde nur noch schlimmer.«

Nachdem die Mutter das Bestätigen kennengelernt hatte, probierte sie es das nächste Mal aus und berichtete von einer enormen Veränderung. »Als meine Kleine anfing, herumzuzappeln und sich zu beklagen, daß sie nicht stillsitzen und warten wollte, versuchte ich es mit dem Bestätigen. Anstatt mich von ihr reizen zu lassen, versetzte ich mich in ihre Lage und sagte: ›Es ist nicht einfach, hier zu sitzen und zu warten, nicht wahr?‹ Meine Tochter sah mich mit ihren großen blauen Augen an und sagte: ›Nein, Mami, es ist nicht einfach.‹ Dann beruhigte sie sich ziemlich schnell und begann, sich ihre Bilderbücher anzuschauen.«

Der Mutter einer Tochter im sechsten Schuljahr verschaffte das Bestätigen ebenfalls ein Aha-Erlebnis. Sie nahm an einem unserer Seminare über das Bestätigen teil. Am zweiten Seminarabend erschien sie sehr früh und rief sofort in die Runde: »Es funktioniert! Es funktioniert!« Sie war so aufgeregt, daß sie kaum erwarten konnte, allen mitzuteilen, was passiert war. Sie erzählte:

»Meine Tochter mag die Schule überhaupt nicht. Fast jeden Morgen beklagt sie sich darüber, daß sie hingehen muß, und wenn sie nach Hause kommt, beklagt sie sich über ihre Lehrerin und sagt, daß sie die Schule und die Hausaufgaben haßt. Es endet immer damit, daß sie darum bettelt, zu Hause unterrichtet zu werden.

Gestern kam sie nach Hause und sagte noch nachdrücklicher als sonst: ›Ich hasse die Schule! Ich geh' nie wieder hin. Du kannst mich nicht zwingen. Ich will zu Hause unterrichtet werden!‹

Früher hätte ich ihr an dieser Stelle gesagt: ›Du mußt wieder hingehen. Es gibt keinen Unterricht zu Hause, und damit basta!‹ Aber gestern hatte ich Ihre Worte *Zuhören, Zuhören, Zuhören* und *Verstehen* im Ohr. Statt meine übliche Antwort zu geben, setzte ich mich zu meiner Tochter und sagte freundlich: ›O.k., was ist los?‹ Sie explodierte regelrecht, und ihre Gefühle stürzten nur so aus ihr heraus. ›Ich hasse die Schule. Meine Lehrerin ist schrecklich. Sie versteht überhaupt nichts. Und sie gibt uns diese ganzen Hausaufgaben auf, und die hasse ich auch. Es ist einfach zuviel. Ich hasse das alles!‹

Ich verkniff mir alle Kommentare oder Vorträge über die schwierige Rolle von Lehrern und den Wert der Schule und der Hausaufgaben. Ich sah, daß sie so etwas jetzt nicht brauchte. Was sie brauchte, war, daß sie all ihre Gefühle ohne Kritik, Unterbrechung oder Lösungsversuche äußern konnte. Als sie sich alles vom Herzen geredet hatte, sagte ich: ›Das ist wirklich schwierig. Ich mache dir keine Vorwürfe wegen dieser Gefühle.‹ Das war alles, was ich sagte, und ich umarmte sie dabei. Daraufhin stand sie auf und sagte: ›Na ja, ich glaub', ich bring' jetzt besser meine Hausaufgaben hinter mich.‹ Am nächsten Morgen ging sie ohne Murren zur Schule. Es ist ein Wunder. Das Bestätigen funktioniert tatsächlich.«

Es ist wichtig, wirklich zu verstehen,
was das Kind durchmacht.

Diese Mutter hatte begriffen, wie wichtig es ist, das Kind durch seine Gefühle hindurchzubegleiten und sich in seine Lage zu versetzen. Wenn Sie dies tun, beginnen Sie zu verstehen, was das Kind durchmacht.

Nicht alles muß sofort gelöst werden

1988 erschien im »Journal of Child Psychology and Psychiatry« eine Studie über Streß bei Kindern. Dort berichtete K. Yamamoto: »Meine Untersuchungen ergaben, daß Kinder Situationen nicht unbedingt sofort gelöst haben wollen, wenn sie weinen oder schreien, wenn sie sagen, sie hätten Angst oder sie seien traurig; sie müssen dann vielmehr diese Gefühle verarbeiten oder von einem anderen Menschen verstanden werden.«

Die folgende Geschichte, die von der Mutter eines zwölfjährigen adoptierten Mädchens erzählt wurde, zeigt dies ganz deutlich.

»Wir adoptierten Shari, als sie drei Monate alt war. Sie war ein wunderschönes Baby und schien mit jedem Jahr noch hübscher zu werden. Wir hatten ihr von der Adoption erzählt, als sie noch klein war. Ich dachte immer, mein Glück über die Adoption würde sie ähnlich empfinden, aber so funktioniert das nicht. Jeder hat seine eigenen Gefühle. Als Shari größer wurde, begann sie, abwehrend zu reagieren, wenn es um ihre Adoption ging. Wenn sie erwähnt wurde, was nicht oft geschah, sagte sie: ›Sprich nicht darüber.‹ Ich erwiderte dann: ›Es ist ganz in Ordnung, darüber zu sprechen, Schätzchen. Vati und ich haben dich sehr, sehr lieb. Wir haben dich ausgesucht. Du bist unser ein und alles.‹ Ich pumpte sie voll mit allen positiven Äußerungen, die ich kannte und empfand, und versuchte, ihre Einstellung zur Adoption zu verändern.

Als sie zehn Jahre alt war, sagten ein paar von ihren Freundinnen, deren Eltern mit uns befreundet waren und von der Adoption wußten: ›Wenn du adoptiert bist, dann ist deine Mama nicht deine richtige Mama.‹ An dem Tag kam sie aus der Schule nach Hause und weinte sich die Augen aus dem Kopf. Es dauerte eine Weile, bis sie mir erzählte, was passiert war. Ich nahm sie in den Arm und versicherte ihr, daß ich ihre richtige Mutter sei, auch wenn ich sie nicht geboren hatte. Sie beruhigte sich, aber das Gefühl der Minderwertigkeit saß trotzdem tief in ihr drin.

Als sie dann zwölf Jahre alt war, erkannte ich, was sie brauchte. Keine Erklärungen. Keine beschwichtigenden Formulierungen. Keine Versuche meinerseits, ihr Problem glattzubügeln oder ihre Gefühle in bezug auf die Adoption zu verändern. Alles, was sie brauchte, war Verständnis. Als sie eines Tages weinte, setzte ich mich neben sie und sagte: ›Shari, ich glaube, wenn ich wie du ein zwölfjähriges Mädchen wäre und adoptiert worden wäre, wäre ich auch ziemlich durcheinander. Ich würde mich fragen, warum meine Mutter, die mich geboren hat, mich weggegeben hat. Ich würde mich fragen, wie sie aussieht und was für ein Mensch sie war.‹

Sie sah mich mit Tränen in den Augen an und fragte: ›Wirklich?‹ Ich sagte: ›Ja, wirklich.‹ – ›Oh, Mama‹, sagte sie, ›genau dieses Gefühl habe ich.‹ Als sie mir dann ihre Gefühle mitteilte und die Fragen stellte, die sie quälten, hörte ich zu. Ich beantwortete ihre Fragen und sagte ihr, ich würde sie verstehen, und es wäre in Ordnung, daß sie diese Gefühle hätte. Ihr ganzer Körper schien sich zu entspannen.

Ich hätte so gerne alles für sie in Ordnung gebracht, aber ich erkannte, daß ich das nicht konnte. Sie mußte auf ihre Art mit der Adoption fertigwerden. Aber ich konnte ihr helfen, indem ich zuhörte und versuchte, ihre Sichtweise zu verstehen. Mir wurde zum ersten Mal klar, wie die Dinge aus der Sicht eines adoptierten Kindes aussahen.«

Ein krankes Kind

Wir alle haben schon erlebt, welchen Streß ein krankes Kind bedeutet. Manchmal sieht es so aus, als könnte man das Kind überhaupt nicht mehr beruhigen. Wenn wir wütend und ungeduldig werden, macht dies die Situation nur noch schlimmer. Eine ordentliche Dosis Bestätigung ist neben zärtlicher, liebevoller Fürsorge das, was in so einer Situation am meisten gebraucht wird und dem Kind und Ihnen am dienlichsten ist. Ein bißchen Bedauern wirkt Wunder, zum Beispiel: »Och, es tut mir so leid, daß dir der Bauch weh tut. Das ist sicher nicht schön. Möchtest du, daß ich mich neben dich setze und dir eine Geschichte vorlese?«

Eine ordentliche Dosis Bestätigung ist neben zärtlicher, liebevoller Fürsorge das, was am meisten gebraucht wird und dem Kind und Ihnen am dienlichsten ist.

Oft sträubt ein krankes Kind sich, die Arznei zu nehmen, die es wieder gesund machen wird. Versuchen Sie in diesem Fall, seine Gefühle zu bestätigen, zum Beispiel mit einem Kommentar wie dem folgenden: »Ich kann verstehen, daß du dieses Mittel nicht nehmen willst, auch wenn es hilft, daß deine Bauchschmerzen weggehen. Es ist in Ordnung, daß du diese Gefühle hast. Manchmal finde ich auch, daß Medikamente ziemlich widerlich sind. Wir wollen es gleich noch mal versuchen, wenn du soweit bist.« Warten Sie ein paar Minuten und versuchen Sie es dann noch einmal. Das klappt vielleicht nicht immer, aber Sie werden überrascht sein, wie oft es doch funktioniert. Wenn nicht, ist die Zeit gekommen, freundlich und bestimmt Ihre Grenze zu setzen: »Ich versteh dich, aber mach jetzt den Mund auf und nimm diese Medizin.« Wenn wir Kinder und ihre Wünsche respektieren, ist es oft erstaunlich, wie gut sie auf unsere Wünsche reagieren.

Was ist mit Kindern, die eine chronische Krankheit haben oder behindert sind? Sie müssen ihren Frust und ihre Trauer über das, was ihnen zugestoßen ist, äußern können, um es angemessen zu verarbeiten. Wenn ein Elternteil ständig versucht, sie aufzumuntern und ihnen das Leben von der heiteren Seite zu präsentieren, unterbindet er vielleicht genau das, was das

Kind braucht, um seine eigene positive Einstellung zum Leben zu finden. Wir denken, wir müßten alles in Ordnung bringen. Je eher wir akzeptieren, daß wir das nicht können, desto besser für alle Beteiligten ist es. Für ein Kind oder irgend jemand anders in dieser Lage ist es das beste, wenn wir seine Gefühle bestätigen. Der andere muß so tief in seine Gefühle hineingehen dürfen, wie notwendig ist, und wenn er angemessen bestätigt wird, kommt er aus eigener Kraft wieder aus ihnen heraus.

Die Mutter eines zwölfjährigen Jungen, der von Geburt an unter einer Wirbelsäulenanomalie litt, die ihn von der Taille abwärts lähmte, erzählte von ihrer Erfahrung mit dem Bestätigen.

»Mein Sohn Michael hatte seit seiner Geburt eine Operation nach der anderen. Mir wurde schon bald klar, daß ich nie wirklich wissen würde, was er durchmachte, außer daß es enorm schwierig war. Ich konnte ihm nur zuhören und versuchen, ihn zu verstehen. Vor kurzem hatte er wieder eine Operation; diesmal sollte die Sehne hinter seinem Knie gedehnt werden, damit er die Beine strecken und mit einem Stützapparat stehen konnte. Er war zuversichtlich, denn er wußte, daß das Ergebnis seinen Zustand verbessern würde.

Zwei Tage, bevor er aller Voraussicht nach hätte stehen können, drehte er sich im Auto um und hörte ein Knacken in seinem Bein. Obwohl er nichts spüren konnte, war er sicher, daß er sich das Bein gebrochen hatte. Als er es mir erzählte, sagte ich: ›Vielleicht hat dein Stützapparat geknackt.‹ Er war sicher, daß es sein Bein war, und als ich die Schwellung sah, war ich überzeugt, daß er recht hatte. Der Arzt bestätigte es.

Das Bein wurde in eine feste Schiene gesteckt, die bis zur Taille ging. Es war sehr unbequem. Auf dem Weg vom Krankenhaus nach Hause fing er an zu weinen und meinte: ›Immer kriege ich eins drauf. Es ist nicht gerecht, daß mir das passiert.‹

Anstatt zu sagen: ›Mach dir nichts draus. In zwei Monaten ist das Ganze verheilt, und dann ist alles wieder in Ordnung‹, beschloß ich, ihn zu bestätigen und ihm seine Gefühle zu lassen. Ich sagte: ›Du hast recht, Michael. Es ist nicht gerecht. Und es tut mir so leid, daß dir das passiert ist.‹ Er sprach weiter darüber, wie deprimiert er wäre. Dann sagte ich: ›Und was sollen wir jetzt machen?‹ Er sagte: ›Na ja, ich komme schon wieder in Ordnung. Ich glaube, ich kann nicht viel tun, außer warten, bis es vorbei ist. So was passiert einfach.‹

Wegen der Schiene war das Bein fest fixiert direkt vor ihm ausgestreckt, und das war ihm so peinlich, daß er von niemandem gesehen werden wollte. Er sagte: ›Aber ich gehe erst zur Schule, wenn mein Bein besser ist und diese häßliche Halterung wegkommt.‹ Anstatt ihm zu sagen, daß er hingehen müßte, beschloß ich, mich in seine Lage zu versetzen, und sagte: ›Ja, wenn du willst. Ich würde auch nicht hingehen wollen. Sag mir, wenn du soweit bist, daß du wieder hingehen willst.‹ Er war erleichtert. Schon ein paar Tage später sagte er: ›Mama, ich muß wieder in die Schule gehen, aber ich hab Angst davor. Gehst du mit mir hin?‹ Ich sagte ja. Ich war nur ein paar Stunden da, und dann sagte er: ›Es geht jetzt, Mama. Du kannst gehen. Ich schaff’ das schon.‹ Ich sagte ihm, wie stolz ich auf ihn wäre, und ging.«

Diese Mutter erlaubte ihrem Sohn, so tief in seine Gefühle hineinzugehen, wie es für ihn notwendig war. Sie konnte sein Problem nicht für ihn akzeptieren, sie konnte ihm nicht einfach eine positive Einstellung überstülpen, und sie konnte es nicht in Ordnung bringen. All das mußte er selber tun, und weil sie ihn bestätigte, konnte er sich auf seine Weise und in seinem Tempo mit ihm auseinandersetzen und abfinden. – Letztlich ging das viel schneller.

Viele glauben, daß ein Behinderter nur dann aus seinen Gefühlstiefs wieder herauskommt, wenn man ihn mit positiven Äußerungen vollstopft. Meiner Erfahrung nach hat diese Einstellung eher die gegenteilige Wirkung. Behinderte müssen ihre Gefühle äußern können, ohne daß jemand sie ablenkt und versucht, ihnen eine andere Richtung zu geben. Das macht alles nur schlimmer. Aber wenn sie Fortschritte machen, ist der richtige Zeitpunkt für positive Aussagen gekommen, zum Beispiel: »Das hast du gut gemacht!«, »Ich bin stolz auf dich« oder: »Ich wußte, daß du das schaffst.«

Dies war auch einer Mutter klar, die mit ihrem kleinen Sohn kämpfte, der Diabetes hatte. Es war schrecklich schwierig für ihn zu akzeptieren, daß er nicht wie seine Freunde Desserts und Süßigkeiten essen konnte. Sogar seine Schwestern konnten sie essen, nur er nicht. Auch er sagte: »Es ist nicht gerecht! Ich hab diese Krankheit nicht verdient. Ich will Süßigkeiten!« Seine Mutter erlaubte ihm, zu toben und zu schreien und seinen ganzen Frust zu äußern, und bestätigte ihm, daß es nicht gerecht und sehr schwierig für ihn sei. Und dann setzte sie freundlich die Grenze, indem sie einfach sagte: »Trotzdem darfst du keinen Zucker essen.« Natürlich versuchte sie, es für ihn möglichst leicht zu machen, indem sie erlaubte Snacks entdeckte. Aber es war trotzdem nicht einfach. Sie sagte: »Das einzige, was hilft, ist das Bestätigen. Ich kann seine Krankheit nicht wegzaubern, egal was ich tue.« Diese Erkenntnis nahm eine schwere Last von ihr. Auch dem Jungen ging es besser, weil sie ihm nicht ständig Predigten hielt.

Das universelle Bedürfnis

Alle Kinder müssen wissen, *daß sie wertvoll sind, daß ihre Gefühle wichtig sind und daß irgend jemand sich wirklich für sie interessiert:* Das ist das universelle Bedürfnis. Wenn wir ihnen zutrauen, daß sie sich selbst mit ihren Problemen auseinandersetzen können, und ihnen gleichzeitig richtungsweisende Grenzen setzen, machen wir ihnen eins der besten Geschenke, das es überhaupt gibt.

Es ist ein natürlicher Instinkt, die Schmerzen und den Kummer im Leben unserer Kinder in Ordnung bringen zu wollen. Je schneller wir erkennen, daß wir das nicht können, daß es ihnen aber hilft, wenn wir ihnen zuhören und sie ihre eigenen Einsichten und Lösungen finden lassen, desto schneller können sie sich selbst heilen und ihre Probleme lösen.

Fangen Sie heute an

Wenn Ihr Kind heute zu Ihnen kommt, ergreifen Sie diese Gelegenheit, und hören Sie ihm zu. Verkneifen Sie es sich, ihm zu sagen, was es machen soll. Hören Sie einfach zu und bestätigen Sie es, ohne zu versuchen, seine Gedanken zu verändern. Verwenden Sie bestätigende Formulierungen, zum Beispiel: »Meine Güte, das war sicher schwierig. Was war los?« Lassen Sie es seine Probleme selbst lösen, wenn es Sie um Hilfe bittet, indem Sie fragen: »Was meinst du, was helfen würde?« Wenn das Kind sich über irgend etwas freut, dann genießen Sie diesen Augenblick mit ihm, indem Sie etwa sagen: »Das ist ja toll! Das mußt du mir ausführlich erzählen.«

In beiden Fällen sollten Sie der Versuchung widerstehen,

Ihrem Kind in diesem Augenblick etwas beizubringen. Sehen Sie sich notfalls noch einmal das Kapitel »Fünfter Grundsatz« an und wählen Sie einen geeigneteren Zeitpunkt. Hören Sie dem Kind im Augenblick einfach zu und bestätigen Sie es. Es wird ihm gefallen, und Ihnen auch.

Teenager bestätigen

Es ist nie zu spät

Wenn Sie das Bestätigen bei Ihren Kindern nicht angewandt haben, als sie kleiner waren, meinen Sie vielleicht, es wäre jetzt zu spät dafür. Aber so ist es nicht. Man kann jederzeit damit anfangen und in den Genuß der Vorteile kommen, die sich fast sofort ergeben. Auch wenn Ihr Teenager zu den weit verbreiteten »schwierigen Fällen« zu gehören scheint, kann das Bestätigen sein Selbstbewußtsein und sein Gefühl, verstanden zu werden, enorm verstärken. Teenager verhalten sich oft deshalb unangemessen, weil sie so akzeptiert und geliebt werden wollen, wie sie sind. Wenn die Eltern sie bestätigen, geben sie ihnen etwas, was sie sonst vielleicht bei unreifen Gleichaltrigen suchen würden.

Wenn Eltern ihre Teenager bestätigen, geben sie ihnen etwas, was sie sonst vielleicht bei unreifen Gleichaltrigen suchen würden.

Als Eltern müssen wir auf die emotionalen Bedürfnisse unserer Kinder achten. Erinnern Sie sich an das universelle Bedürfnis jedes Menschen. Wir alle wollen das Gefühl haben: *Ich bin wertvoll, meine Gefühle sind wichtig, und irgend jemand interessiert sich wirklich für mich.* Ein Mädchen im Teenageralter versuchte, seinem Vater etwas zu erzählen, während er Fernsehen schaute. Verzweifelt rief es schließlich: »Papa, kannst du nicht mal damit aufhören und mir zuhören?!« Erst damit bekam es die Aufmerksamkeit des Vaters. Denken wir daran, daß keine Fernsehsendung so wichtig ist wie ein Kind. Hören wir nicht zu, wenn das Bedürfnis da ist, können wir nicht davon ausgehen, daß unsere Tochter gerade dann in Mitteillaune ist, wenn uns der Zeitpunkt besser paßt. Wollen Sie Ihre Fernsehsendung unbedingt sehen, können Sie sie auf Video aufnehmen und später anschauen. Wenn die Kinder erwachsen und aus dem Haus sind, können wir uns ungestört alle Fernsehsendungen ansehen, die wir wollen. Aber im Moment hängt ihre Zukunft vielleicht davon ab, daß wir ihnen die Aufmerksamkeit schenken, die sie so dringend brauchen.

Ein Therapeut erzählte von einem vierzehnjährigen Jungen mit Punker-Frisur, der von zu Hause ausgerissen war. Er war wieder zurückgekommen, aber nichts hatte sich gebessert. »Wir geben ihm alles«, sagte seine Mutter. »Wir wissen nicht, was mit ihm los ist!« Nachdem der Therapeut das Vertrauen des Jungen gewonnen hatte, dauerte es nicht lange, bis er herausgefunden hatte, was da nicht stimmte. »Meine Eltern interessieren sich nicht für mich. Wir machen nie irgend etwas zusammen. Mein Vater sieht mich nie an, wenn ich versuche, mit ihm zu reden. Meine Mutter hackt ständig wegen meiner Haare auf mir herum, aber sie hört mir nie zu!«

In einem unserer Workshops sagte eine Mutter: »Ich weiß nicht, wie oft mein Sohn, der jetzt im Teenageralter ist, mir in den letzten paar Monaten bei einem Streit gesagt hat: ›Mama, du hörst mir einfach überhaupt nicht zu.‹ Jetzt weiß ich, was ich falsch gemacht habe.«

Wenn wir wollen, daß unsere Kinder *uns* zuhören, müssen wir zuerst bereit sein, *ihnen* zuzuhören. Vor kurzem endete eine Radiosendung mit den Worten: »Es ist erstaunlich, wie viel besser meine Ohren hören, wenn mein Mund zu ist.« Das ist ausgesprochen wahr, besonders im Hinblick auf die Kommunikation mit Teenagern.

Wenn unser Kind zu einem Teenager wird, steigt unsere Angst ins Unermeßliche, und wir fühlen uns verpflichtet, ihnen unsere großartigen Predigten mit noch mehr Intensität vorzutragen als früher. Was wir in den Medien lesen und sehen, ist erschreckend und treibt uns zu dieser Haltung. Dabei wäre es sehr hilfreich, wenn wir das alles ein bißchen lockerer sehen könnten. Wir sollten unsere Werte auf die richtige Art und zum richtigen Zeitpunkt bekräftigen und vor allem *viel zuhören*.

Die ersten Worte finden

Manche Teenager scheinen nicht mit ihren Eltern kommunizieren zu wollen. Und wenn sie bisher nicht die Erfahrung gemacht haben, daß es ungefährlich für sie ist, ihre Gefühle zu äußern, kann es schwierig sein, damit zu beginnen. Die Mutter eines aggressiven Teenagers, der Drogen nahm, wurde vom Therapeuten gebeten, »mit ihrer Kritisiererei aufzuhören und jedesmal, wenn sie mit ihrem Sohn in einem Zimmer war, eine positive Bemerkung zu machen. Es konnte ein Kompliment über die Farbe seines T-Shirts sein oder ein Lob, weil er irgendeine einfache Aufgabe erledigt hatte, aber ihr Kommentar sollte positiv sein. Innerhalb von ein paar Wochen begann der Sohn, mit seiner Mutter zu reden und vertraute ihr sogar einige seiner Probleme an.« Sobald Kommunikation entsteht und das Bestätigen angewandt wird, kann das Kind die Probleme lösen.

Wenn wir mit Teenagern sprechen, fangen wir oft mit einer Frage an. Dabei müssen wir uns bewußt sein, daß die erste Antwort oft dazu dient, die Lage zu testen. Der Teenager will sehen, ob er seine Gefühle gefahrlos mitteilen kann. Wenn er dann feststellt, daß er nicht kritisiert oder beeinflußt, sondern bestätigt und angehört wird, kann er die wahre Antwort auf Ihre Frage geben. Denken wir dabei an die vier Regeln des Bestätigens:

- *Zuhören.* Schenken Sie Ihre ungeteilte Aufmerksamkeit. In meiner Praxis sagte ein Junge einmal: »Ich weiß, daß es meinen Vater nicht interessiert. Er sieht mich nie an, wenn wir miteinander reden.«
- *Zuhören.* Welche Gefühle werden geäußert?
- *Zuhören.* Welche Bedürfnisse werden geäußert?
- Versuchen Sie zu *verstehen.*

Manchmal wollen Teenager mit ihrer ersten Antwort die Lage testen und sehen, ob sie ihre Gefühle gefahrlos mitteilen können.

Es ist auch wichtig, sich klarzumachen, daß man Teenagern – genauso wie allen anderen Leuten auch – beim Sprechen ihr eigenes Tempo lassen muß. In meiner Praxis hatte ich einmal einen Jungen im Teenageralter, der mit Selbstmord gedroht hatte. Er war mit seinen Eltern bei mir. Die überängstliche Mutter redete ohne Punkt und Komma. Bei dem Versuch, den Jungen dazu zu bringen, etwas über sich mitzuteilen, stellte sie dieselbe Frage wieder und wieder und noch einmal auf andere Weise und ließ ihm nie Zeit zum Antworten. Kein Wunder, daß der Junge nichts sagte. Er hatte überhaupt keine Chance dazu. Bei einem solchen Redefluß schwingt häufig auch Angst oder

Wut mit, wenn die Eltern ihre Fragen stellen. So kann kein geschütztes Umfeld entstehen, in dem eine Antwort hervorkommen könnte. Die Eltern müssen lernen zu schweigen, während sie auf eine Antwort warten.

Die Eltern müssen lernen zu schweigen, während
sie auf eine Antwort warten.

In der obigen Therapiesitzung hatte ich den Eltern zunächst erlaubt zu reden und so gesehen, wo das Kommunikationsproblem lag. Anschließend bat ich sie, eine Zeitlang still zu sein, während ich mit dem Jungen sprach. Ich stellte ihm eine Frage und war bereit, das Schweigen zu ertragen, bis er anfing, in seinem Tempo zu antworten. Er wollte nicht hier sein. Das verstand ich. Keine Kritik, kein Versuch, ihn davon zu überzeugen, daß es doch gut für ihn wäre, daß er jetzt hier sei – nur Bestätigung. Als er erkannte, daß ich zuhörte, begann er zu erzählen, was wirklich in ihm vorging. Während er redete und ich weiter geeignete Fragen stellte und ihn bestätigte, begann er zu entdecken, was er an den Problemen machen konnte, die für seine Selbstmordgedanken verantwortlich gewesen waren. Und die Eltern fingen an zu begreifen, wie wichtig es war, ihn in seinem Tempo reden zu lassen, ohne ihn zu kritisieren oder zu versuchen, seine Probleme zu lösen.

Werte festigen

Das Bestätigen verändert die in der Familie gültigen Grenzen oder Werte nicht. Im Gegenteil, es festigt und bekräftigt sie, denn es erlaubt dem Kind, seine Einstellung zu äußern, ohne kritisiert zu werden. Auf dem Weg zu einem eigenen Wertesystem ist dies für einen Teenager ein absolut wichtiger Prozeß. Das folgende, von einer Mutter erzählte Beispiel veranschaulicht dies.

»Mein fünfzehnjähriger Sohn Robert kam von der Schule nach Hause, knallte seine Bücher auf die Anrichte in der Küche, ließ sich auf einen Stuhl fallen und schien total außer sich zu sein. Ich sagte nur: ›Hallo, was ist los?‹

Er begann, sich über seinen besten Freund auszulassen: ›Jeff ist dermaßen blöd!‹ Ich verkniff es mir, zu sagen: ›Hör mal, so spricht man aber nicht über seinen besten Freund‹, sondern sagte statt dessen: ›Wirklich?‹ – ›Ja, er ist wirklich der Allerletzte. Weißt du, was er gerade macht?‹ Er war voll in Fahrt, und ich bremste ihn nicht. ›Nein, was denn?‹ – ›Er ist so bescheuert‹, erwiderte er. ›Kaum geht seine Mutter den ganzen Tag zur Arbeit, da nimmt er gleich am nächsten Tag seine Freundin mit in das leere Haus. So ein Schwachkopf!‹ Ich antwortete einfach: ›Hm.‹ Mir lag ein Vortrag über Moral und Verantwortung auf der Zunge, aber ich schwieg. Er fuhr fort: ›Kannst du dir vorstellen, was da drüben jetzt los ist?‹ Er wollte keine Antwort. Er traf eine Feststellung, und deshalb biß ich mir noch fester auf die Zunge, obwohl ich fast platzte, und ließ ihn fortfahren.

›Er ist so dumm! Er bringt sich noch in Mordsschwierigkeiten.‹ Und dann ließ er sich in aller Ausführlichkeit darüber aus, was er davon hielt: Er sprach über die Risiken von vorehelichem Sex, einschließlich der Schrecken von Teenagerschwangerschaften, Abtreibungen, Aids und anderen Geschlechtskrankheiten. Ich hätte keinen besseren Vortrag halten können. Und wenn ich es getan hätte, hätte er aller Voraussicht nach dichtgemacht. Höchstwahrscheinlich hätte er das Verhalten seines Freundes sogar verteidigt. Als Robert fertig war, sagte ich nur: ›Ich glaube, du hast recht.‹«

Was tat Roberts Mutter als erstes, als sie sah, wie aufgebracht ihr Sohn war – beziehungsweise, was tat sie *nicht?* Sie überfuhr ihn nicht mit beruhigenden Floskeln, zum Beispiel: »Aber nimm das doch nicht so schwer. So schlimm kann es doch gar nicht sein.« Statt dessen hörte sie zu. Dadurch, daß sie ihm erlaubte, seine Gefühle ungehindert zu äußern, wurden die in der Familie gültigen Werte in ihm gefestigt. Eine Predigt der Mutter hätte diesen Prozeß zweifellos gestoppt.

Denn Kinder machen bei einem Vortrag reflexartig dicht. Ihre Gedanken schweifen ab, und sie registrieren ankommende Informationen nicht mehr. Warum halten dann so viele Leute Vorträge? Ich lege Eltern und Lehrern dringend nahe, mit dieser Methode, die nicht funktioniert, aufzuhören. Noch schlimmer wird die Sache dadurch, daß Eltern, die zu Vorträgen neigen, sich gerne wiederholen oder auf der Sache herumreiten, wenn sie sehen, daß ihre Worte nicht ankommen. In ganz seltenen Fällen dringt vielleicht der Bruchteil eines Gedankens zum anderen durch; wahrscheinlicher aber ist, daß der Teenager das Predigen als eine weitere Gelegenheit in Erinnerung behält, bei der Mama oder Papa ihm wieder einmal nicht zugehört haben.

Trauen Sie Ihren Kindern etwas zu

Oft äußern Teenager Ideen und Ansichten, die den in der Familie gültigen Werten genau entgegengesetzt sind. Die Eltern neigen dann im allgemeinen dazu, sich auf ihre Position zu versteifen; sie fangen an, ihre Werte zu verteidigen oder versuchen zu überzeugen, denn sie glauben, sie müßten dem Standpunkt des Teenagers mit aller Macht entgegentreten. Tun Sie es nicht. Sie brauchen nicht seiner Meinung zu sein – hören Sie einfach zu und versuchen Sie zu verstehen, woher sie kommt.

Wenn Jugendliche ihre Meinung frei äußern dürfen, sehen sie oft selbst ein, wie töricht ihre Gedanken sind. Wenn wir sie mit unserem »gereiften« Standpunkt unterbrechen, *müssen* sie auf Abwehr schalten und sie halten »zum Trotz« an ihren Ansichten fest, auch wenn sie damit total danebenliegen. Und je mehr wir predigen, desto mehr fühlen sie sich gedrängt, ihren Standpunkt dadurch zu verteidigen, daß sie sich ihm entsprechend verhalten. Wenn wir sie bestätigen, zeigt dies, daß wir ihnen und ihrem gesunden Menschenverstand vertrauen.

Je mehr wir predigen, desto mehr fühlen Teenager sich gedrängt, ihren Standpunkt dadurch zu verteidigen, daß sie sich ihm entsprechend verhalten.

Meine Frau räumt ein, selbst einmal eine Situation mit unserem Sohn falsch angepackt zu haben. Weil an Zusammenstößen mit unseren Kindern unsere Gefühle so stark beteiligt sind, vergessen wir das Bestätigen manchmal. Es muß einfach immer wieder geübt werden. Hier ihre Geschichte:

»Paul brauchte einen Teilzeitjob und hatte wochenlang nach ihm gesucht. Schließlich stellte eine Pizzeria ihn zum Pizza-Ausliefern ein. Der Vorfall, von dem ich hier berichten möchte, ereignete sich, als er die Stelle ein paar Monate lang hatte.
Es war Pauls freier Tag, und er freute sich, endlich einen ganzen Samstag für sich zu haben. Er wollte den ganzen Tag mit seiner

Freundin Amy verbringen. Er war nicht nur gerne mit Amy zusammen, sondern auch mit ihrer Familie. Etwa eine Stunde nachdem er weg war, klingelte das Telefon. Es war sein Chef: ›Ist Paul da?‹ – ›Nein.‹ – ›Bei uns ist der Teufel los. Zwei Leute haben sich krank gemeldet. Paul muß heute kommen. Wissen Sie, wo er ist?‹ – ›Ja.‹ – ›Würden Sie ihm bitte sagen, er soll mich möglichst bald anrufen? Wir brauchen wirklich dringend Hilfe.‹ – ›Ja, sicher. Ich sage ihm, daß er Sie anrufen soll.‹

Also rief ich Paul an und erklärte ihm die Situation; ich sagte ihm, ich hätte seinem Chef gesagt, er würde ihn anrufen. Mit seiner Laß-mich-in-Ruhe-Stimme antwortete er: ›Ich hasse es, wenn du für mich sprichst. Du hättest ihm nicht sagen dürfen, daß ich ihn anrufen würde ... denn das mach' ich nicht! Es ist mein freier Tag.‹ Ich schaltete voll auf die Mutterrolle um und fing mit meinem Vortrag an. ›Es kann ja wohl nicht wahr sein, daß du ihn nicht anrufen willst. Du weißt doch, wie lange es gedauert hat, bis du den Job hattest! Du wirst ihn doch wohl jetzt nicht aufs Spiel setzen? Warum kannst du ihn nicht anrufen? Es geht dir doch gut dort. Du bist es ihnen einfach schuldig!‹ Er sagte nachdrücklich: ›Ich ruf' ihn nicht an!‹ Und ich sagte: ›Toll! Und deine Mutter steht als Lügnerin da! Tschüs.‹ Und ich hängte den Hörer ein.

Danach fühlte ich mich schrecklich. Ich kannte das Bestätigen – warum hatte ich es nicht angewandt? Ich hatte mich zu sehr von meinen momentanen Gefühlen packen lassen. Ich dachte an seinen freien Tag, und mir wurde klar, daß ich auch nicht gern zur Arbeit gehen würde, wenn es mein freier Tag wäre. Ich brauchte nur dieses Gefühl zu bestätigen. Also gut, dachte ich, ich versuch's noch mal. Ich bekam Paul ans Telefon und sagte: ›Paul, hier ist Mama.‹ Giftig erwiderte er: ›Ja, was willst du?‹ Bei dieser ruppigen Antwort kamen all meine Gefühle wieder hoch, und ich sagte: ›Ich hab nur angerufen, um dir zu sagen ...

daß du ein absoluter Knallkopf bist!‹ Schweigen. Dann bekam ich mich wieder in die Gewalt und sagte halb scherzhaft: ›Das war doch nur Spaß.‹ Und dann, ernster: ›Paul, ich hab noch mal angerufen, um mich zu entschuldigen. Es tut mir leid. Der Anruf von deinem Chef ist sicher ein harter Brocken für dich. Das verstehe ich vollkommen. Ich glaube, wenn es mein freier Tag wäre, würde ich auch nicht gern zur Arbeit gehen wollen. Ich gebe nur die Nachricht deines Chefs an dich weiter.‹ Er wurde sofort weicher und sagte: ›Danke, Mama.‹ Er schwieg ein paar Sekunden und meinte dann: ›Also gut, ich ruf’ ihn mal an.‹ Zehn Minuten später war er zu Hause, zog sein Pizza-Outfit an und ging zur Arbeit.«

Achten Sie darauf, daß meine Frau am Ende seine Gefühle anerkannte, indem sie sagte: »Der Anruf von deinem Chef ist sicher ein harter Brocken für dich.« Und dann bestätigte sie ihn: »Das verstehe ich vollkommen. Ich glaube, wenn es mein freier Tag wäre, würde ich auch nicht gern zur Arbeit gehen wollen.« Bestätigung ist grundlegendes, tiefes und aufrichtiges Verständnis und Mitgefühl in ihrer besten Form.

Ich möchte noch anmerken, daß diese Art des Bestätigens keine Manipulation ist. Über die Jahre hinweg war Paul Verantwortungsgefühl beigebracht worden, und er brauchte jetzt keine Predigt zu diesem Thema. Was er brauchte, war vielmehr die Gelegenheit, sich seine Möglichkeiten selbst zu überlegen. Es war nicht der richtige Zeitpunkt für Belehrungen. Es war der richtige Zeitpunkt für Bestätigung und Verständnis, auch wenn seine Entscheidung anders ausfallen würde als die seiner Mutter. Manchmal üben wir so viel Druck aus, damit unsere Kinder das tun, was sie unserer Meinung nach tun sollten, daß wir einen riesigen Keil zwischen sie und uns treiben, was sie oft die entgegengesetzte Richtung einschlagen läßt.

Und die Disziplin?

Vielleicht denken Sie jetzt: »Und was ist mit den in unserer Familie gültigen Grenzen und Regeln?« Zweifellos sind sie sehr wichtig, und sie können parallel zum Bestätigen durchgesetzt werden. Denken Sie daran: Sie setzen wirkungsvolle Grenzen, wenn Sie *freundlich, höflich, respektvoll* und *bestimmt* sind.

Fast alle Eltern kennen zum Beispiel das Gefühl, darauf zu warten, daß ein Sohn oder eine Tochter im Teenageralter nach Hause kommt, wenn der ausgemachte Zeitpunkt schon längst vorbei ist. Manche Eltern setzen immer dieselbe Uhrzeit fest, andere entscheiden je nach der Aktivität. Aber egal, wie wir es machen – wenn der Zeitpunkt kommt und unsere Kinder nicht zu Hause sind, fangen wir an, uns Sorgen zu machen, und befürchten, daß sie in irgendwelchen Schwierigkeiten stecken. Natürlich tun wir das. Schließlich haben wir eine bestimmte Uhrzeit festgesetzt, weil wir wissen, daß nach diesem Zeitpunkt Unfälle oder unangebrachte Aktivitäten wahrscheinlicher sind. Wenn der Teenager schließlich nach Hause kommt, sind wir wegen all der Dinge, die wir uns vorgestellt haben, dermaßen am Ende, daß wir ihn nicht mehr bestätigen.

Am liebsten hätten wir natürlich, wenn der Jugendliche *uns* mit einem fürsorglichen Kommentar bestätigen würde, zum Beispiel: »Oh Papa, du mußt müde sein und dir Sorgen gemacht haben. Es tut mir so leid, daß ich dich hab warten lassen.« Vergessen Sie es. Es wird nicht passieren. Zumindest solange nicht, wie wir dem Teenager das Bestätigen nicht »beigebracht« haben, indem wir es bei ihm anwenden. Wie aber sollen Vater oder Mutter in einer solchen Situation ihr Kind bestätigen? Sicher nicht mit einem wütenden: »Wo warst du? Du hast Hausarrest!« Das hilft nicht und ist Gift für jede Beziehung. Bleiben Sie ruhig, und denken Sie daran, daß echtes Bestätigen freundlich und fürsorglich ist. Wie wäre es, wenn Sie ganz ruhig sagen würden: »Ich hab mir Sorgen gemacht. Was ist passiert?« Geben Sie ihm dann Zeit zu antworten, und *hören* Sie *zu!* Dieses Kind ist Ihnen wichtig, und Sie wollen, daß es das weiß. Das bedeutet nicht, daß Sie die in der Familie gültigen Werte oder Regeln abschaffen, um ihm zu Gefallen zu sein. Nein. Das wäre das Gegenteil von Fürsorglichkeit.

Nehmen wir an, Ihr Sohn sagt: »Nach dem Spiel haben wir beschlossen, noch zu Joel zu gehen und uns ein Video anzusehehn. Ich hab einfach nicht gemerkt, daß es schon so spät war.« Dies könnten Sie bestätigen, indem Sie sagen: »Ich kann durchaus verstehen, daß du dich mit deinen Freunden amüsieren willst, aber die Regel ist, daß du zur vereinbarten Zeit zu Hause bist. Verstehst du das?« Wahrscheinlich sagt er dann: »Ja« – und vielleicht überrascht er Sie sogar mit einem: »Es tut mir leid, Papa.« Sagen Sie dann: »Ich bin froh, daß du gut nach Hause gekommen bist. Gute Nacht.« Denken Sie an die Faustregel: Im Eifer des Gefechts entsteht nichts Gutes.

Wenn er das nächste Mal ausgeht, sollte Ihnen beiden ganz klar sein, wann er wieder zu Hause zu sein hat. Wenn er wieder zu spät kommt, wollen Sie vielleicht ausprobieren, was ich bei meinem Sohn gemacht habe. Als er weit nach der festgesetzten Zeit immer noch nicht zu Hause war, beschloß ich, ihn zu holen. Ich wußte nicht, wo seine Freundin wohnte, also rief ich einen Freund von ihm an, der mir den ungefähren Ort nannte. Ich fuhr in die Gegend, betete darum, daß ich ihn finden würde, und tatsächlich waren sie da – sie saßen im Auto. Ich klopfte ans Fenster und sagte freundlich, aber bestimmt: »Komm jetzt nach Hause, Junge.« Er brachte das Mädchen schnell zur Tür und folgte mir nach Hause.

Als wir drinnen waren, sagte er: »Wie konntest du das

machen? Du hast mich total blamiert.« Ich bestätigte ihn ruhig und bekräftigte gleichzeitig die bei uns gültige Regel, indem ich sagte: »Ich verstehe, daß dir das peinlich ist. Ich hoffe, ich brauche es nicht wieder zu tun. Die Regel ist, daß du zur vereinbarten Zeit zu Hause bist. Verstehst du das?« Er sagte: »Ja«, wir wünschten uns eine gute Nacht und gingen ins Bett. Kein Ausgehverbot und kein Geschrei. Danach kam er nur noch selten zu spät.

Wird einem Teenager als Konsequenz eines
Fehlverhaltens eine sinnvolle Aufgabe übertragen,
legt er nicht nur das Fehlverhalten ab, sondern er
lernt auch etwas oder tut etwas Konstruktives.

Wenn etwas Wichtiges dazwischenkommt, das das rechtzeitige Nachhausekommen hinauszögert, muß dem Teenager klar sein, daß er Sie rechtzeitig anrufen muß, um Ihnen mitzuteilen, daß es später wird. Denn sonst werden Sie annehmen, daß er irgendwelche Schwierigkeiten hat, und ihn suchen gehen. Denken Sie daran, daß Sie *freundlich, höflich, respektvoll* und *bestimmt* sein müssen, um Grenzen wirkungsvoll durchzusetzen.

Wenn das Zuspätkommen zu einer Gewohnheit geworden ist, die durchbrochen werden muß, wollen Sie vielleicht, daß das Ganze ein Nachspiel hat. Dazu können Sie ihm irgendeine Aufgabe geben, die sehr unangenehm, aber konstruktiv ist. Eine solche Aufgabe ist keine Strafe. Strafen haben in sich und von ihrem Ergebnis her negativen Charakter. Wird einem Teenager hingegen als Konsequenz eines Fehlverhaltens eine sinnvolle Aufgabe übertragen, legt er nicht nur dieses Fehlverhalten ab, sondern er lernt auch etwas bzw. tut etwas Konstruktives. Eine angemessene Aufgabe für den zu spät nach Hause kommenden

Sohn könnte sein, daß er am nächsten Morgen um halb sieben das Auto waschen, polieren und staubsaugen muß – und das ganze ohne Musik, um die Nachbarn nicht zu stören. Die Aufgabe muß so unangenehm und schwierig sein, daß sie den ihr vorausgehenden Ungehorsam übertrifft.

Drohen Sie nicht vorher mit der Aufgabe. Wenn Sie Ihrem Sprößling im voraus sagen, was passiert, wenn er zu spät kommt, beschließt er vielleicht, daß sein Vergnügen ihm das wert ist. Wenn er zu spät nach Hause gekommen ist und Sie ihm verständnisvoll zugehört haben, können Sie noch einmal darauf hinweisen, wann er zu Hause zu sein hat, und dann die Aufgabe auf ihn loslassen: »Das verstehe ich, und damit du dich daran erinnerst, wie wichtig es ist, daß du zur vereinbarten Zeit zu Hause bist, wirst du morgen früh um halb sieben aufstehen und das Auto waschen, polieren und staubsaugen.«

Er sagt dann vielleicht: »Papa, nicht um halb sieben! Ich mach es später.« Bestätigen Sie weiter: »Ich weiß, daß das früh ist und daß es hart für dich ist; aber es muß um halb sieben sein.« Der ungelegene Zeitpunkt und die Aufgabe an sich machen den Effekt aus. Wenn er hartnäckig weiterfragt: »Aber warum so früh?« brauchen Sie nur Ihre frühere Aussage zu wiederholen: »Damit du dich daran erinnerst, wie wichtig es ist, daß du zur vereinbarten Zeit zu Hause bist.«

Strafen, zum Beispiel Hausarrest, haben nur selten eine nachhaltige Wirkung. Die Aufgabe, das Auto zu waschen, bewirkt etwas Gutes – ein sauberes Auto. Wenn Sie meinen, daß dies für Ihren Sohn nicht unangenehm genug ist, können Sie sich auch eine andere Aufgabe für ihn überlegen. Denken Sie nur daran, seine Gefühle zu bestätigen und *freundlich, höflich, respektvoll* und *bestimmt* zu sein. Und wiederholen Sie immer klar noch einmal die Regel, zum Beispiel: »Die Regel ist, daß du um Mitternacht zu Hause bist.«

An diesem Punkt sagen Sie vielleicht: »Aber ich hab selbst überhaupt keine Lust, um halb sieben aufzustehen, um zu überwachen, daß er es tatsächlich auch macht.« Das gestehe ich Ihnen durchaus zu, aber glauben Sie mir, wenn Sie diese eine Sache durchziehen, haben Sie hinterher sehr viel mehr Zeit für sich – und zwar ohne die Sorgen und den Frust über den anhaltenden Ungehorsam Ihres Sohnes. Und Sie vermitteln ihm eine Disziplin, die dazu beiträgt, daß er sich zu einem verantwortungsbewußten Erwachsenen entwickelt.

Ein anderer Vater setzte bei seinem Sohn Bestätigung und Aufgabentherapie ebenfalls parallel ein. Auf der Suche nach einer Telefonnummer fand er eines Abends im Zimmer seines Sohns ein Pornomagazin. Es überraschte ihn, denn er hatte mit seinem Sohn schon einmal über die Gefahren von Pornographie gesprochen. Als sein Sohn an diesem Abend nach Hause kam, stellte er ihn zur Rede und zeigte ihm die Zeitschrift. Der Sohn war stinkwütend auf seinen Vater, weil dieser in seiner Abwesenheit in sein Zimmer gegangen war. Der Vater nahm die Wut verständnisvoll zur Kenntnis, indem er sagte: »Ich verstehe, daß du wütend bist, und ich respektiere deine Privatsphäre. Ich dachte, du hättest nichts dagegen, daß ich in deinem Zimmer nach einer Telefonnummer suche. Ich dachte, du hättest sie dort. Ich hab nicht damit gerechnet, auf so was zu stoßen. Wir sprechen morgen darüber. Gute Nacht.« Denken Sie daran, der Eifer des Gefechts führt zu nichts Gutem.

Anstatt am nächsten Morgen eine Moralpredigt über Pornographie zu halten, sagte der Vater: »Um dir zu helfen, deine Portion Schund zu bekommen, habe ich ausgemacht, daß du im städtischen Park den Müll einsammelst. Hier ist die Mülltüte. Mach das jetzt und komm wieder, wenn die Tüte voll ist.« Der Sohn sagte: »Papa, ich will keinen Müll einsammeln.« Er antwortete: »Das verstehe ich. Es ist ein unangenehmer Job. Mach es trotzdem.« Der Sohn nahm die Tüte, ging und kam ein paar Stunden später mit der vollen Tüte wieder. Der Vater dankte ihm. Keine Strafpredigt.

Am nächsten Tag gab der Vater seinem Sohn das Buch »Heile deine Gedanken. Werde Meister deines Schicksals« von James Allen und einen Cassettenrecorder. Er suchte verschiedene Kapitel aus und trug seinem Sohn auf, sie in seinem Zimmer laut zu lesen und dies auf Cassette aufzunehmen. Der Vater meinte: »Auf diese Weise war ich sicher, daß er sie auch tatsächlich las.« Er sagte, damit sei das Interesse seines Sohnes an Pornographie beendet gewesen. Während des ganzen Vorfalls hatte er die Gefühle seines Sohnes bestätigt und die Sache *freundlich, höflich, respektvoll* und *bestimmt* durchgezogen.

Die Mutter eines Mädchens im Teenageralter erzählte, ihre Tochter würde ihren jüngeren Bruder ständig drangsalieren, und einmal hätte sie sogar ein Buch nach ihm geworfen. Der Mutter wurde vorgeschlagen, sie solle mit dem Mädchen reden, um herauszufinden, warum es diese Gefühle hatte, die Gefühle bestätigen und dann ruhig und bestimmt die in der Familie gültige Regel äußern, daß wir andere Familienmitglieder weder drangsalieren, noch Bücher nach ihnen werfen. Anschließend gab sie ihrer Tochter die Aufgabe, sich um die Wäsche ihres jüngeren Bruders zu kümmern, das heißt sie für den Rest der Woche zu waschen, zu falten, zu bügeln und wegzulegen. Diese Aufgabe war konstruktiv und hatte direkt etwas mit ihrem Bruder zu tun. Kein Geschwisterkind wird dies mehr als einmal machen wollen.

Bleiben Sie ruhig

In jedem Fall, den ich kenne, hat das Bestätigen die Beziehung zwischen Eltern und Teenagern verbessert. Wenn Eltern damit anfangen, das Bestätigen anzuwenden, machen sie aber manchmal einen Fehler. Sie meinen, wenn sie dem Kind die Gelegenheit gegeben hätten, seine Gefühle zu äußern, und diese bestätigt hätten, könnten sie ihm gleich noch irgendwelche Tugenden eintrichtern. *Doch dies ist nicht der richtige Zeitpunkt für Belehrungen.* Falls erforderlich, können die Eltern ruhig noch einmal die Familienregel darlegen, aber sie sollten keine Strafpredigt halten. Das ganze Bestätigen ist umsonst und sinnlos, wenn das Gespräch mit einer Strafpredigt endet.

Das ganze Bestätigen ist umsonst und sinnlos, wenn das Gespräch mit einer Strafpredigt endet.

Eine Mutter erzählte, wie sie versuchte, das Bestätigen bei ihrer Tochter anzuwenden. »Ich hatte einen tollen bestätigenden Satz parat, aber bevor ich die Gelegenheit hatte, ihn anzubringen, gab meine Tochter mir eine freche Antwort. Ich war so wütend auf sie wegen dieser Unverschämtheit, daß ich sie anfuhr: ›Wirst du wohl aufhören, so mit mir zu sprechen, mein Fräulein!‹« Die Mutter sagte, ihr Wunsch, die Tochter zu bestätigen, sei wie weggeblasen gewesen, und sie hätte sie nur noch bestrafen wollen.

Kinder geben freche Antworten, um Sie zu überrumpeln und das Thema zu wechseln. Überhören Sie sie. Und verlieren Sie nicht die Beherrschung – auch wenn es noch so schwer fällt. Bestätigen Sie den Frust Ihres Kindes. Wenn dann die Unterhaltung über das ursprüngliche Problem beendet ist, können Sie freundlich und bestimmt sagen: »Und sprich nie wieder so mit mir.« Wenn Sie beim ursprünglichen Problem respektvoll und verständnisvoll waren, wird Ihre Tochter sich an diesem Punkt wahrscheinlich dafür entschuldigen, daß sie Ihnen gegenüber respektlos war.

Auch Schweigen kann bestätigen

Die Art des Bestätigens kann sich mit der Situation ändern. Ein liebevolles Schweigen – das heißt ein Schweigen, das nicht distanziert und gleichgültig ist, sondern von einer sichtbaren Äußerung der Anteilnahme, des Verständnisses und der Liebe begleitet wird – kann sehr wirkungsvoll sein. Ein gutes Beispiel dafür ist die folgende Situation, die vom Vater einer fünfzehn-jährigen Tochter geschildert wurde.

»Eines späten Abends kam meine Tochter, die im Teenageralter ist, ziemlich aufgewühlt nach Hause. Sie rannte nach oben in ihr Zimmer, knallte die Tür zu, warf sich aufs Bett und weinte. Ich hörte durch die Tür, wie sie schluchzte, stand ein paar Minuten hilflos da und beschloß dann, hineinzugehen. Ich klopfte sacht an die Tür, bekam ein wütendes ›Was ist?‹ an den Kopf geworfen und fragte, ob ich hereinkommen könnte. Unwirsch stimmte sie zu. Zum Glück beschloß ich, daß Worte wahrscheinlich nicht angemessen sein würden, denn sie schluchzte immer noch unkontrolliert. Ich setzte mich neben sie aufs Bett und legte sanft meine Hand auf ihre. Sie weinte weiter, lag dann ein paar Minuten still da, schniefte noch ein paar Mal und begann schließlich, sich zu entspannen.

Dann fing sie an, mir zu erzählen, was passiert war. Sie und ihre beste Freundin hatten sich für die Tennismannschaft an ihrer High School beworben, und bei den Ausscheidungsspielen waren nur sie beide übriggeblieben. Sie sollten dann gegeneinander spielen, und die Gewinnerin würde als letztes Mitglied in die Mannschaft aufgenommen werden. Sie spielten ganz in der Nähe auf dem Platz der Gemeinde, und weil sie gleich gut waren, ging das Spiel endlos weiter, und punktemäßig zogen sie immer wieder gleich. Nachdem sie etwa zwei Stunden hart und verzweifelt gekämpft hatten, gewann schließlich das andere Mädchen.

Verschlimmert wurde alles noch dadurch, daß die vom Spiel erschöpften und frustrierten Mädchen aufeinander wütend wurden. Kaputt, erniedrigt, besiegt und schrecklich enttäuscht kam meine Tochter so abends zu Hause an.

Nichts, was ich ihr hätte sagen können, wäre in diesem Fall hilfreich gewesen. Es war einfach eine schlimme Erfahrung, durch die sie durch mußte. Ich sagte nichts zu dem Vorfall. Ich hielt einfach ihre Hand und hörte zu, und als sie sich schließlich beruhigt hatte und schläfrig wurde, sagte ich ihr sanft, daß ich sie lieb hätte, und wünschte ihr eine gute Nacht.

Meine Tochter erwähnt diese Erfahrung noch ab und zu und hat sie heute als liebevollen Moment zwischen uns in Erinnerung.«

Dieser Vater erkannte, daß das Bestätigen zwar manchmal schwierig sein kann, wenn wir es richtig machen, kann es sich aber auch verselbständigen und zu etwas Bleibendem werden, an das die Beteiligten sich immer wieder gerne erinnern. Obwohl in manchen Situationen ein liebevolles Schweigen hilft, genügt es oft nicht.

Für Teenager ist es wichtig, daß wir ihnen die Fähigkeit zutrauen, ein Problem zu durchdenken und eine kluge Entscheidung zu treffen. Machen Sie es sich zur Gewohnheit, sie zu fragen: »Und was meinst du?« Sagen Sie ihnen nicht, wie die richtige Entscheidung aussieht. Das wird sie fast immer dazu veranlassen, eine unkluge Entscheidung zu verteidigen. Was sie bisher von Ihnen gelernt haben, haben sie verinnerlicht. Sie brauchen nur die Gelegenheit, über diese Lehren und Werte nachzudenken und sie eventuell auch in Frage zu stellen. Wenn sie von Ihnen nicht gezwungen werden, ihre Meinung zu verteidigen, werden sie sich wahrscheinlich mit dem Für und Wider auseinandersetzen und bessere Entscheidungen treffen können.

Wenn Ihnen überhaupt nichts einfällt, können Sie versuchen, das Problem aus einem anderen Blickwinkel darzustellen.

Wenn ihnen überhaupt keine Lösung einfällt, können Sie ihr Denken ankurbeln, indem Sie die Situation aus einem anderen Blickwinkel darstellen. Nehmen wir an, in der Tennisplatzgeschichte von vorhin erzählt Ihre Tochter Ihnen, wie sehr es sie verletzt hat, als ihre Freundin sie heute schlecht behandelt hat. Hören Sie ihr zu und bestätigen Sie sie, indem Sie zum Beispiel sagen: »Das tut sicher weh. Wenn ich an deiner Stelle gewesen wäre, hätte ich wahrscheinlich dasselbe empfunden.« Darauf sagt sie dann vielleicht: »Ich weiß einfach nicht, was ich da machen soll. Was würdest du machen?« Sie können dann sagen: »Ich weiß nicht genau. Was meinst du, was du machen könntest?« Sie könnte dann auf etwas kommen, was nicht gut ist, zum Beispiel: »Am liebsten würde ich ihr ins Gesicht spucken!« Diese Äußerung sollten Sie nicht bewerten. Daß man so etwas nicht macht, weiß Ihre Tochter selbst. Denken Sie daran: Sie äußert ihre Gefühle, und das müssen Sie ihr lassen. Sie könnten sagen: »Ich kann verstehen, daß du das gerne machen würdest.« Schon allein die Tatsache, daß Sie dies sagen, kann dazu führen, daß sie die Dinge wieder im richtigen Verhältnis sieht, und sie sagt dann vielleicht: »Aber das kann ich ja gar nicht machen.« Dann fragen Sie wieder: »Was kannst du machen?« Beißen Sie sich auf die Zunge, und verkneifen Sie es sich, ihr zu sagen, was sie machen soll oder was Sie machen würden – sie soll die Möglichkeit haben, ihre Lösung selbst zu finden. Sie muß Zeit haben, ihre Gedanken zu sortieren. Dies ist einer der Fälle, in denen Schweigen Gold ist. Er erlaubt ihr, die Verantwortung für das zu übernehmen, was getan werden muß. Sie hat das Problem, nicht Sie. Sie war auf dem Tennisplatz, nicht Sie.

Erst wenn sie wirklich mit ihrer Weisheit am Ende ist und ihr überhaupt nichts einfällt, können Sie versuchen, ihr eine neue Betrachtungsweise des Problems nahezubringen, indem Sie zum Beispiel sagen: »Hat deine Freundin im Moment irgendwelche Schwierigkeiten, die mit dir nichts zu tun haben?« Wenn dies der Fall ist – zum Beispiel in Scheidung lebende Eltern, eine Krankheit in der Familie oder eine wichtige Prüfung, die sie verpatzt hat –, kann Ihre Tochter sich fragen, ob dies das Verhalten ihrer Freundin beeinflußt haben könnte. Gibt es solche Schwierigkeiten nicht, können Sie eine Anregung geben – keinen Ratschlag mit »sollte« oder »müßte« –, die ihr hilft, mit der Situation fertig zu werden. Machen Sie ganz klar, daß dies nur eine Anregung ist, die vielleicht funktioniert, vielleicht aber auch nicht, und daß Ihre Tochter möglicherweise eine noch bessere Idee haben wird. Auf diese Weise haben Sie ihre Gefühle bestätigt und ihr so die Kraft gegeben, selbst die Möglichkeiten abzuchecken.

Sehen Sie sich mit diesen Gedanken im Sinn noch einmal die ganz zu Anfang des Buches (siehe Seite 12) geschilderte Szene mit der Tochter im Teenageralter und ihren Freundinnen an:

»Meine Tochter sagte: ›Wirklich, Mama, sie nutzen mich nur aus und behandeln mich wie ein Stück Dreck. Sie leihen sich meine Klamotten aus und geben sie mir nicht wieder, wenn ich sie haben will; und wenn sie sie schließlich bringen, sind sie total versifft.‹ Ich kannte die Lösung für ihr Problem, und also sagte ich: ›Schätzchen, die Lösung ist doch ganz einfach. Leih ihnen einfach keine Klamotten mehr, und hol dir die zurück, die sie haben.‹ Sie starrte mich an und sagte: ›Du verstehst mich einfach nicht. Du interessierst dich nicht für mich. Du hörst mir nie zu!‹ Damit rannte sie aus dem Zimmer. Ich hatte ihr doch nur helfen wollen.«

Teenager sind intelligente Menschen, und wenn man ihnen die Gelegenheit gibt, können sie gute Möglichkeiten finden, ihre Probleme selbst zu lösen.

Wann hätte das Ergebnis anders ausgesehen? Nachdem die Tochter sich darüber beklagt hat, wie ihre Freundinnen sie und ihre Kleider benutzen, hätte die Mutter sagen können: »Es ist wirklich verletzend, so behandelt zu werden.« Jetzt muß sie eine Pause einlegen und ihrer Tochter erlauben, ihre Gefühle, ihren Frust und ihre Trauer zu verarbeiten. Dann könnte sie fragen: »Was würdest du denn am liebsten machen?« Die Tochter wird dann wahrscheinlich eine Lösung finden, die für sie in

Ordnung ist. Sie wird aller Voraussicht nach ihrer Mutter danken und sehr viel besser gelaunt weggehen.

Teenager sind intelligente Menschen, und wenn man ihnen die Gelegenheit gibt, können sie gute Möglichkeiten finden, ihre Probleme selbst zu lösen. Das Bestätigen gibt ihnen die Chance, ein Problem zu durchdenken, denn sie können ohne Unterbrechung, Kritik oder Strafpredigt offen darüber sprechen. Wenn sie ihre Position nicht zu verteidigen brauchen, weil ihr Denkprozeß nicht unterbrochen wird, können sie gute Ideen und Lösungen finden. Auf dem Weg zu einem verantwortungsbewußten Erwachsenen ist diese Chance, das Problemlösen zu üben, ausgesprochen hilfreich.

Fangen Sie heute an

Fangen Sie heute abend an, indem Sie sich mit Ihrer Familie richtig schön zum Abendessen hinsetzen. In diesem Rahmen kann eine mitteilungsfreudige Atmosphäre entstehen. Unterlassen Sie es, die schlechten Manieren aller möglichen Familienmitglieder zu korrigieren. Sprechen Sie ein Thema aus den Nachrichten an, von dem Sie glauben, daß es Ihren Sohn bzw. Ihre Tochter interessieren könnte. Geben Sie dem Teenager die Gelegenheit, darauf zu antworten, wie er will, ohne ihn zu kritisieren – auch dann, wenn Sie seine Meinung für total abwegig halten! Bestätigen Sie seine Kommentare mit einer Formulierung wie: »Hmmm, das ist ein interessanter Gedanke.« Sie brauchen seiner Meinung nicht zuzustimmen; nehmen Sie sie einfach respektvoll und urteilslos zur Kenntnis. Äußern Sie zu diesem Zeitpunkt nicht Ihre eigene Meinung. Hören Sie einfach zu und bestätigen Sie ihn. Lassen Sie sich wirklich durch den Kopf gehen, was er sagt.

Wenn Sie nicht versuchen, seine Meinung so zu verändern, daß sie Ihren Vorstellungen entspricht, wird er noch weiter auftauen und seine wahren Gefühle zu diesem Thema mitteilen. Es dauert vielleicht ein paar Gespräche, bis ihm klar ist, daß Sie seinen Standpunkt wirklich hören wollen. Aber wenn Sie ihn auch in Zukunft bestätigen und versuchen, ihn zu verstehen, wird er es früher oder später registrieren. Nur in einer solchen Atmosphäre wird er anfangen, Ihre Meinung zu schätzen.

Erwachsene Kinder bestätigen

Wir können nicht über sie bestimmen

Die Erkenntnis, daß ihre Kinder erwachsen sind, ist für Eltern ausgesprochen schwierig. Sie ist doppelt schwierig, weil sie sich oft noch wie Kinder verhalten. Sie können nicht mit Geld umgehen, kümmern sich nicht um ihre Sachen, beenden ihre Ehe, ohne ihr überhaupt eine Chance gegeben zu haben, wechseln immer wieder den Arbeitsplatz etc. Wir wollen, daß sie erwachsen werden, die Verantwortung für ihr Leben übernehmen und ihre Probleme selbst lösen. Den Gedanken, daß wir dazu beitragen, daß sie *nicht* zu verantwortungsbewußten Erwachsenen werden, drängen wir zurück. *Aber sehr oft tragen wir dazu bei.* Das Gute daran ist folgendes: Wenn wir ein Teil des Problems sind, haben wir auch die Macht, diesen Teil zu steuern und unser Vorgehen zu ändern, sobald wir eine bessere Verhaltensweise erkannt haben.

Wenn wir ein Teil des Problems sind, haben wir auch das Recht, diesen Teil zu steuern und unser Vorgehen zu ändern.

In den vorherigen Kapiteln haben wir festgestellt, daß wir das Verhalten anderer nicht bestimmen können – nur unser eigenes. Das Schöne an dieser Erkenntnis ist, daß andere sich ändern, wenn wir uns ändern, und zwar ohne daß wir viel dazu sagen müssen. Im Gegenteil: Wenn wir ihnen vorschreiben, was sie ändern sollten – was wir sehr oft tun –, entstehen nur ungute Gefühle, und eine Veränderung findet trotzdem nicht statt. Als Eltern können wir nur uns und unseren Umgang mit erwachsenen Kindern verändern. Hier setzt die Wunderwirkung des Bestätigens an. Wenn ein erwachsenes Kind mit einem Problem zu Ihnen kommt, sollten Sie nicht sofort denken, daß es von Ihnen eine Lösung erwartet. Oft äußert es nur seinen Frust und möchte über das Problem reden. Denken Sie daran: Jeder Mensch braucht das Gefühl, *ich bin wertvoll, meine Gefühle sind wichtig, und irgend jemand interessiert sich wirklich für mich.*

Eine junge Frau, ein Single, schilderte ihre Enttäuschung über die Unfähigkeit ihrer Eltern, ihre Gefühle zu bestätigen.

»Ich wollte, ich könnte mit meinen Eltern über meinen Frust reden. Ich möchte gern heiraten, aber bis jetzt habe ich noch keinen Mann gefunden, den ich genug liebe. Wenn ich davon anfange, hält meine Mutter mir einen kleinen Vortrag darüber, daß ich zu wählerisch bin. Manchmal kennt sie sogar den ›perfekten‹ Mann, mit dem sie mich verkuppeln will. Sie versucht ständig, mein Problem zu lösen, und das ist nicht das, was ich brauche. Ich wollte, sie könnte einfach zuhören und mich verstehen, ohne irgendwelche Ratschläge herauszusprudeln.«

Ein verheiratetes Paar sprach ebenfalls von der Enttäuschung, einem Elternteil Gefühle mitteilen zu wollen und es nicht zu können. Der Mann erzählt die Geschichte:

»Als wir ein paar Jahre verheiratet waren, zog meine verwitwete Mutter, die fast dreieinhalbtausend Kilometer weiter weg gewohnt hatte, in dieselbe Stadt, in der wir wohnten. Sie wollte näher an der Familie sein, und wir freuten uns, daß sie da war. Sie war gesund, konnte sich selbst versorgen und war ziemlich unabhängig. Meine Frau mochte ihre Lebensfreude, fand es aber etwas schwierig, mit ihr über einige unserer Sorgen zu reden.

Meine Mutter schien – durchaus in bester Absicht – das Gefühl zu haben, all unsere Probleme lösen zu müssen, die wir ihr mitteilten. Nach einem solchen Gespräch sagte meine Frau abends zu mir: ›Ich wollte, sie würde einfach nur zuhören. Ich will nicht, daß sie irgendein Problem löst. Ich brauche nur eine mitfühlende, liebevolle Antwort, keinen Ratschlag.‹ Eine spezielle Unterhaltung hatte mit unserem damaligen Geldmangel zu tun. Mutters Antwort war: ›Es tut mir leid, aber ich kann euch jetzt kein Geld geben.‹ Meine Frau war durch den Kommentar ein wenig verletzt. Sie wollte kein Geld; sie wollte nur jemanden, der sich so viel aus ihr machte, daß er ihr zuhörte und sie verstand.«

Die Mutter hätte eine engere Beziehung zu ihrer Schwiegertochter aufbauen können, wenn sie geantwortet hätte: »Das ist eine schwierige Lage. Was wollt ihr machen?« Das Gespräch über dieses Problem war kein Wink an die Mutter, Geld herauszurücken. Es ist auch nicht die Aufforderung, mit ähnlichen Erfahrungen dagegenzuhalten. Die Als-ich-jung-war-Geschichten können später kommen. Sie können sicher wertvolle Informationen enthalten, wenn sie zur rechten Zeit mitgeteilt werden – zum Beispiel am nächsten Tag. Die Schwiegermutter könnte dann anrufen und sagen: »Ich hab über unsere Unterhaltung nachgedacht und mich daran erinnert, daß ich einmal in einer ähnlichen Lage war…«

Sich nicht vereinnahmen lassen

Manchmal sprechen erwachsene Kinder mit ihren Eltern über Geldprobleme aber auch mit der ausdrücklichen Absicht, Geld zu bekommen. Beide Situationen – wenn sie auf Geld hoffen und wenn sie sich einfach nur mitteilen wollen – können gleich behandelt werden. Es hilft enorm, wenn Sie sich daran erinnern, *daß Sie nicht alles in Ordnung zu bringen brauchen.* Es ist eine Tatsache, daß Sie nicht die Macht haben, alles in Ordnung zu bringen – auch wenn Sie Ihren Kindern das Geld geben. Im Gegenteil: Häufig verstärkt dies die Abhängigkeit und erzeugt in ihnen das Gefühl, daß sie es allein nicht schaffen. Es gibt natürlich auch Zeiten, in denen Eltern finanzielle Hilfe leisten können. Aber wenn Sie Kindern egal welchen Alters jedesmal finanziell unter die Arme greifen, wenn sie dies wollen oder entsprechende Andeutungen machen, erzeugt dies eine falsche Einstellung in bezug auf Geld, nämlich: »Frag, und du bekommst« anstatt: »Arbeite, und du verdienst es dir.« Jeder muß seine Verantwortung behalten, und jedem muß auch *erlaubt* werden, sie zu behalten.

Wenn Sie Kindern egal welchen Alters jedesmal finanziell unter die Arme greifen, wenn sie dies wollen oder entsprechende Andeutungen machen, erzeugt dies bei ihnen eine falsche Einstellung in bezug auf Geld.

Fast alle Väter und Mütter mit studierenden Kindern kennen das Ich-brauche-mehr-Geld-Lamento. Manche Eltern sind schon vollkommen ausgerastet, wenn das Gejammer losging, und haben angefangen herumzubrüllen, zum Beispiel: »Waaas, du hast schon wieder alles ausgegeben! Wann wirst du endlich vernünftig?«

Weil ein Kind in erster Linie damit beschäftigt ist, seine Bedürfnisse um jeden Preis erfüllt zu bekommen, wird nach einem Nein oft gebettelt, und manchmal werden auch ein paar Tränen vergossen. Das kann auch dann vorkommen, wenn das Kind schon erwachsen ist. Manche Eltern geben nach, rücken das Geld heraus, bedauern es dann und sind wütend auf das Kind.

Wie wäre es, wenn Sie folgendermaßen mit der Situation umgehen würden: Ihr Sohn ruft zu Hause an und will Geld. Sie wissen, daß er genug hatte, um seine Ausgaben zu bestreiten, als er vor ein paar Monaten von zu Hause weggegangen ist. Versuchen Sie nun, seinen Frust anzuerkennen, indem Sie sagen: »Es ist schwierig, wenn das Geld ausgeht. Ich verstehe, wie das sich anfühlt.« Er antwortet dann wahrscheinlich: »Es ist wirklich total ätzend, und ich weiß nicht, was ich jetzt machen soll.« Bestätigen Sie weiter: »Du bist wirklich in einer schwierigen Lage.« Wenn Sie ihm dann weiter zuhören, wird seine Bitte Ihnen vielleicht das Herz zerreißen. Sie erinnern sich daran, wie schön es war, als Sie während Ihrer eigenen Studentenzeit ein bißchen zusätzliches Geld für Kneipenbesuche, Klamotten und Wochenendtrips hatten.

Dann hören Sie: »Bitte, Papa. Ich will auch nicht mehr haben.« Inzwischen sind Sie soweit, daß Sie denken: »Also schön, meinethalben.« Sagen Sie es nicht; bestätigen Sie ihn nur weiter. »Es wäre sicher schön, ein bißchen Geld außer der Reihe zu haben. Was meinst du, was könntest du machen, um es zu verdienen?« Geben Sie das Problem an ihn zurück, ohne wütend zu werden. Wenn Sie ihn sein Problem selbst lösen lassen, kann dies ein genauso wichtiger Bestandteil seiner Ausbildung sein wie seine Studien – vielleicht sogar ein noch wichtigerer. Geben Sie ihm zu verstehen, daß Sie ihn lieben und ihm zutrauen, daß er seine Probleme selbst löst.

Möglicherweise wird er wütend und sagt: »Ich dachte, ich könnte mich auf dich verlassen, aber offensichtlich ist das nicht der Fall! Also tschüs dann.« Und er knallt den Hörer auf. Stecken Sie jetzt nicht zurück, indem Sie ihn anrufen. Denken Sie daran: Er ist erwachsen und kann eine Möglichkeit finden, ein bißchen Geld nebenher zu verdienen. Sie brauchen sein Problem nicht zu lösen. Wenn er nicht an die Decke geht und auflegt, können Sie ihn sogar ermutigen, sich zu überlegen, wie er Geld verdienen könnte. Sagen Sie ihm nicht, *was* er machen kann. Lassen Sie ihn selbst auf Ideen kommen. In jeder Stadt gibt es Arbeitsmöglichkeiten. Wenn er das Geld unbedingt will und braucht, findet er auch einen Job. Dadurch entwickelt er noch größere Fertigkeiten, das Leben zu meistern und erfolgreich zu sein.

Wir brauchen uns wegen der Probleme unserer Kinder nicht krank zu machen. Das macht das Leben nur noch komplizierter, als es schon ist.

Eltern denken oft, ihre gerade erwachsenen Kinder kämen alleine nicht zurecht, und werden vor Sorge ganz krank. Wenn Sie sich Ihre Gefühle genau ansehen, werden Sie vielleicht entdecken, daß Sie wütend auf Ihren Sohn sind, weil er so verantwortungslos mit Geld umgeht. Es ist vergeudete Energie und absolut ungesund, dieses Gefühl zu verstärken. Das verursacht nur Magengeschwüre und andere gesundheitliche Probleme. Wir brauchen uns wegen der Probleme unserer Kinder nicht krank zu machen. Das macht das Leben nur noch komplizierter, als es schon ist. Dies wurde auch einem Vater klar, der den Wert des Bestätigens entdeckte. Er erzählte folgendes:

»Unsere einundzwanzigjährige verheiratete Tochter und ihr Mann lebten in einer eigenen Wohnung in derselben Stadt wie wir. Sie hatten ein sechs Monate altes Baby, ein Mädchen. Ihr Mann arbeitete auf dem Bau und hatte oft Streit mit seinen Chefs, so daß er des öfteren gefeuert wurde. Unsere Tochter wollte zu Hause bleiben und sich um das Baby kümmern, sie ging also nicht arbeiten. Gelegentlich paßte sie auf andere Kinder auf, damit ein bißchen zusätzliches Geld hereinkam.

Manchmal rief sie uns an und sagte: ›Wir haben nicht genug Geld, um die Rate fürs Auto zu zahlen. Könntet ihr uns zweihundert Dollar leihen?‹ Wenn wir ihr sagten, daß wir das Geld nicht hatten, sagte sie: ›Wenn ihr uns nicht helft, verlieren wir das Auto, und dann kommen wir nicht mehr zur Arbeit und können kein Geld mehr verdienen.‹ Wir ließen uns immer wieder breitschlagen und brachten das Geld irgendwie zusammen, um es ihnen zu leihen. Im allgemeinen bedeutete das, daß wir auf etwas verzichteten, was wir selbst brauchten. Nachdem wir das ein paarmal gemacht und entdeckt hatten, daß sie es nie zurückzahlen würden, wurden wir wütend.

Einmal, als wir uns weigerten, ihr Geld zu leihen, sagte sie: ›Wenn ihr uns kein Geld gebt, damit wir uns etwas zum Essen kaufen können, braucht ihr nicht damit zu rechnen, eure Enkeltochter je wiederzusehen.‹ Damals gaben wir ihr kein Geld, sondern kauften ein paar Lebensmittel. Nach diesem Vorfall wurde uns klar, wie sehr wir uns von unserer Tochter manipulieren ließen, wie verantwortungslos dies sie machte und wie wütend, ja krank wir wurden. Ich hatte ständig Magenschmerzen, und das Asthma meiner Frau wurde schlimmer.

Wir ließen ein paar Wochen verstreichen, und als die Dinge sich beruhigt hatten, besuchten wir sie. Meine Frau sagte: ›Wir sind gekommen, um uns zu entschuldigen. Wir haben euch wie Kinder behandelt, und das ist euch gegenüber nicht fair. Ihr seid intelligente Erwachsene, und wir werden anfangen, euch als solche zu behandeln. Früher haben wir euch Geld gegeben, als ob ihr nicht für euch selbst sorgen könntet. Wir versprechen, euch von jetzt an als Erwachsene zu behandeln.‹ Ich fügte hinzu: ›Wir geben euch jetzt kein Geld mehr, denn wir wissen, daß ihr für euch selbst sorgen könnt.‹ Wir sagten es freundlich, respektvoll und bestimmt.

Wir hatten endlich unsere Grenzen gesetzt. Wir sagten auch, wir würden ihnen alle Schulden erlassen, die sie in der Vergangenheit bei uns gemacht hatten, und sie könnten das Geld als Geschenk betrachten. Wir wollten wirklich ganz von vorne anfangen.

Sie sahen erst einander und dann uns an, und dann sagte der Mann: ›Das ist in Ordnung, wir sind erwachsen und können von jetzt an für uns selbst sorgen.‹ Unsere Tochter fügte hinzu: ›Danke, daß ihr uns bisher geholfen habt. Wir kommen jetzt zurecht.‹

Nach etwa zwei Monaten rief unsere Tochter an und sagte, sie wären finanziell wieder ziemlich am Kämpfen. Ich sagte: ›Ach, das tut mir leid. Es ist sicher eine schwierige Situation. Wir haben Vertrauen in euch beide und wissen, daß ihr das schafft.‹ Wir gaben nicht nach und reagierten mit Verständnis und Mitgefühl, aber ohne Geld. Unsere Wut verging, unsere Gesundheit verbesserte sich, und die Beziehung zu ihnen wurde entspannter. Wir luden sie gelegentlich zum Abendessen ein, kauften ihnen Geschenke zum Geburtstag und zu Weihnachten, ab und zu ein Kleidchen für das Baby, und das war's. Sie schienen auch ohne unser Geld ganz gut zurechtzukommen, hatten von Zeit zu Zeit finanzielle Engpässe, aber sie wurden damit fertig. Es hat gedauert, und wir brauchten Mut, aber jetzt sind wir bessere Freunde als je zuvor.«

*Grenzen lassen sich am besten durchsetzen, wenn
beide Elternteile sie befürworten und freundlich
und respektvoll an ihnen festhalten.*

Diese Eltern setzten schließlich Grenzen, zeigten aber trotzdem ihre Liebe, indem sie ihre Tochter und deren Mann bestätigten: »Ach, das tut mir leid. Es ist sicher eine schwierige Situation.« Sie erlaubten ihrer Tochter und deren Mann, ihre Probleme selbst zu lösen. »Wir haben Vertrauen in euch beide und wissen, daß ihr das schafft.« Dies funktioniert am besten, wenn beide Elternteile die Grenze befürworten und – wie diese Eltern – freundlich und respektvoll an ihr festhalten.

Es scheint zu den Geheimnissen des Lebens zu gehören, daß die Freundschaft endet, wenn Geld und Schulden ins Spiel kommen. Mit den eigenen Kindern ist das nicht anders. Im obigen Beispiel hätten die Eltern einen realistischen Rückzahlungsplan aufstellen können, aber da sie die schwierige Situation ihrer Tochter und ihres Mannes kannten, beschlossen sie, ihnen ihre Schulden zu erlassen und bei Null anzufangen. Sie ließen sie selbst für ihr Leben verantwortlich sein.

Eine solche Vorgehensweise erlaubt den Eltern, zu Freunden ihrer Kinder zu werden und ihnen auf gleicher Ebene zu begegnen. Denken Sie daran, daß das nicht bedeutet, daß Sie ihnen nie helfen. Es bedeutet, daß Sie es wohlüberlegt zu *Ihren Bedingungen* tun und Ihre Kinder genauso freundlich und respektvoll behandeln wie andere Erwachsene.

Geben Sie keine Ratschläge

Die Versuchung, unseren Kindern zu sagen, was sie machen sollen, ist immer gegenwärtig. Wir denken oft, wir hätten die Lösung für ihr Problem, und wollen ihnen damit helfen. Das klingt gut, funktioniert aber selten. Eine Mutter erzählte, wie sie dies entdeckte:

»Mein neunundzwanzigjähriger Sohn kommt regelmäßig zu mir und klagt mir den ganzen Frust, den er mit seiner Freundin hat. Er macht mich verrückt. Ich höre eine Zeitlang zu, und das Ganze endet immer damit, daß ich sage: ›Wie oft soll ich dir noch sagen, daß du mit diesem Mädchen Schluß machen solltest? Sie macht dich verrückt, und mich auch.‹ Dann beendet er abrupt die Unterhaltung, springt auf, sagt: ›Warum kannst du nicht einfach nur zuhören!‹ und stürmt aus der Tür.

Mein Zuhören wurde dadurch entwertet, daß ich
anschließend einen Ratschlag gab.

Ich bin immer stolz darauf gewesen, ihm *zuzuhören.* Aber mir wurde klar, daß ich mein Zuhören durch den anschließenden Rat entwertete. Also änderte ich das. Als er das nächste Mal kam und mir seinen Frust wegen seiner Freundin klagte, hörte ich wirklich zu. Ich bestätigte mit: ›Das ist sicher sehr schwierig‹ und: ›Hm, ich glaube, ich hätte dasselbe Gefühl, wenn ich an deiner Stelle wäre.‹ Ich gab ihm keinen einzigen Ratschlag. Er begann dann von sich aus zu überlegen, was er ändern könnte. Ich war angenehm überrascht von den Ideen, auf die er selbst kam, als ich ihm nicht mehr sagte, was er machen sollte.«

Es hilft sehr, wenn Sie sich daran erinnern, daß Sie Ihren erwachsenen Kindern das meiste von dem, was sie für ein geglücktes Leben wissen müssen, schon beigebracht haben. Die Zeit, sie etwas zu lehren, ist vorbei, auch wenn es für hilfreiche Ideen und Anregungen immer noch geeignete Momente gibt. Wenn Sie sich Sorgen machen, weil Sie glauben, keine gute Arbeit geleistet zu haben, sollten Sie nicht vergessen, daß Sie nicht ihre einzige Quelle für nützliche Informationen sind. Geben Sie ihnen eine Chance! Dann treffen Sie im allgemeinen kluge Entscheidungen, die ihren Bedürfnissen und ihrer Situation entsprechen. Die Mutter eines jungverheirateten Collegestudenten erzählte die folgende Geschichte, die diesen Gedanken veranschaulicht.

»Unser Sohn Darren, seine Frau Susan und ihr Baby kamen eines Abends zu uns. Sie schienen wegen irgend etwas geknickt zu sein, und es dauerte nicht lange, bis wir herausgefunden hatten, um was es ging. Darren sagte: ›Dieses blöde Auto von uns ist ein Schrotthaufen. Wir wissen nie, ob es am nächsten Tag noch fährt.‹ Seine Frau schloß sich an: ›Wir haben gerade dreihundert Dollar für Reparaturen ausgegeben, und es ist immer noch nicht alles in Ordnung.‹ Mein Mann verkniff es sich, zu sagen: ›Was, ihr habt dreihundert Dollar für diese Schrottkiste ausgegeben?‹ Er sagte statt dessen: ›Mensch, das muß ja enttäuschend sein.‹

›Es ist mehr als enttäuschend‹, sagte Darren, ›es macht mich krank! Wir brauchen ein neues Auto.‹ Und dann erzählte er alles mögliche über einen tollen kleinen Campingbus, den er gesehen hatte und gerne hätte. Es war nicht das erste Mal, daß er erwähnte, wie sehr er einen Campingbus wollte. Ich sagte: ›Das wäre ja toll! Das würde euch sicher Spaß machen. Was wollt ihr tun?‹ Ich brannte darauf, zu sagen: ›Das könnt ihr euch doch gleich aus dem Kopf schlagen. Das könnt ihr euch doch gar nicht leisten.‹ Sie konnten es sich tatsächlich nicht leisten. Aber ich sagte nichts. Ich kann Ihnen nicht sagen, wie oft ich gewünscht habe, wir hätten das Geld, um ihnen etwas zu dem Wagen beizusteuern, aber wir hatten es nicht, und sie wußten, daß wir es nicht hatten. Sie machten auch überhaupt keine Andeutung in dieser Richtung. Sie teilten einfach ihre Enttäuschung mit.

Susan sagte: ›Wir werden uns sicher keinen Campingbus zulegen, aber wir müssen bald eine Lösung für dieses Problem finden.‹ Mein Mann sagte: ›Ihr könnt doch beide gut Probleme lösen. Ich bin sicher, daß euch was einfällt.‹ Dann wandte die Unterhaltung sich dem Baby zu.

Ein paar Wochen später kamen Darren und Susan in einem ›neuen‹ Auto bei uns an. Es war kein Campingbus, aber es war ein guter kleiner Gebrauchtwagen. Susan sagte: ›Guckt mal, was wir gefunden haben, und das für nur fünfhundert Dollar!‹ Auch Darren freute sich und sagte: ›Stellt euch das vor – und er fährt wirklich gut. Er tut es, bis ich einen richtigen Job habe und wir unseren Campingbus kaufen können.‹ Wir waren verblüfft. Das kleine Autochen schnurrt jetzt schon seit ein paar Monaten für sie herum. Ich bin froh, daß wir ihnen nicht alle möglichen Ratschläge erteilt haben. Sie hätten sie vielleicht angenommen und nie diesen großartigen Kauf gemacht.«

Eine andere Mutter erzählte, das Bestätigen habe ihr bei ihrer Beziehung zu ihrer verheirateten Tochter sehr geholfen. Wenn die Tochter sich über ihren Mann ärgerte, rief sie manchmal ihre Mutter an. Die Mutter dachte oft, die Wut der Tochter sei nicht gerechtfertigt, oder sie würde aus einer Mücke einen Elefanten machen und so ihre Ehe aufs Spiel setzen. Sie hielt es für ihre Pflicht, ihr *den* Ratschlag zu geben, der ihre Ehe retten würde. Hier ihre Geschichte:

»Im allgemeinen dachte ich, ich müßte meine Tochter beschwichtigen und ihr helfen, das Problem im richtigen Verhältnis zu sehen. Ich gab ihr Ratschläge und sagte ihr, was sie tun müßte, um das Problem zu lösen. Es kam nie etwas dabei heraus. Sie wurde nur noch ungehaltener, und dann richtete sie ihre Wut gegen mich und sagte: ›Du verstehst mich einfach nicht‹ oder: ›Warum ergreifst du immer für ihn Partei? Du kapierst es einfach nicht!‹

Wenn sie jetzt anruft, bestätige ich einfach ihre Gefühle, indem ich zum Beispiel sage: ›Das ist sicher schwierig.‹ Dann beruhigt sie sich schließlich, und oft sagt sie sogar: ›Alles in allem ist er wahrscheinlich gar nicht so schlecht. Vielleicht sollte ich ein bißchen mehr Geduld mit ihm haben.‹ – Das sind ihre Worte, nicht meine.

Wenn dann ihr Mann nach Hause kommt, ist ihr ganzer Frust weg, und sie ist eher in der Stimmung, ruhig und respektvoll mit ihm über ihre Bedürfnisse zu reden. Ich glaube, es hat nicht nur meine und ihre geistige Gesundheit gerettet, daß ich das Bestätigen gelernt habe, sondern auch ihre Ehe.«

Mit Vorwürfen umgehen

Manchmal beklagen erwachsene Kinder sich bei ihren Eltern darüber, daß sie als Kinder oder Heranwachsende bestimmte materielle Dinge oder emotionale Unterstützung nicht hatten. Dies führt oft zu heftigen Auseinandersetzungen, bei denen die Eltern in die Defensive gehen und sich rechtfertigen. Ein erwachsenes Kind kann im Hinblick auf ein jüngeres Geschwisterkind zum Beispiel sagen: »Ich bekam nicht mal die Hälfte von dem, was du Melissa gegeben hast.« Bei solchen Aussagen verteidigen die Eltern sich im allgemeinen sofort, indem sie sagen: »Wir haben dir alles gegeben, was wir dir damals geben konnten, und das, was notwendig war, hattest du immer.« Oder sie denken sogar: »Was für ein undankbares Kind ist das« und sagen: »Wie kannst du so etwas sagen, nach all dem, was wir für dich getan haben?«

Überlegen Sie, wie statt dessen ein bißchen Bestätigung wirken würde, zum Beispiel: »Es war sicher schwierig für dich, so viele Dinge nicht zu haben.« Kein Streit, einfach Verständnis. Sie können die Zeit nicht zurückdrehen und nachträglich alles in Ordnung bringen, also begleiten Sie Ihr Kind einfach durch seine Gefühle hindurch. Wenn Sie nur ein bißchen Verständnis zeigen, wird es anschließend wahrscheinlich sagen: »Na ja, ich nehme an, daß ihr jetzt ein bißchen mehr Geld habt als früher.« Oder sogar: »Vielleicht ging's mir in Wirklichkeit gar nicht so schlecht. Ich hatte alles, was ich brauchte.«

Sie können die Zeit nicht zurückdrehen und nachträglich alles in Ordnung bringen, also begleiten Sie Ihr Kind einfach durch seine Gefühle hindurch.

Der Vorwurf, Sie hätten zum Beispiel Ihrer Tochter nicht die emotionale Unterstützung gegeben, die sie brauchte, kann folgendermaßen aussehen: »Ihr wart nie für mich da. Ich kann mich nicht erinnern, daß ihr ein einziges Theaterstück an der Schule oder irgend etwas anderes besucht habt, bei dem ich mitgemacht habe.« Die übliche Defensivantwort lautet: »Ich wollte schon, aber es war nicht möglich. Du weißt genau, daß ich Nachtschicht hatte und nicht frei bekam.« Ihre Tochter antwortet dann: »Jaja, ich weiß. Alles andere war wichtiger als ich.« Dies führt zu einem weiteren Defensiv-Kommentar: »Du *warst* mir wichtig. Warum hätte ich sonst so schwer gearbeitet, damit du ein Dach über dem Kopf und ein Essen auf dem Tisch hast? Du bist doch jetzt erwachsen und müßtest wissen, wie schwierig das ist.« Und schon sind Sie mitten in einem handfesten Streit.

Wenn Sie sich nicht verteidigen, sondern Ihr Kind
weiterreden lassen und seine Gefühle bestätigen,
wird es die Sache bewältigen und die unguten
Gefühle Ihnen gegenüber loslassen.

Welche bestätigenden Kommentare hätten Sie statt dessen verwenden können? Wie wäre es mit: »Das war sicher enttäuschend für dich. Es tut mir leid, daß ich diesen wichtigen Teil deines Lebens verpaßt habe.« Es ist nicht nötig, daß Sie Ihre Position verteidigen. Lassen Sie Ihre Tochter die Enttäuschung loswerden, ohne daß Sie dies durch Rechtfertigungen behindern. Nur so kann sie sich über die Sache klarwerden und mit der Situation ins Reine kommen. Wenn Sie sich nicht verteidigen, sondern sie weiterreden lassen und ihre Gefühle bestätigen, wird sie die Sache bewältigen und die unguten Gefühle Ihnen gegenüber loslassen.

Ein Vater erzählte von einem ähnlichen Vorfall mit seinem fünfundzwanzigjährigen Sohn. Sie hatten eine Auseinandersetzung, und der Sohn war extrem wütend auf seinen Vater. An einer bestimmten Stelle des Gesprächs sagte der Sohn: »Du hast mich nie gut behandelt.« Der Vater beschloß, sich nicht mehr zu verteidigen, und hörte einfach zu. In verständnisvollem Ton sagte er nur: »Oh.« Der Junge fuhr schluchzend fort: »Ich erinnere mich an diese ganzen schrecklichen Schläge, als ich klein war. Sie haben so weh getan. Ich hatte diese Schläge nicht verdient.« Der Vater erzählte, er hätte den Jungen am liebsten unterbrochen und gesagt: »Ich hab dich nie sehr fest geschlagen, und auch nicht besonders oft.« Aber er tat es nicht. Er hörte einfach zu und pflichtete seinem Sohn bei. Als der Junge fertig war, sagte der Vater: »Danke, daß du mir deine Gefühle mitgeteilt hast. Mir war nie klar, daß du das so empfunden hast. Alles, was ich getan habe und was dich verletzt hat, tut mir sehr leid. Bitte verzeih mir.« Der Junge antwortete dann ruhig: »Schon gut, Papa.« Der Vater umarmte dann den Jungen und sagte ihm, er hätte ihn sehr lieb, und der Junge sagte ebenfalls: »Ich hab dich auch sehr lieb, Papa.«

Ein weiteres anschauliches Beispiel aus meiner Praxis ist die Geschichte einer jungen Frau, die als Kind von einem Nachbarn sexuell mißbraucht worden war. Sie war immer noch wütend auf ihre Mutter, weil diese sie nicht vor dem Nachbarn beschützt hatte, obwohl die Mutter damals nichts von dem Mißbrauch wußte. Es ist normal, daß ein Kind erwartet, von Mutter oder Vater beschützt zu werden. Die junge Frau sagte: »Meine Mutter will mir nicht zuhören, wenn ich davon anfange. Sie sagt einfach: ›Ich wußte doch überhaupt nicht, was da los war. Wie kannst du dann sauer auf mich sein?‹ Sie verteidigt sich nur ständig.«

Ich hatte darum gebeten, daß die Mutter zur nächsten Therapiesitzung mitkommt. Irgendwann im Verlauf der Sitzung sah ich die Mutter an und sagte: »Haben Sie je bei Ihrer Tochter am Bett gesessen und gedacht: ›Wie kann ich der bloß schaden?‹« Sie antwortete entschieden: »Natürlich nicht. Ich habe nie bewußt irgend etwas getan, um ihr weh zu tun.« Ich sagte: »Ich bin sicher, daß das stimmt. Da Sie und wir das jetzt wissen, möchte ich fragen, ob Sie sich heute nicht einfach hinsetzen und zuhören können, wenn Ihre Tochter ihre Gefühle äußert?« Sie ging sofort darauf ein. Ich gab ihr als Unterstützung ein paar bestätigende Formulierungen, zum Beispiel: »Es tut mir so leid, daß das passiert ist« und: »Oh, ich wünschte, ich hätte das gewußt« und: »Ich kann verstehen, daß du wütend bist« und: »Es tut mir leid.«

Als alles heraus war, weinten Tochter und Mutter. Die Mutter erkannte, daß sie ihre Position nicht zu verteidigen brauchte. Die Tochter fühlte sich bestätigt und verstanden, als die Mutter zuhörte. Dann konnte die Heilung beginnen. Es war genau das, was sie beide sich gewünscht hatten.

Hotel Mama

Es scheint eine wahre Epidemie zu sein, daß erwachsene Kinder nach Hause zurückkehren und dort leben. Die Eltern sind im allgemeinen weder darauf vorbereitet, noch wollen sie es. Wenn Töchter oder Söhne aufgrund einer Scheidung, dem Verlust des Arbeitsplatzes, einer Krankheit oder anderen unglücklichen Umständen jedoch gerade eine besonders schwierige Lebensphase durchmachen, haben sie oft niemand anders, an den sie sich wenden können. Manchmal kehren sie inklusive Ehepartner und Kinder vorübergehend nach Hause zurück, während sie darauf warten, in eine andere Wohnung zu ziehen, den Universitätsabschluß zu machen oder sich in einer anderen Übergangsphase befinden. Ungeachtet des Motivs kann das Zusammenleben für die Eltern und das zurückkehrende erwachsene Kind schwierig sein. Damit dies ohne Konflikte und ungute Gefühle abgeht, müssen die Eltern das Bestätigen anwenden und klare Grenzen setzen.

Die folgende Geschichte zeigt, wie eine Mutter und ein Vater diese Grundsätze anwandten, als ihr frisch geschiedener Sohn nach Hause zurückkam, um bei ihnen zu leben.

»Dave hatte nicht nur seine Frau, sondern auch seinen Arbeitsplatz verloren. Er war am Boden zerstört und emotional so fertig, daß er nicht wußte, was er machen sollte. Als er fragte, ob er eine Zeitlang nach Hause kommen könnte, beschlossen mein Mann und ich, daß das nur gutgehen würde, wenn wir ihm klare Grenzen setzen würden. Wir hatten ihn lieb und wollten ihm helfen, aber wir wußten, daß er uns vielleicht auf der Nase herumtanzen und länger bleiben würde, als ihm und uns guttun würde, wenn wir nicht von Anfang an Grenzen setzen würden. Die Grenzen waren einfach. Er sollte all seine Sachen in seinem Zimmer lassen und sie nicht im ganzen Haus verstreuen. Er sollte an jedem Wochentag nach Arbeit suchen und danach in Haus und Garten mithelfen. Er sollte seine Wäsche selbst waschen. Er sollte saubermachen, was er dreckig gemacht hatte. Und er sollte sich darauf einstellen, in spätestens sechs Monaten in eine eigene Wohnung zu ziehen. Wir erklärten ihm diese Grenzen freundlich. Er sah die Notwendigkeit ein und war mit allem einverstanden. Manchmal sprach er mit mir über seine Probleme. Einmal sagte er dabei über seine gescheiterte Ehe: ›Ich hab wirklich totalen Mist gebaut. Ich wünsche, ich wäre ein besserer Ehemann gewesen. Ich weiß nicht, was ich jetzt machen soll.‹ Ich wußte durchaus, daß er die Sache vermurkst hatte, und es fiel mir schwer, ihn nicht an die Fehler zu erinnern, die er gemacht hatte, und ihm zu sagen, was er meiner Meinung nach tun sollte. Aber mir war klar, daß das alles nur schlimmer machen würde. Statt dessen bestätigte ich seine Gefühle, indem ich sagte: ›Was du gerade durchmachst, ist sicher sehr schwierig. Wie hast du dir das Weitere vorgestellt?‹

Diese Worte ermöglichten ihm, all seine Gefühle zu äußern und zu sagen, was er hätte tun können und was er jetzt mit seinem Leben machen wollte. Er mußte seine Gefühle äußern und seine Probleme selbst lösen. Alles, was ich ihm sagen könnte, würde die Dinge sowieso nicht in Ordnung bringen. Nach sechs Monaten hatte er einen neuen Job gefunden und zog aus. Mein Mann und ich hatten beide das Gefühl, daß er sehr viel länger geblieben wäre, wenn wir ihm nicht eine Frist gesetzt hätten, auf die er hinarbeiten mußte.

Das war vor zwei Jahren. Er hat immer noch viele emotionale Bedürfnisse, und es gefällt ihm, daß er uns anrufen und uns diese Gefühle mitteilen kann, denn wir sagen ihm nicht, was er machen soll. Das Wissen, daß ich seine Probleme nicht lösen brauche, hat eine enorme Last von meinen Schultern genommen. Jetzt kann ich einfach zuhören und eher so etwas wie eine Freundin für ihn sein.«

Lieben Sie sie, und machen Sie es ihnen weder zu einfach noch zu bequem.

Wenn zurückkehrende erwachsene Kinder die Grenzen einsehen, sind die Chancen größer, daß etwas gelingt, was leicht ins Auge gehen kann. Eltern, die in dieser Situation sind, sage ich immer: »Lieben Sie sie, und machen Sie es ihnen weder zu einfach noch zu bequem.« Denn sonst ist es für sie zu verlockend, länger zu bleiben, als nötig oder gut für sie ist. Es bringt keinem etwas, wenn Sie Ihr erwachsenes Kind wie ein Baby behandeln. Geben Sie ihm Verantwortung, wenn es bei ihnen lebt, und setzen Sie einen Termin fest, zu dem es wieder auf eigenen Füßen stehen muß. Denken Sie unbedingt daran, *freundlich, höflich, respektvoll* und *bestimmt* zu sein, wenn Sie Grenzen setzen und Gefühle bestätigen.

Konträre Lebensstile

Wir alle wünschen, unsere Kinder würden das Gute aus unserem Leben nehmen und ihm nacheifern. Wenn wir ihnen Grundsätze moralischer Verantwortung beibringen, hoffen und beten wir, daß sie sich daran halten und sie an ihre Kinder weitergeben. Aber das ist nicht immer der Fall. Was machen Sie dann? Wenn sie Ihnen von ihrem Frust erzählen, kann es extrem schwierig sein, ihnen *nicht* zu sagen, wie sie ihr Leben ändern müssen. Ihnen liegt ein Dutzend Ratschläge auf der Zunge, doch ich rate Ihnen, sie dort zu lassen. Hören Sie einfach zu, und bestätigen Sie die geäußerten Gefühle. Wenn Sie daran denken, daß Ratschläge letztlich nichts bringen, sind Sie entlastet und können auf eine Weise zuhören, die echte Fürsorglichkeit und Liebe zeigt.

> *Wenn Sie daran denken, daß Ratschläge letztlich nichts bringen, sind Sie entlastet und können auf eine Weise zuhören, die echte Fürsorglichkeit und Liebe zeigt.*

Eine Frau, deren erwachsene Tochter die religiösen Grundsätze der Familie aufgegeben hat, sagte: »Ich habe festgestellt, daß auch noch so viele Predigten sie nicht zu meiner Einstellung zurückbringen. Sie halten sie nur davon ab, mit mir zu kommunizieren. Mir ist klargeworden, daß sie auf ihre Weise und in ihrem Tempo zu diesen Grundsätzen zurückkehren muß, wenn überhaupt. Bis dahin kann ich ihr zeigen, daß ich sie liebe, indem ich ihr zuhöre und sie nicht kritisiere.« Das ist eine wichtige Entdeckung. Auch wenn die Tochter nie mehr zu einem praktizierenden Mitglied der Kirche wird, werden alle in der Familie glücklicher sein, weil die Tochter geliebt und akzeptiert wird.

Viele Eltern, die diese innige Liebe und dieses große Verständnis für Kinder haben, die einen unerwünschten Lebensstil wählen, stellen später erfreut fest, daß sie zu dem zurückkehren, was ihnen als kleine Kinder gelehrt wurde. Manchmal dauert es Jahre, aber ich habe es oft genug erlebt, um Menschen zu ermutigen, die Hoffnung nicht aufzugeben und dieses Kind einfach weiter zu lieben. Denken Sie daran, diese Liebe bedeutet nicht, daß Sie Ihre eigenen Werte aufgeben. Sie bedeutet, daß Sie sie Ihren erwachsenen Kindern nicht aufzwingen.

Ein ergreifendes Beispiel dafür ist ein Paar, dessen Sohn sich von dem, was ihm in seiner Jugend beigebracht worden war, weit entfernt hatte. Er schwängerte seine Freundin, sie heirateten und bekamen weitere Kinder. Die religiösen Überzeugungen aus seiner Kindheit und Jugend hatte er hinter sich gelassen. Später ließ er sich mit einer anderen Frau ein, fühlte sich deshalb aber hundeelend und versuchte, seine Ehe wieder zu kitten. Eine Zeitlang schien ihm das sogar zu gelingen. Seine Eltern versuchten ab und zu, ihm klarzumachen, daß er besser leben würde, wenn er zu den religiösen Grundsätzen seiner Kindheit und Jugend zurückkehren würde. Irgendwann sagte er dann wütend: »Komm mir bloß nicht mehr mit der Religion. Ich will damit nichts mehr zu tun haben.«

Ein paar Jahre später hatte die Frau des Sohns eine Affäre und ließ sich scheiden. Er war an einem Tiefpunkt angelangt, und begann, mit Selbstmord zu drohen. Zu diesem Zeitpunkt rief sein Vater mich an und fragte, was er machen könnte. Er sagte: »Ich habe ihm hundert Mal gesagt, daß er weiterleben und die Vergangenheit vergessen muß. Die Religion habe ich noch nicht mal erwähnt. Trotzdem redet er von Selbstmord.

Was soll ich tun?« Ich sagte: »Ich sage Ihnen nicht, was Sie tun ›sollen‹, aber ich habe eine Idee, die Sie ausprobieren können. Beobachten Sie einmal, was passiert, wenn Sie aufhören, seine Probleme dadurch lösen zu wollen, daß Sie ihm sagen, was er machen soll, *und ihn einfach reden lassen*. Bestätigen Sie ihm, daß er traurig sein darf und einen Verlust erlitten hat. Begleiten Sie ihn und lassen Sie ihm seine Gefühle.« Ich nannte ihm ein paar bestätigende Formulierungen, die er ausprobieren konnte. Da er ein religiöser Mensch war, schlug ich ihm vor, sich seine Enttäuschung im Gebet von der Seele zu reden, denn dann würde er sie nicht mehr seinem Sohn gegenüber äußern.

Ein paar Wochen später rief er mich an und sagte: »Es ist erstaunlich, was passiert ist, seit ich meinem Sohn nicht mehr sage, was er machen soll, und ihn einfach bestätige. Ich will damit sagen, es war wirklich absolut toll! Er schien wieder in die Realität zurückzukommen. Jetzt arbeitet er wieder, und es geht ihm recht gut.« Wieder ein paar Wochen später erfuhr ich, daß sein Sohn jetzt enger mit einer Frau befreundet war, die er seit ein paar Jahren von der Arbeit kannte. Sie hatte Vertrauen in ihn, und sie hatten vor zu heiraten. Er sagte: »Paps, ich möchte, daß du bei unserer Hochzeit die Rede hältst. Und du kannst alles sagen, was du willst, ich meine wirklich alles… auch religiöse Sachen. Meine Verlobte und ich gehen jetzt zusammen in die Kirche, und ich war noch nie so glücklich.«

Dieser Mann ist immer noch dankbar dafür, daß er gelernt hat, die Probleme seines Sohnes nicht mehr lösen zu wollen, sondern ihn statt dessen zu bestätigen. Allen Eltern, die in einer ähnlichen Situation sind, lege ich dies dringend nahe. Es nimmt die schwere Verantwortung, das Problem des Kindes lösen zu wollen, von ihren Schultern und gibt sie dahin zurück, wo sie hingehört – auf seine. Dann ist eine Wendung zum Guten möglich.

Das universelle Bedürfnis

Beim Umgang mit erwachsenen Kindern hilft es, sich an das universelle Bedürfnis jedes Menschen zu erinnern. Wir alle wollen das Gefühl haben: *Ich bin wertvoll, meine Gefühle sind wichtig, und irgend jemand interessiert sich wirklich für mich.* Wenn Sie begreifen, wie elementar dieses Bedürfnis ist, werden Sie die Grundsätze des Bestätigens in jedem Gespräch anwenden wollen. Und Sie werden Grenzen setzen, die nicht nur Ihren Kindern helfen, sondern die auch Sie selbst daran erinnern, daß Sie genauso wertvoll sind und auch Ihre Gefühle wichtig sind.

Fangen Sie heute an

Rufen Sie heute eins Ihrer erwachsenen Kinder an und fragen Sie es, wie es ihm geht; dann hören Sie einfach zu. Verwenden Sie bestätigende Formulierungen und verkneifen Sie es sich, ihm irgendeinen Ratschlag zu geben. Akzeptieren Sie seinen Frust, und bieten Sie ihm unter keinen Umständen eine Lösung an, wenn es Ihnen von einem Problem erzählt und Sie fragt, was es machen soll. Geben Sie statt dessen das Problem an das Kind zurück und fragen Sie es, was seiner Meinung nach eine Lösung wäre, oder verwenden Sie andere geeignete Fragen, um seine Gedanken zu beflügeln. Wenn Sie das immer wieder tun, wird Ihrem Kind klar werden, daß Sie seine Meinung schätzen und die Verantwortung für sein Problem bei ihm selbst liegt.

Klopfen Sie sich nach der Unterhaltung selbst auf die Schultern, weil Sie es so gut gemacht haben. Sie sind dabei, Ihrem

Kind die Kraft zu geben, seine Probleme selbst und auf eine Weise zu lösen, die für es am besten ist. Die Freundschaft zwischen Ihnen wird dadurch nur wachsen.

Den Partner bestätigen

Was verhindert das Bestätigen?

Weil unser Partner der wichtigste Mensch in unserem Leben ist, haben wir den starken Wunsch, ihm über alle Kränkungen hinwegzuhelfen und jedes ihm angetane Unrecht wiedergutzumachen. Wir wollen das Beste für ihn und tun sehr oft alles, was in unserer Macht steht, um die Welt für ihn wieder in Ordnung zu bringen. Wir halten das geradezu für unsere Pflicht. Aber genau das verhindert, daß wir den Menschen, den wir mehr als irgend jemand anderen lieben, bestätigen. Im Endeffekt vergrößert es eher die Probleme, als daß es ein einziges löst. Fehlende Bestätigung kann dazu führen, daß unser Partner sein Selbstwertgefühl verliert und seine Liebe zu uns abnimmt.

Fehlende Bestätigung kann dazu führen, daß unser Partner sein Selbstwertgefühl verliert und seine Liebe zu uns abnimmt.

Nehmen wir zum Beispiel die Frau, die wegen ihrer überzähligen Pfunde deprimiert ist und sich über sie ärgert. Sie sagt zu ihrem Mann: »Ich weiß wirklich nicht, warum ich nicht von meinem Gewicht runterkomme. Das Baby ist jetzt schon fast ein Jahr da, und ich schleppe die Pfunde immer noch mit mir herum.« Dem Mann ist nicht klar, daß sie lediglich ihre Gefühle mitteilt und Bestätigung braucht. Er registriert: Sie hat ein Problem, und schon macht er sich daran, ihr bei der Lösung zu helfen. Er sagt: »Vielleicht solltest du ein bißchen weniger essen und ein bißchen mehr Sport treiben.« Ist das das, was sie jetzt hören will? Keinesfalls. Das weiß sie schon. Was würde ihr in diesem Moment mehr als alles andere helfen? Er könnte ihr seine volle Aufmerksamkeit zuwenden, ihre Gefühle freundlich bestätigen. »Ja, das glaube ich, daß dich das fertigmacht, Schatz«, und dann zuhören, wenn sie ihre Enttäuschungen und ihren Frust schildert.

Falls er sie weiter bestätigt, wird sie ihm früher oder später *ihren* Plan zum Abnehmen präsentieren. Dann kann er fragen, ob er irgend etwas tun kann, um sie dabei zu unterstützen. Sie könnte dann antworten: »Nein, danke, ich schaffe es alleine« oder: »Ach, ja, könntest du wohl auf das Baby aufpassen, wenn ich meinen Sport mache?« Es muß *ihr* Plan, *ihre* Idee sein, sonst funktioniert es nicht, egal wie toll er seinen Rat anpreist. Wenn er sich sofort begeistert auf die Sache stürzt, könnte sie außerdem das Gefühl haben, daß er sie mit ihren Fettpölsterchen nicht mehr attraktiv findet. Kommt diese Sorge dann zu dem ursprünglichen Problem hinzu, ist es doppelt so schwer zu lösen.

Ein Klient von mir hatte dieses Problem. Das Gewicht seiner Frau machte ihm Sorgen, und er ermunterte sie immer wieder, etwas dagegen zu tun. Seine Kommentare bewirkten nichts außer bösem Blut zwischen ihnen und schienen sie davon abzuhalten, überhaupt etwas zu unternehmen. Nachdem er in seinem Leben mehr Frieden gefunden hatte, ging er anders mit der Situation um: »Mir wurde klar, wie sehr ich meine Frau liebte, und ich beschloß, nichts mehr zu ihrem Gewicht zu sagen und ihr einfach jeden Tag meine Liebe zu zeigen. Ich hatte das ein paar Wochen lang gemacht, als ich bemerkte, daß sie mit der Post irgendwelches Informationsmaterial über das Abnehmen bekam. Ich sagte ihr: ›Schatz, ich hab Angst, daß du das für mich machst, weil ich dich vorher so gedrängt habe. Für mich brauchst du nicht abzunehmen. Ich liebe dich genau so, wie du bist.‹ Und das meinte ich auch so. Sie sagte: ›Aber genau das ermöglicht es mir ja erst, das zu machen. Ich mache es nicht für dich – ich mache es für mich.‹ Und sie schien wirklich begeistert von der Sache.«

Sehr oft denken wir, wir müßten unserem Partner bei der Lösung seiner Probleme helfen, weil er es alleine nicht schafft. Glauben Sie mir, wenn wir ihn drängen, macht das alles nur schlimmer. Was er braucht, ist Verständnis. Die meisten von uns sind mit ihren Partnern zu ungeduldig. Wir denken: »Warum kapiert er es nicht? Es ist doch ganz klar, was da unternommen werden muß« oder: »Es ist doch reine Energieverschwendung, sich wegen so einer Kleinigkeit dermaßen aufzuregen.«

Zeit, Geduld, Liebe, Zuhören und Verständnis heilen und lösen die meisten Probleme in einer Partnerschaft. Wir haben uns dazu entschieden, unseren Partner in guten und in schlechten Zeiten zu lieben. Wenn wir lernen, uns auch gegenseitig durch unsere Gefühle zu begleiten, entsteht ein Zusammengehörigkeitsgefühl, das uns hilft, alle Schwierigkeiten zu besprechen und zu lösen. Es braucht wirklich nicht viel Zeit, wenn wir es gleich von Anfang an so halten. Wir müssen nur wissen, wie – und daran denken, daß wir alle das Gefühl brauchen: *Ich bin wertvoll, meine Gefühle sind wichtig, und irgend jemand interessiert sich wirklich für mich.*

Horrortage

Wir alle haben Tage, an denen alles schief läuft. Stellen Sie sich vor, Sie kommen von der Arbeit nach Hause und finden Ihre Frau blaß und erschöpft vor, so, als hätte sie gerade einen Marathon hinter sich und haushoch verloren. Sie stellen die magische Frage. Und das ist nicht: »Was gibt's zum Abendessen?« sondern die heißt: »Wie war's denn heute, Schatz?« Oder Sie sind die Ehefrau: Sie sehen, wie Ihr Mann die Tür öffnet, hereinschlurft und völlig deprimiert aussieht. Nun stellen Sie die magische Frage: »Wie war's denn heute, Liebling?«

Stellen Sie sich vor, Sie werden den ganzen Frust des Tages los. Jetzt halten Sie einen Augenblick inne, überlegen, wie Sie sich fühlen würden, wenn Ihr Partner darauf sagt: »Tja, Schatz, wenn du das alles ein bißchen besser organisiert hättest, wäre es sicher anders gelaufen.«

---

*Es ist sehr wichtig, daß Sie das, was in Ihnen
vorgeht, einem liebevollen und geduldigen
Menschen erzählen können, ohne Angst
vor Kritik zu haben.*

Sie werden wahrscheinlich wütend, weil Sie kritisiert werden. Aber Sie sind auch traurig, weil Ihr Partner Sie nicht versteht und Sie das Gefühl haben, er hört nicht richtig zu.

Was *brauchen* Sie nach einem schlechten Tag wirklich? Wollen Sie nicht vor allem, daß man Sie einfach anhört? Also hören Sie dem anderen zu, wenn er Ihnen erzählt, was an diesem Tag los war. Versuchen Sie nicht, die Probleme dieses Tages wegzuerklären. *Hören Sie einfach zu!* Lassen Sie ihn seinen Frust, seine Wut oder was sonst immer äußern. Hören Sie, welche Bedürfnisse geäußert werden. Wenn Sie in dieser Lage wären, bräuchten Sie auch niemanden, der Ihnen sagt, wie Sie es besser machen können. Es ist sehr wichtig, daß Sie das, was in Ihnen vorgeht, einem liebevollen und geduldigen Menschen erzählen können, ohne Angst vor Kritik zu haben. Für diese Rolle ist niemand besser geeignet als Ihr Partner. Das baut Wut und Spannung ab, sorgt dafür, daß Sie weniger frustriert und durcheinander sind, und läßt eine liebevolle Beziehung entstehen.

Ein Mann sagte mir: »Aber wenn ich nach Hause komme, bin ich kaputt. Ich arbeite den ganzen Tag und will diese Probleme nicht hören.« Er hat Angst, daß er sie in Ordnung bringen muß, wenn er sie hört. Doch in Wirklichkeit braucht er nur zuzuhören und seine Frau zu bestätigen. Das Zuhören allein bringt letzten Endes mehr in Ordnung als alles, was sie seiner Meinung nach tun »müßte« oder hätte tun »sollen«.

Sobald man Gefühle und Gedanken verbalisiert, kommt Ordnung in das innere Chaos. Versucht man, etwas in Worte zu fassen, entdeckt man oft einen neuen Blickwinkel und bekommt eine andere Einstellung dazu. Für ein Problem kann durch die neue Sichtweise eine Lösung gefunden werden, die man in sich selbst entdeckt. Ich habe schon oft erlebt, daß jemand in meine Praxis kommt, und während er noch sein Problem erklärt (wobei ich aufmerksam zuhöre und ein paar Fragen stelle), findet er eine ausgezeichnete Lösung. Er sagt dann: »Vielen Dank, daß Sie mein Problem gelöst haben. Sie haben so viel für mich getan.« In Wirklichkeit habe ich nur seine Gefühle bestätigt und ein paar Fragen gestellt.

Eine Freundin von uns hatte einmal einen schrecklich hektischen Tag, den sie so bald nicht vergessen wird. Sie hat eine eigene Firma und war total im Streß, weil sie versuchte, an einem Tag zu erledigen, was eigentlich mehrere Tage Arbeit erfordert hätte. Anschließend wollten sie und ihr Mann eine Woche in Urlaub fahren. Er war mit seiner eigenen Arbeit beschäftigt und konnte ihr nicht helfen. Unter anderem mußte sie bis fünfzehn Uhr bei der Bank eine Steuerzahlung erledigt haben. Ihre Buchhalterin hatte ihr nicht erklärt, wie kompliziert das war, und deshalb dachte sie, sie könnte das Ganze in fünf Minuten an der Kasse erledigen. Nachdem sie es gerade noch rechtzeitig zur Bank geschafft hatte, entdeckte sie, daß sie an einem speziellen Schalter ein ganz neues Konto eröffnen mußte. Nach ziemlich viel Frust hatte sie die Zahlung eine halbe Stunde nach Fristablauf erledigt. Als sie nach Hause kam, war sie körperlich und seelisch völlig fertig.

Als sie ihrem Mann von ihrem ätzenden Tag erzählte, sagte der: »Du hättest wissen müssen, daß du dafür ein neues Konto eröffnen mußt. Jeder weiß es.« Seine Antwort versetzte sie in Rage. – Beide hatten vor ein paar Monaten eins unserer Seminare besucht und dort das Bestätigen kennengelernt. Sie erzählte: »Ich hatte das Gefühl, als müßte ich ihn erwürgen! Aber ich habs nicht getan. Statt dessen sagte ich: ›Warum kannst du mir nicht einfach sagen, daß meine Gefühle in Ordnung sind und daß es dir leid tut, daß ich so einen schlimmen Tag hatte, anstatt mir das Gefühl zu vermitteln, ich sei ein Idiot, weil ich es nicht wußte?‹ Daraufhin sagte er zu mir: ›Ach, *so* funktioniert das Bestätigen. Jetzt hab ich's kapiert.‹« Sie sagte später: »Ich glaube, das war für uns ein großer Durchbruch.«

Mit Enttäuschung umgehen

Enttäuschungen gehen im allgemeinen auf irgendeinen Verlust zurück, zum Beispiel auf den Verlust des Arbeitsplatzes, einer Freundschaft, eines wertvollen Besitztums etc. Egal wie groß oder klein die Enttäuschung ist – es deprimiert uns, etwas Erwünschtes nicht zu bekommen oder etwas, das wir schätzen, verloren zu haben. Wenn wir dieses Gefühl haben und äußern dürfen, trägt dies dazu bei, den Verlust zu verarbeiten, wie die folgende, von einer Schriftstellerin berichtete Erfahrung zeigt.

»Ich rechnete mit einem Super-Auftrag. Ich erzählte meinem Mann alles darüber, und wieviel er mir bedeutete. Er hoffte mit mir, während ich ängstlich auf die Bestätigung wartete. Der Anruf kam, und zu meiner großen Enttäuschung wurde der Auftrag an jemand anders gegeben. Ich konnte die Tränen nicht zurückhalten und weinte, als mein Mann nach Hause kam. Er sagte: ›Was ist los?‹ Als ich es ihm erzählt hatte, sagte er: ›Oh nein! Dann umarmte er mich und hielt mich fest. Wir setzten uns aufs Sofa, und er ließ mich einfach weinen und mir meine Enttäuschung von der Seele reden.

Ich bin froh, daß mein Mann nicht sagte: ›Nimm's nicht so schwer, Schatz. Du bist eine gute Schriftstellerin, und ich bin sicher, daß du noch viele andere gute Gelegenheiten kriegst.‹ Statt dessen hielt er mich einfach fest, während ich weinte und über die verlorene Chance sprach. Nach ein paar Minuten beruhigte ich mich, sah ihn an und sagte: ›Es geht schon wieder. Ganz bestimmt bekomme ich noch andere Chancen.‹ Daraufhin meinte er überschwenglich: ›Ganz bestimmt. Du bist nämlich eine verdammt gute Schriftstellerin.‹ Ich war zwar immer noch enttäuscht, fühlte mich aber nicht mehr annähernd so deprimiert. Ich hatte das Gefühl, bereit zu sein für etwas Neues.«

Positive Äußerungen helfen erst dann, wenn Ihr Partner bereits selbst etwas Positives gesagt hat.

Ihr Mann begleitete sie durch ihre Gefühle hindurch und versuchte nicht, sie zu ändern. Weil er sie bestätigte, kam sie aus eigener Kraft aus dem Tief heraus. Dann bestätigte er ihre positive Äußerung mit einem passenden positiven Satz. Solche positiven Äußerungen helfen erst dann, wenn Ihr Partner bereits selbst etwas Positives gesagt hat. Dann wird er darin nämlich bestätigt. Denken Sie daran: Bestätigen bedeutet, den anderen durch seine Gefühle hindurchzubegleiten.

Folgendes Erlebnis wurde in einer Fernsehtalkshow von einer Frau berichtet, deren Freundin gestorben war. Sie vermißte sie schrecklich. Sie sagte, als sie von ihrem Tod erfahren hätte, hätte sie sich ins Bett gelegt und die ganze Nacht geweint. Sie litt so, daß sie überhaupt nicht mehr aufhören konnte. Irgendwann sagte ihr Mann: »Du mußt aufhören zu weinen. Das Leben geht weiter. Du mußt darüber hinwegkommen und dich um dein eigenes Leben kümmern.« Die Frau sagte zum Talkmaster: »Wo sind da Zuneigung und Fürsorglichkeit?«

Was brauchte diese Frau? Hier wären eine liebevolle Umarmung und eine einfache bestätigende Äußerung am Platz gewesen, zum Beispiel: »Es tut mir so leid, daß das passiert ist. Ich weiß, wieviel sie dir bedeutet hat.« Der Mann hätte ihr dann zuhören können, wenn sie über ihre Freundin sprach. Die Erinnerung an die vier Regeln des Bestätigens – *zuhören, zuhören, zuhören* und versuchen zu *verstehen* – kann uns durch alle schwierigen Situationen hindurchhelfen.

Vor dem Abflug zu einer Reise sah meine Frau sich eines Abends im Geschenkladen des Flughafens um und hörte zufällig die Unterhaltung eines Paars Anfang Sechzig mit, in der es darum ging, daß er seine Sonnenbrille vergessen hatte. Als meine Frau auf das Gespräch aufmerksam wurde, sagte die Frau gerade zu ihrem Mann: »So was Blödes. Jetzt mußt du dir eine neue Sonnenbrille kaufen.« Er, schon in der Defensive, erwiderte: »Ich wollte sie nicht liegen lassen«, und sie gab ungehalten zurück: »Ich weiß nicht, wie dir das passieren konnte. Sie lag doch deutlich sichtbar auf dem Tisch.« Er sagte nichts. Dann sagte sie: »Ohne Sonnenbrille kannst du nicht fliegen.« Und mit einem mißbilligenden Seufzer fügte sie hinzu: »Wir müssen eben eine neue Sonnenbrille kaufen.« Ohne ein weiteres Wort suchte er eine neue Sonnenbrille aus, bezahlte sie, und sie verließen den Laden. Sie waren beide so geladen, daß es mich nicht gewundert hätte, wenn sie Funken gesprüht hätten.

Wenn Sie Ihren Partner demütigen, ist nichts gewonnen — aber sehr viel Liebe geht verloren.

Wie einfach und anders wäre die ganze Situation gewesen, wenn die Frau die Gefühle ihres Mannes bestätigt und etwas Freundliches gesagt hätte, zum Beispiel: »Es tut mir leid, daß du deine Sonnenbrille vergessen hast. Was willst du jetzt machen?« Ein solcher bestätigender Kommentar zeigt Liebe und Respekt. Dann kann er in angenehmer Atmosphäre seine Entscheidung treffen, und die Reise wird nicht durch tiefsitzende Wut ruiniert. Nichts ist gewonnen, wenn Sie Ihren Partner demütigen. Aber sehr viel Liebe geht verloren.

Hören Sie auf, sich zu verteidigen

Manchmal verletzen wir unseren Partner durch unser Verhalten oder durch Äußerungen. Wenn er uns dann sagt, daß er sich verletzt oder unglücklich fühlt, glauben wir, wir müßten uns verteidigen. Doch sobald wir anfangen, uns zu verteidigen, steht ein Streit im Raum. Ein gutes Beispiel dafür ereignete sich während einer Therapiesitzung in meiner Praxis: Die Frau sagte: »Nie denkt er an meinen Geburtstag oder an unseren Hochzeitstag. Er denkt noch nicht mal an Weihnachten.« Der Mann rechtfertigte sich mit den Worten: »Ich hab nie genug Geld, um Geschenke zu kaufen.« Sie sagte: »Ich brauche keine Geschenke. Ich will nur, daß daran gedacht wird.«

Ich schlug vor, sie sollten an dieser Stelle aufhören und, anstatt die eigene Position zu verteidigen, den anderen ein bißchen bestätigen. Ich gab ihnen ein paar bestätigende Formulierungen zum Ausprobieren und ließ sie wieder von vorn anfangen. Nachdem die Frau noch einmal gesagt hatte, wie sehr es sie deprimierte, daß er an bestimmten Tagen nicht an sie dachte, antwortete er mit ein bißchen Unterstützung meinerseits freundlich: »Ich verstehe, daß du enttäuscht bist, und es tut mir wirklich leid. Es war mir nicht klar, wie wichtig das für dich ist.« Als er dann seinen Grund, nämlich den Geldmangel, erklärte, bestätigte sie ihn mit den Worten: »Ich weiß, daß es schwierig ist, wenn du etwas kaufen willst und nicht genug Geld da ist. Ich wußte nicht, daß du mir etwas kaufen wolltest.« Von da an sprachen sie über das Bedürfnis der Frau, nicht vergessen zu werden, und darüber, wie er dieses Bedürfnis bei speziellen Anlässen durch Karten oder andere kleine Aufmerksamkeiten erfüllen konnte. *Das Bestätigen öffnet immer die Tür zur Kommunikation; fehlende Bestätigung verschließt sie.*

Ein anderes Beispiel ist die Frau, die am Tisch sitzt, die Rechnungen sortiert und zu ihrem Mann sagt: »Wir haben einfach nicht genug Geld, um all diese Rechnungen zu bezahlen.« Wahrscheinlich blafft er dann zurück: »Ich arbeite mich kaputt, um genug Geld nach Hause zu bringen! Was erwartest du von mir?« Und meist versetzt sie wütend: »Also hör mal, was regst du dich über mich auf. Ich arbeite mich auch fast tot, und ich sehe nicht, daß *du* hier sitzt und versuchst, das alles irgendwie zu regeln.« Und schon tobt die Schlacht.

Sie bringen Ihrem Partner das Bestätigen bei,
indem Sie selbst es so oft wie möglich anwenden.

Was meinen Sie, wie die Unterhaltung verlaufen würde, wenn der Mann den ersten Satz der Frau – in dem sie ihren Frust geäußert hatte – bestätigt und zum Beispiel gesagt hätte: »Das ist sicher schwierig, Schatz. Ich finde es wirklich toll, wie sehr du dich bemühst, mit dem Geld zu jonglieren. Ich frage mich, ob es noch eine andere Möglichkeit gibt.« Dann hätten sie in einer Stimmung respektvoller Kooperation ein paar Möglichkeiten überlegen können. Wenn er ihrer Enttäuschung beipflichtet, anstatt seine Position zu verteidigen, gibt es keine bösen Gefühle und keinen Streit. Dasselbe Ergebnis käme zustande, wenn die Frau den Ärger des Mannes ignorieren und ihm beipflichten würde, anstatt ihre Position zu verteidigen. An dieser Stelle könnte die Reiberei durch eine bestätigende Äußerung entschärft werden, zum Beispiel: »Ja, du arbeitest wirklich hart, und ich schätze durchaus, was du alles tust. Vielleicht können wir zusammen herausfinden, was wir noch machen können.« Das einzige, was noch schlimmer ist, als nicht genug Geld zu haben, ist ein Streit darüber, daß nicht genug Geld da ist.

Wenn wir die Grundsätze des Bestätigens kennen, ärgern wir uns manchmal über unseren Partner, weil er sie nicht anwendet. Wir denken, es sei seine Aufgabe. Doch denken Sie daran, daß Sie das, was jemand anders sagt, nicht in der Hand haben. Sie haben aber sehr wohl das in der Hand, was *Sie* sagen. Es ist faszinierend zu beobachten, was passieren kann, wenn Sie irgendwann in der Unterhaltung anfangen, die Gefühle Ihres Partners zu bestätigen. Ein Streit hört sofort auf, und Sie können anfangen, effiziente Lösungen zu suchen. Sie bringen Ihrem Partner das Bestätigen bei, indem Sie selbst es so oft wie möglich anwenden.

Die zweite Chance

Die meisten Fertigkeiten müssen immer wieder geübt werden, damit man in ihnen zum Meister wird, und das Bestätigen bildet da keine Ausnahme. Wir alle machen im Verlauf des Lernprozesses Fehler, und es ist wichtig, sich daran zu erinnern, daß wir es noch einmal versuchen können. Eine junge Ehefrau erzählte, wie sie es im zweiten Anlauf besser machte:

»Mein Mann rief mich von der Arbeit aus an und beklagte sich darüber, daß seine Chefin ihn ungerecht behandelt hätte. Ich bekam sofort Panik und sah ein leeres Konto vor mir, also sagte ich: ›Unternimm nichts, denn vielleicht verlierst du deinen Job, und was machen wir dann?‹ Das beendete die Unterhaltung, und er verabschiedete sich. Als ich über die Sache nachdachte und überlegte, wie ich seiner Enttäuschung hätte beipflichten können, beschloß ich, ihn zurückzurufen und es noch mal zu versuchen.

Selbst wenn Sie Ihren Partner zunächst nicht bestätigt haben, können Sie einen zweiten Anlauf nehmen.

Als ich ihn wieder am Telefon hatte, sagte ich: ›Ich habe über dein Problem mit deiner Chefin nachgedacht und mir überlegt, daß es sehr frustrierend sein muß, jeden Abend dort mit ihr zu arbeiten. Es ist sicher nicht einfach, und ich möchte dir für die ganze Plackerei danken.‹ Dann hörte ich einfach zu. Ich konnte kaum glauben, wie schnell er reagierte. Er erzählte mir, daß er es schön fände, daß ich ihn zurückgerufen hatte, und daß er seiner Chefin schon eine Aktennotiz geschrieben hätte, um sich zu verteidigen. Als er mir das erzählte, dachte ich bei mir: ›Oh, nein. Das hätte er nicht machen sollen‹, aber ich sprach diesen Gedanken nicht aus. Statt dessen sagte ich ihm, daß er sicher am besten wüßte, was zu tun sei, und wenn das nicht klappen würde, könnte er immer noch etwas anderes ausprobieren. Und dann passierte das Beste von allem – er sagte mir, was für eine tolle Frau ich sei, und wie sehr er meine Unterstützung schätzte. Danach lief es nicht nur bei der Arbeit besser, sondern auch bei uns zu Hause.«

Denken Sie daran: Selbst wenn Sie Ihren Partner zunächst nicht bestätigt haben, können Sie einen zweiten Anlauf nehmen. Ihr Partner wird zu schätzen wissen, daß Sie sich so um ihn bemühen und ihn verstehen, und Sie nur noch mehr respektieren und lieben.

Eine andere junge Frau war enttäuscht über ihren Mann, der am College studierte. Er mußte einen Fernkurs zu Ende bringen, den er für seinen Abschluß brauchte, doch er zögerte dies immer wieder hinaus. Sie erzählte: »Ich hab mich furchtbar darüber aufgeregt, daß er es so hinausschob. Er sagte immer: ›Ich kann den Termin nicht einhalten. Ich bin so mit meinen anderen Seminaren beschäftigt, daß ich einfach keine Zeit dafür habe. Wahrscheinlich kann ich den Abschluß erst im nächsten Semester machen.‹« Die Frau war wegen dieses Kommentars ziemlich verärgert, denn sie hatten ihre ganzen Finanzen aufgebraucht, und es würde sie fünfhundert Dollar kosten, wenn er den Fernkurs noch einmal machen würde. Sie war wütend auf ihn und sagte: »Wenn du den Kurs vor diesem Seminar gemacht hättest, wie du eigentlich vorhattest, wärst du jetzt nicht so in der Bredouille.«

Er war so empört darüber, daß sie nicht verstand, unter welchem Druck er stand, daß er hinausging und die Tür zuknallte. Sie sagte: »Mir wurde klar, daß ich alles falsch gemacht hatte, und ich überlegte mir, daß ich ihn bestätigen müßte.« Als er zurückkam, sagte sie ihm: »Schatz, es tut mir leid. Ich weiß, daß du dich wirklich reinhängst, und es ist schwer, alles unter einen Hut zu bekommen. Kann ich irgend etwas tun, das dir hilft, den Abschluß rechtzeitig zu machen?« Er schätzte ihr Verständnis, und sie arbeiteten einen Plan aus, der es ermöglichte. Sie sagte: »Immer wenn ich seine Gefühle bestätige und versuche, seine Sichtweise zu verstehen, läuft alles sehr viel besser.«

Dies ist ein weiteres gutes Beispiel dafür, daß Sie einen zweiten Anlauf nehmen können, wenn Sie das Bestätigen zunächst vergessen haben. Es ist nie zu spät.

Frauen reden anders, Männer auch

Müssen Frauen anders bestätigt werden als Männer? Wichtig ist zunächst, daß man seinen Partner bestätigt. Die Art und Weise hängt von der individuellen Persönlichkeit ab; inwieweit das Geschlecht eine Rolle spielt, ergibt sich aus dem geschlechtsspezifischen Umgang mit Gefühlen und Sprache. Frauen können in der Regel ihre Gefühle sehr viel leichter verbalisieren als Männer. Diese Fähigkeit ist ein Vorteil, der zum Nachteil werden kann, wenn sie nicht aufpaßt. Zum Beispiel rasen die Gedanken einer Frau oft den Worten ihres Mannes voraus. Es kann sogar sein, daß sie seine Sätze beendet und damit ziemlich richtig liegt. Aber er wird sich dadurch abgewertet fühlen, denn sie hat ihm nicht erlaubt, seinen Gedanken zu Ende zu äußern.

Es ist ganz wichtig, daß eine Frau einen Mann dadurch bestätigt, daß sie ihn seine Gedanken *in seinem Tempo und ohne Unterbrechung* äußern läßt. Wenn sie ihn unterbricht, verhindert sie genau das, was sie eigentlich will – eine echte Kommunikation. Ihre ständigen Unterbrechungen können ihn auf die Palme bringen, auch wenn er es im Moment nach außen hin nicht zeigt. Statt dessen kann sich die verdrängte Wut später in Geschwüren oder Süchten äußern.

Umgekehrt ist eine Frau extrem frustriert, wenn ihr von ihrem Mann nicht erlaubt wird, ihre Gefühle bis zum Ende zu äußern. Manchmal unterbrechen Männer sie mit einem Kommentar wie: »Jetzt hör aber mal auf, so schlimm ist es doch gar nicht.« Sie muß das Gefühl haben dürfen, daß es so schlimm *ist*. Erst dann kann sie so tief in ihre Gefühle hineingehen, wie es notwendig ist, und anschließend aus eigener Kraft zu einer positiven Einstellung kommen.

Eine Frau sollte sich klarmachen, daß sie ihrem Mann Zeit geben muß, um Dinge zu durchdenken. Ein kurzes Schweigen kann darum ein wertvoller Teil der Unterhaltung sein. Dr. John Gray weist in seinem Buch »Männer sind anders. Frauen auch.« darauf hin, wie unterschiedlich Männer und Frauen Informationen verarbeiten: »Frauen denken laut nach, teilen ihren inneren Entscheidungsprozeß dem interessierten Zuhörer mit.« Männer hingegen versuchen »allein für sich im stillen... die zutreffendste oder nützlichste Reaktion herauszufinden«. Wenn Sie einem Mann nicht die Zeit geben, Informationen zu verarbeiten, platzt ihm wahrscheinlich irgendwann der Kragen. Machen Sie sich diese Unterschiede klar, dann erkennen Sie den Wert beider Gesprächsstile. Keiner ist besser als der andere; sie sind einfach verschieden. Dieses Wissen hilft Ihnen, verständnisvoller zuzuhören und Ihren Partner effizienter zu bestätigen.

Die Werte der Familie

In einer Partnerschaft ist es extrem hilfreich, wenn das Paar die für die Familie verbindlichen Werte offen bespricht. Je nach familiärer Herkunft bringen beide Partner andere erlernte Ansichten zu bestimmten Werten mit. Auch wenn beide die gleichen Eckwerte haben, betonen sie einen bestimmten Wert vielleicht unterschiedlich stark. Es ist wichtig, daß sie entscheiden, welche Werte in ihrer Partnerschaft und in ihrer Familie gelten sollen.

Ein junges Paar hatte damit Schwierigkeiten. Die Frau fand es destruktiv, sich sexuell freizügige oder gewalttätige Filme und Videos anzuschauen. Je mehr Predigten sie ihrem Mann darüber hielt, desto stärker fühlte er sich gedrängt, sich solche Filme anzusehen. Sie bemerkte auch, daß er danach ihr gegenüber respektloser war. Sie wußte, daß ihm von seinen Eltern beigebracht worden war, daß solche Videos nicht gut sind.

Nachdem sie das Bestätigen kennengelernt hatte, beschloß sie, es auszuprobieren. Als sie das nächste Mal in einem Videoshop waren und einen Film aussuchten, stürzte er sich auf die einschlägigen. Anstatt ihre übliche Predigt zu halten, folgte sie ihm und sagte nichts, als er ein paar in Frage kommende Filme aussuchte und das Cover las. Als er sagte: »Den da würde ich mir gerne ansehen«, antwortete sie: »Das verstehe ich. Es sieht interessant aus. Ich wünschte nur, sie würden nicht soviel Mist mit hineinpacken. Ohne das könnte es so ein guter Film sein.« Keine Predigt. Nur Bestätigung, ohne ihn oder sein Wertesystem anzugreifen. Er sagte: »Ja« und stellte das Video zurück. Sie gingen ohne Streit weiter, bis sie einen Film fanden, der etwas mehr dem entsprach, was ihnen beiden gefallen würde.

Viele Konflikte würden wegfallen, wenn ein Paar sich zusammensetzen und die in seiner Familie gültigen Werte festlegen würde.

Bestätigen bedeutet nie, daß Sie Ihr Wertesystem aufgeben. Es bedeutet, daß Sie versuchen, den Standpunkt des anderen zu verstehen, und gleichzeitig die Grenzen, die Sie gesetzt haben, beibehalten. Eine Partnerschaft wird friedvoll, wenn die Grenzen *freundlich, höflich, respektvoll* und *bestimmt* gesetzt werden. Wenn Sie *freundlich, höflich* und *respektvoll* weglassen, können Sie auch das *bestimmt* vergessen; auf drei Beinen kann ein Stuhl nicht stehen.

Viele Konflikte würden wegfallen, wenn ein Paar sich außerhalb der Hitze des Gefechts zusammensetzen und die in seiner Familie gültigen Werte festlegen würde. Zu diesen Werten könnten gehören: Ehrlichkeit untereinander und gegenüber anderen, das Ja zur Partnerschaft, Methoden der Kindererziehung, religiöse Aktivitäten, die Beziehung zu entfernteren Verwandten, der Grad des Engagements für die Arbeit, die Art von Filmen, die man sich ansieht, und andere Themen, die die Grenzen und Werte des Paares berühren.

Träume miteinander teilen

Es ist interessant zu beobachten, wie manche Partner miteinander umgehen, wenn sich einer etwas wünscht, das unerreichbar ist. Sehen wir uns zum Beispiel den Mann an, der ein eingefleischter Fußballfan ist. Seine Lieblingsmannschaft hat es bis zum Endspiel der Weltmeisterschaft geschafft, und er – wohlwissend, daß er sich bei der Arbeit nicht loseisen oder sich die Reise überhaupt leisten könnte – sagt zu seiner Frau: »Mensch, ich würde so gern zu dem Spiel fahren.« Sie befürchtet, daß er es als Zustimmung zur Reise auffassen könnte, wenn sie jetzt seine Gefühle bestätigt, und sagt: »Das können wir uns doch gar nicht leisten.« Sie vergißt, daß er das schon weiß. Überlegen Sie, wie er sich fühlen würde, wenn sie statt dessen sagen würde: »Das würde dir sicher Spaß machen. Ich wünschte, du könntest es.« Wahrscheinlich wird er dann sagen: »Es wäre wirklich toll, aber ich glaube, die müssen da ohne mich gewinnen.« Sie könnte auch auf sein Bedürfnis noch weiter eingehen und vorschlagen: »Willst du an dem Abend vielleicht ein paar Freunde einladen? Ich könnte eine Pizza machen, und ihr seht euch das Spiel gemeinsam an.« Was meinen Sie, welche Gefühle er für sie hätte, wenn sie so verständnisvoll wäre?

Was ist mit der Frau, die zu ihrem Mann sagt: »Ich hab eine wunderschöne Couch gesehen, die ganz toll in unser Wohnzimmer passen würde.« Ein solcher Kommentar jagt manchen Männern, die wissen, daß das Geld für einen solchen Kauf nicht da ist, einen panischen Schrecken ein, und sie erwidern: »Die alte Couch ist doch noch gut, und wir haben sowieso kein Geld für neue Möbel – warum suchst du überhaupt danach?« Überlegen Sie, welche Gefühle sie für ihn hätte, wenn er statt dessen antworten würde: »Es wäre wirklich schön, wenn wir eine neue Couch hätten, und irgendwann wird es soweit sein. Wie hat sie denn ausgesehen?« Sie könnte dann von der Couch schwärmen, bis sie schließlich selbst sagen würde: »Aber ich weiß, daß wir uns das jetzt nicht leisten können.« Er könnte dann vorschlagen, daß sie zusammen überlegen, ob sie nicht einen speziellen »Couchfonds« einrichten wollen, auf dem sie das Geld für einen so großen Kauf ansparen.

Es macht Spaß, die Träume des Partners mitzuträumen, auch wenn Sie beide wissen, daß sie sich derzeit nicht realisieren lassen. Aber irgendwann ist es vielleicht soweit, und bis dahin fühlt es sich einfach gut an, diese Gefühle zu bestätigen und sich gegenseitig seine Träume zu erzählen, auch wenn sie nie wahr werden. Sie brauchen nicht zu versuchen, dem anderen irgend etwas auszureden. Oft redet er es sich selbst aus, wenn er seine Gefühle mitteilen konnte.

Nehmen Sie sich Zeit füreinander

Durch die Hektik des modernen Lebens und die vielen Anforderungen an jeden kommt die partnerschaftliche Beziehung oft zu kurz. Damit die romantische Stimmung der ersten Verliebtheit lebendig und wichtig bleibt, müssen beide etwas tun. Einige von Ihnen werden jetzt einwenden: »Aber wo soll ich die Zeit dafür hernehmen? Meine Kinder (und/oder meine Arbeit) nehmen so viel Zeit in Anspruch, daß keine mehr übrig ist.« Ich habe von Leuten gehört, daß sie sich »entliebt« hätten. Ich glaube nicht, daß Leute sich entlieben, ich glaube, daß sie *vergessen*, ihren Partner zu lieben. Sie vergessen, wie wichtig es ist, Zeit füreinander einzuplanen, und driften auseinander. Sie vergessen, wie wichtig es ist, ihren Partner zur Nummer eins in ihrem Leben zu machen.

Der Rahmen für eine Zweisamkeit, bei der Sie sich
Ihre innersten Gefühle mitteilen, ergibt sich nicht
von selbst. Solche Zeiten müssen geplant und
arrangiert werden.

Wenn ein Partner sich nicht als Nummer eins fühlt, keimt ein Same, der sich zu großen Problemen – bis zur Scheidung – entwickeln kann. Oft fühlt der Partner sich einsam und vernachlässigt und sucht bei jemand anderem Verständnis. Heutzutage ist es schwierig, die Zeit zu finden, die man zum Aufbau einer soliden Partnerschaft braucht. Doch es lohnt sich! In einer neuen Beziehung werden Sie vor den gleichen Problemen stehen, also nehmen Sie sich genug Zeit für Ihren Partner und Ihre Beziehung. Leo Weidner hat dies in seinem Buch »Achieving the Balance« so ausgedrückt: »Viele Ehen enden damit, daß die Paare im Grunde verheiratete Singles sind, denn die funkensprühende Aufregung der ersten Tage ist jetzt kaum noch ein Glimmen. Beide Partner richten sich ihr eigenes Leben ein, bleiben aber verheiratet. Das muß nicht so sein, wenn beide sich aufrichtig bemühen, für den anderen Zeit zu haben, wenn sie sich fragen, wie sie ein besserer Partner sein können, und wenn sie zuhören.«

Der Rahmen für eine Zweisamkeit, bei der Sie sich Ihre innersten Gefühle mitteilen, ergibt sich nicht von selbst. Solche Zeiten müssen geplant und arrangiert werden. Weidner plädiert dafür, für das Tête-à-tête mit dem Partner einen festen Termin zu reservieren – einen Abend, auf den jeder Partner sich verlassen kann. Meine Frau und ich haben das jahrelang so gehalten und uns für den Freitagabend entschieden. Als die Kinder sehr klein waren, oder wenn das Geld knapp war, mußten wir nach kreativen Lösungen suchen, um das Zusammensein zu ermöglichen. Es gab Zeiten, in den wir nur kurze Zeit weggehen oder uns einen Babysitter, einen Restaurantbesuch oder einen Film überhaupt nicht leisten konnten. Wir gingen dann eine Stunde lang spazieren und unterhielten uns bei einem Glas Orangensaft. Das Wichtige für uns war, daß wir zusammen allein waren.

Als die Kinder größer waren, fuhren wir über Nacht in die nächste Großstadt, nahmen ein Zimmer im Hotel, aßen zusammen zu Abend und bummelten ohne Termindruck Hand in Hand durch die Straßen. Wir sprachen über unsere Gefühle, unsere Wünsche und Träume. Wir konnten dies, weil niemand, kein Telefon und kein Termin, uns störte. Es waren sehr romantische, innige Momente, die dafür gesorgt haben, daß unsere Liebe lebendig geblieben ist. Wir können diese Methode nur empfehlen. Ein solches Zusammensein ist eine ideale Gelegenheit, um dem anderen zuzuhören und ihn zu bestätigen. Wenn bei einer solchen »Flucht aus dem Alltag« nicht zugehört und bestätigt wird, ist die Erfahrung keineswegs so lohnend und erfüllend, wie sie sein könnte.

Spüren, was der andere braucht

Viele unserer Bedürfnisse bleiben unausgesprochen, weil wir nicht wissen, wie wir sie äußern sollen, auch wenn wir das Gefühl haben, daß wir dabei kein Risiko eingehen. Es kann auch sein, daß wir gar nicht genau wissen, was wir überhaupt brauchen. In diesen Fällen können wir dem anderen auch zärtliche, liebevolle Fürsorglichkeit bestätigen. Ein Beispiel aus meinem eigenen Leben veranschaulicht dies. Nach einer besonders schwierigen Therapiesitzung mit einem von Scheidung bedrohten Paar saß ich zu Hause in meinem Arbeitszimmer und grübelte über die Situation nach. Meine Frau kam herein, sah mich an und schien zu wissen, was ich brauchte. Sie sagte: »Na, wie wär's mit einer schönen Nacken- und Schultermassage?« Und noch bevor ich antwortete, fing sie damit an, denn sie weiß, wie sehr ich das genieße. Während sie massierte, begann ich, über meinen Frust zu reden. Sie sagte nicht viel, massierte einfach weiter und bestätigte mich mit Formulierungen wie: »Oh« und: »Hm, das scheint ja wirklich eine heikle Sache zu sein.« Es fühlte sich wunderbar an.

Sehe ich hingegen, daß meine Frau frustriert ist, weiß ich, daß sie einfach nur von mir im Arm gehalten werden will, und sie erzählt mir dann, was los ist. Es kann auch sein, daß ich die Ärmel hochkrempeln und bei irgend etwas im Haushalt helfen muß. Wenn ich auf dieses Bedürfnis reagiere, ist das Ergebnis immer positiv. In den ersten Jahren unserer Ehe waren wir nicht so sensibel für die Bedürfnisse des anderen. Wir wünschen heute, wir hätten dieses Prinzip schon vor Jahren verstanden, denn es hat unsere Ehe sehr viel glücklicher gemacht.

Der Professor einer nahegelegenen Universität genoß die Nähe, die diese Art des Bestätigens in seine Ehe einbrachte. Hier seine Geschichte:

»Vor ein paar Jahren bedrückte mich eines Abends ein wichtiger Arbeitsauftrag. Ich beschloß, nach dem Abendessen noch mal ins Büro zu fahren, was ich sowieso ziemlich regelmäßig tat. Als ich aufbrach, bemerkte ich, wie meine Frau alleine in der Küche stand und dabei war, riesige Mengen frischer Trauben zu Saft zu verarbeiten und in Flaschen zu füllen.

Auf halbem Weg zur Universität hatte ich plötzlich das Bedürfnis, wieder nach Hause zu fahren. Ich wendete, fuhr zurück, parkte und kam zur Überraschung meiner Frau wieder zur Haustür hereinspaziert. Sie sagte: ›Was ist los? Ist dir das

Benzin ausgegangen?‹ Ich erwiderte: ›Nein. Ich hab mir über-
legt, daß es für mich wichtiger ist, hier zu sein und dir mit dem
Traubensaft zu helfen.‹ Ich band eine Schürze um, fragte, was
ich tun könnte, und machte mich an die Arbeit. Nach ein paar
Minuten bemerkte ich, daß Tränen in ihren Augen standen. Wir
verbrachten einen denkwürdigen Abend, an dem wir Saft in
Flaschen füllten und Ideen austauschten, was wir in dieser
Form schon lange nicht mehr gemacht hatten.«

---

*Das größte Geschenk, das Sie Ihren Kindern
machen können, sind Eltern, die sich lieben.*

Wenn wir auf die Bedürfnisse unseres Partners eingehen, ihn
bestätigen und fragen, wie wir ihm helfen können, bringt dies
Zufriedenheit und Freude in unsere Partnerschaft. Wir dürfen
nicht glauben, daß wir *alle* Bedürfnisse unseres Partners kennen und ihm bei *allem* helfen können. Es ist wichtig, sich daran
zu erinnern, *daß wir nicht alles in Ordnung zu bringen brauchen.* Aber wir können unsere Liebe zeigen, indem wir zuhören, verstehen und unsere Hilfe anbieten. Auf diese Weise
ermöglichen wir unserem Partner, selbst die für ihn beste Lösung zu finden. Geschieht dies regelmäßig, wird Ihre Liebe
größer, und Sie erleben Erfüllung und Freude. Die Kinder werden Ihre Liebe zueinander bemerken, was ihnen ein größeres
Gefühl der Sicherheit gibt. Ich bin davon überzeugt, daß das
größte Geschenk, das Sie Ihren Kindern machen können, Eltern sind, die sich lieben.

Fangen Sie heute an

Der heutige Tag ist ideal dafür geeignet, damit anzufangen, Ihren Partner zu bestätigen. Fragen Sie ihn heute abend, wenn Sie mit ihm zusammen sind, wie es ihm an diesem Tag ergangen ist. Hören Sie dann einfach zu, und bestätigen Sie seine Kommentare. Freuen Sie sich mit ihm, wenn der Tag gut war, indem Sie zum Beispiel sagen: »Ich bin wirklich froh, daß das geklappt hat. Wie hast du dich dabei gefühlt?« Hören Sie dann zu, und lassen Sie ihn die Freude genießen, mit einem Menschen zu sprechen, der sich wirklich für ihn interessiert. Wenn der Tag frustrierend war, können Sie Ihren Partner fragen, was los war, und einfach zuhören, ohne zu versuchen, ihm seine Gefühle auszureden.

Wenn er sagt: »Ich möchte jetzt nicht darüber reden«, dann bestätigen Sie auch dieses Gefühl und drängen Sie ihn nicht. Manchmal möchten wir Unangenehmes eine Zeitlang vergessen. Wenn er das Gefühl hat, daß Sie ihn verstehen, bestehen gute Aussichten, daß er später auftaut und seine Gefühle mitteilt. Hören Sie dann einfach zu, bestätigen Sie ihn, und versuchen Sie unter keinen Umständen, seine Gedanken in eine andere Richtung zu lenken oder ihm eine Lösung anzubieten. Probieren Sie das heute abend aus, und warten Sie ab, was passiert. Wenn Sie ihn auch weiterhin bestätigen, wird er sich Ihnen öffnen, und eine sehr viel engere Beziehung wird sich entwickeln.

Eltern und Schwiegereltern bestätigen

Lassen Sie anderen ihre Gefühle

In vielen Familien gibt es zwischen den erwachsenen Kindern und ihren Eltern – und manchmal noch mehr ihren Schwiegereltern – jede Menge Konflikte. Die meisten von uns sind daran gewöhnt, sich zu verteidigen, und immer wieder wütend darüber, daß sie uns sagen, was wir machen sollen. So kommt es uns gar nicht in den Sinn, ihre Gefühle zu bestätigen. Wir denken, sie sollten uns bestätigen – schließlich sind *sie* die Eltern. Aber wenn sie nicht wissen, wie man andere bestätigt, können sie es auch nicht tun. Erinnern Sie sich, daß der einzige Mensch, den Sie steuern können, Sie selbst sind. Dann können Sie sich entspannt zurücklehnen und anfangen, sich zu ändern, indem Sie die Eltern bestätigen. Und was dann passiert, ist bemerkenswert.

Sehen Sie sich das folgende Beispiel an: Sie unterhalten sich mit Ihrer Mutter und erzählen ihr von einem tollen neuen Job, der aber voraussetzt, daß Sie in eine andere Stadt ziehen. Es gefällt ihr, daß Sie in derselben Stadt wohnen wie sie, und jetzt ist sie ganz aufgeregt, weil sie diese enge Verbindung verlieren soll. Sie sagt dann vielleicht: »O nein. Ich will nicht, daß du wegziehst.« Die übliche Antwort lautet: »Mutter, verstehst du nicht, was das für mich für eine Chance ist? Du solltest dich auch darüber freuen.« Es bringt nichts, wenn Sie ihr sagen, was sie fühlen »sollte«. Denken Sie daran, daß sie sich erst dann richtig für Sie freuen kann, wenn ihre Gefühle bestätigt wurden.

Sie kann sich erst dann richtig für Sie freuen,
wenn ihre Gefühle bestätigt wurden.

Also sagen Sie statt dessen: »Ich glaube, ich verstehe deine Gefühle, Mutter. Es war so schön, dich in der Nähe zu haben, und ich werde das auch richtig vermissen.« Fügen Sie an dieser Stelle kein »aber« hinzu, zum Beispiel: »...aber das ist eine große Chance für mich«. Sie muß diejenige sein, die das zu Ihnen sagt, und das wird sie wahrscheinlich auch, wenn Sie nicht versuchen, ihr ihre Gefühle auszureden. Denken Sie an die vier Regeln des Bestätigens: *Zuhören, zuhören, zuhören* und *verstehen.*

Wenn Sie ihr die Chance geben, ihre Gefühle zu äußern, kann sie so tief in sich hineingehen, wie es für sie notwendig ist. Lassen Sie ihr die nötige Zeit dafür, dann wird sie schließlich darüber hinwegkommen und verstehen, daß das für Sie eine wichtige Karrierechance ist. Wenn Sie dann darüber sprechen, wie aufgeregt Sie wegen Ihres beruflichen Weiterkommens sind, wird sie sich auch über Ihr Glück freuen können. Jetzt können Sie gemeinsam über Ihre neue Aufgabe reden und sogar Besuche und Anrufe planen. Dies vermittelt ihr, daß Sie in engem Kontakt zu ihr bleiben werden.

Ablenken funktioniert nicht

Das Bestätigen ihrer Gefühle befähigt auch Ihre Eltern dazu, anstehende Probleme selbst zu lösen. Eine Frau erinnerte sich an die folgende Erfahrung mit ihrer Mutter:

»Als ich als Teenager noch zu Hause wohnte, litt meine Mutter oft unter starken Kopfschmerzen. Manchmal bezweifelte ich, daß sie tatsächlich so schlimm waren, und sagte ihr: ›Mama, es ist doch gar nicht so schlimm. Steh einfach auf und tu etwas, dann fühlst du dich besser.‹ Wenn ich das sagte, legte sie sich regelmäßig hin, jammerte und tat, als ob ihre Kopfschmerzen gerade schlimmer geworden wären. Eines Tages probierte ich eine andere Methode aus und sagte: ›Es tut mir wirklich leid, daß das jeden Tag so ist. Das muß ziemlich schlimm für dich sein.‹ Zu meiner Überraschung antwortete sie: ›Ach, es ist nicht so schlimm. Sicher sind sie bald weg. Ich hab gerade ein Aspirin genommen.‹ Da wurde mir klar, daß sie nicht wollte, daß ich ihr ihre Kopfschmerzen ausredete oder sie beseitigte. Sie wollte nur, daß ich ihre Gefühle kannte und mich um sie kümmerte.«

Auch eine andere Frau, deren Mutter allmählich ihre Sehkraft verlor und sich darüber ständig beklagte, machte positive Erfahrungen mit dem Bestätigen.

»Im allgemeinen versuchte ich, ihre Haltung dadurch zu verändern, daß ich ihr eine ordentliche Dosis von meiner eigenen positiven Einstellung abgab. Ich sagte zum Beispiel: ›Aber Mama, denk doch mal an all das, was du *hast*. Du hörst noch gut, im Grunde bist du gesund, und es gibt so vieles, was du noch machen kannst.‹ Es half nicht. Sie beklagte sich nur noch mehr und sagte: ›Du verstehst einfach nicht, wie schwierig das ist.‹

Dann lernte ich das Bestätigen kennen. Als sie sich das nächste Mal über ihre schwindende Sehkraft beklagte, sagte ich: ›Das ist sicher schwierig, Mama.‹ Ich versetzte mich in ihre Lage und fuhr fort: ›Ich glaube, wenn ich immer weniger sehen könnte, wäre ich auch ziemlich fertig.‹ Und das wäre ich sicher auch gewesen. Da geschah das Wunder. Sie schaltete um und sagte: ›Na ja, es ist nicht ganz so schlimm. Ich kann immer noch ein bißchen sehen, und ich kann noch hören… und ich bin noch ziemlich gesund. Ich glaube, dafür bin ich dankbar.‹ Ich konnte kaum fassen, was ich da hörte. Das schien der richtige Zeitpunkt für eine positive Äußerung zu sein, und deshalb sagte ich: ›Ich glaube, du hast recht… Wir können für die guten Dinge dankbar sein.‹

Seit ich diese Methode anwende, beklagt sie sich weniger. Ich glaube, sie hat das vorher nur deshalb immer weiter gemacht, weil sie wollte, daß ich verstand, was sie durchmachte. Als das schließlich der Fall war, hatte sie nicht mehr das Bedürfnis, sich zu beklagen.«

Wenn das Bestätigen verwendet wird, nimmt das Bedürfnis, sich zu beklagen, meistens ab, oder es verschwindet sogar ganz.

Genau das bewirkt Bestätigung: Es erlaubt dem anderen, selbst eine gute Lösung und Einstellung zu finden. Auch hier sehen wir, daß das universelle Bedürfnis – zu wissen, *ich bin wertvoll, meine Gefühle sind wichtig, und irgend jemand interessiert sich wirklich für mich* – für jeden gilt. Solange wir diese Wahrheit nicht erkennen und ihr entsprechend handeln, beklagt ein Elternteil sich vielleicht immer wieder über irgend etwas, denn er hofft, daß wir irgendwann einmal seine Gefühle verstehen. Wird das Bestätigen verwendet, nimmt das Bedürfnis, sich zu beklagen, meistens ab, oder es verschwindet sogar ganz.

Diese Tatsache zeigt sich sehr anschaulich auch in der folgenden Geschichte, die von einer Frau stammt, die unser Seminar über das Bestätigen besucht hatte. Ihre Schwiegermutter und ihr Schwiegervater sind in den Achtzigern und leben selbständig in ihrem eigenen Haus. Der Schwiegervater ist fast blind, weshalb seine Frau vieles übernehmen muß, das früher von ihm erledigt worden war, auch wenn er immer noch ziemlich viel tut. Er ist sehr selbständig und kein Typ, der mit Lob oder Dank um sich wirft, oder seine Zuneigung zeigt. Seine Frau hatte ihn ihren Kindern und deren Partnern gegenüber jahrelang heftig kritisiert, wenn er nicht dabei war. Die Schwiegertochter erzählte folgendes:

»Eines Nachmittags fuhr ich bei meinen Schwiegereltern vorbei, um nach ihnen zu sehen. Vater war draußen und arbeitete im Garten, was er gerne macht, und Mutter hatte so eine Menge aufgestauter Klagen, daß sie es kaum erwarten konnte, sie auf mich loszulassen. Sie begann damit, daß sie sagte: ›Bitte setz dich her, und hör mir zu. Nie darf ich sagen, was in mir vorgeht.‹ Das war richtig. Sobald sie anfing, Vater verbal niederzumachen, verteidigten wir ihn mit aller Macht und sagten, wie schwer es sein müßte, blind zu werden, und dann sagten wir ihr, was sie tun ›müßte‹. Nachdem ich die vier Regeln des Bestätigens – *Zuhören, zuhören, zuhören* und *verstehen* – kennengelernt hatte, beschloß ich, sie auszuprobieren und ihr keinen Ratschlag zu geben, was ich vorher oft getan hatte.

Sie begann damit, daß sie sagte: ›Vater und ich können überhaupt nicht mehr miteinander reden. Er braucht meine Hilfe, weil er fast nichts mehr sehen kann, aber er ist so störrisch und unabhängig, daß er nicht zuläßt, daß ich ihm viel helfe… Und er zeigt mir überhaupt nicht, daß er mich mag. Ich benutzte eine bestätigende Formulierung und sagte: ›Hm. Das ist sicher schwierig.‹ Und das meinte ich auch so. Es ist schwierig. Sie äußerte dann Gefühle, die sie schon lange in sich aufgestaut hatte, und sagte Dinge wie: ›Du kannst dir nicht vorstellen, wie schwer es ist, Tag für Tag ohne Zuneigung auszukommen, ohne irgend jemanden, der mich umarmt, der bereit ist, mich helfen zu lassen, der ein Wort der Anerkennung hat für das, was ich tue.‹ Die Tränen begannen zu fließen. Ich begann, Mitleid mit ihr zu haben, was noch nie der Fall gewesen war, und sagte: ›Mutter, das ist schlimm. Es tut mir wirklich leid, daß das so ist.‹ Sie machte noch eine gute halbe Stunde oder länger so weiter, und ich blieb bei ihr, hörte einfach zu und ließ sie so tief in ihre Gefühle hineingehen, wie es notwendig war. Ich antwortete nur: ›Oh‹ oder ›Hmmm‹.

Dann passierte es. Sie sagte: ›Weißt du, es ist nicht alles Vaters Schuld. Ich muß daran denken, daß er blind ist, der Arme. Es muß schwer sein, blind zu sein.‹ Ich traute meinen Ohren nicht. Ich hatte noch nie gehört, daß sie so von ihm sprach. Ich sagte: ›Es ist sehr lieb, daß du das sagst.‹ Sie sah mich leicht entrüstet an und sagte: ›Also hör mal, wärst du nicht frustriert, wenn du blind würdest? Versetz dich mal in seine Lage.‹ Es war toll. Es war, als würde sie über alles herziehen, was ihr nicht gefallen hatte, und dann bekam sie die Kurve und verteidigte ihn. Unsere Unterhaltung endete damit, daß ich sagte: ›Das hört sich so an, als hättest du ihn wirklich lieb, Mutter.‹ Sie erwiderte: ›Das hab ich, und zwar für immer.‹ Ich sagte ihr, daß ich sie auch liebhatte, ging, und auf dem ganzen Nachhauseweg lächelte ich vor mich hin.«

Was ist mit einem Vater, der sich nach seiner Pensionierung nutzlos fühlt? Bei ihm funktioniert es genauso. Sie brauchen nicht zu versuchen, ihn davon zu überzeugen, daß der Ruhestand wunderbar und erfüllend sein kann. Sie brauchen nur seine Gefühle zu bestätigen, wenn er darüber spricht, wie einsam oder sogar wertlos er sich fühlt. Alles, was er braucht, ist die Gelegenheit, seine Gefühle zu äußern. *Sie brauchen nichts in Ordnung zu bringen.* Das Darüberreden versetzt ihn in die Lage, selbst einen Plan zu entwerfen. Der Versuch, seine Gedanken in eine andere Richtung zu lenken, kann seinen Fortschritt stoppen und dazu führen, daß er eher rückwärts als vorwärts schaut.

Wenn er Hilfe braucht, um auf neue Ideen für seinen Ruhestand zu kommen, können Sie ein paar Fragen stellen, zum Beispiel: »Was würdest du denn gerne machen, Papa, nachdem du jetzt pensioniert bist?« Wenn Sie eine Anregung haben, die er in Erwägung ziehen könnte, können Sie sagen: »Hast du schon einmal daran gedacht…« Wenn Sie ihm Ihre Anregung mitteilen, tun Sie möglicherweise gut daran, hinzuzufügen: »Ich weiß nicht, ob das was für dich ist, Papa. Du kannst es dir ja einfach mal überlegen.« Das nimmt den Druck weg und erlaubt ihm, darüber nachzudenken, ohne das Gefühl zu haben, daß Sie enttäuscht sind, wenn er es nicht macht. Denken Sie auch daran, ihm keine »Du solltest« oder »Du müßtest«-Ratschläge zu geben. Sie führen zu nichts.

Mit Liebe und Achtung Grenzen setzen

Häufig haben wir auch den Wunsch, unseren Eltern Grenzen zu setzen. Die Bedürfnisse anderer brauchen uns nie von unserer Bahn abzubringen, auch nicht die unserer eigenen Eltern. Bestätigen bedeutet, daß wir sie durch ihre Gefühle hindurchbegleiten, wenn sie sie äußern, aber nicht, daß wir uns von ihnen manipulieren lassen. Wir können die Gefühle unserer Eltern bestätigen und trotzdem bei den von uns gesetzten Grenzen bleiben. Nehmen wir zum Beispiel an, Ihre Mutter sei Vegetarierin geworden und genieße diesen neuen Lebensstil. Voll Enthusiasmus will sie jeden zu ihrer Denkweise bekehren – insbesondere Sie. Infolgedessen kritisiert sie ständig Ihre Eßgewohnheiten und versucht, Ihnen einzureden, daß Sie statt Fleisch zu essen auch gleich über ein Minenfeld spazieren könnten.

Wir können die Gefühle unserer Eltern bestätigen und trotzdem bei den von uns gesetzten Grenzen bleiben.

Da Sie gelegentlich ein Steak durchaus genießen und daran nichts Falsches sehen, ist das ständige Predigen Ihrer Mutter Ihnen eher lästig. Um es zumindest in Ihrer Gegenwart abzustellen, können Sie versuchen, die Gefühle Ihrer Mutter mit einem Kommentar wie dem folgenden zu bestätigen: »Ich freue mich, daß der neue Lebensstil, den du gewählt hast, dir gefällt, Mama, und ich glaube, daß er toll für dich ist. Ich möchte, daß du weißt, daß ich dich mag und deine Anteilnahme schätze.« Setzen Sie dann Ihre Grenze: »Aber ich habe andere Eßgewohnheiten. Bitte kritisier sie nicht mehr. Es ist meine Entscheidung, was ich esse ... und danke für deine Sorge.« Wechseln Sie dann das Thema und behandeln Sie sie anschließend ganz normal. Sie werden diesen Vorgang vielleicht ein paarmal wiederholen müssen, bis sie verstanden hat, daß Sie es wirklich ernst meinen. Es kann sogar sein, daß Sie das »Bitte« weglassen müssen, aber sprechen Sie immer ruhig und respektvoll mit ihr.

Auch vor der folgenden Situation stehen erwachsene Kinder oft: Ihr Vater kritisiert, wie Sie Ihr Geld ausgeben. Er meint, Sie müßten sparsamer sein, und erzählt Ihnen, wie wichtig es ist, Geld auf die hohe Kante zu legen. Jedesmal, wenn Sie ein neues Möbelstück, ein neues Auto oder etwas anderes Teures kaufen, erzählt er Ihnen, wie dumm das ist. Er hält Ihnen dann einen großartigen Vortrag über die Tugend der Sparsamkeit und ergeht sich in Geschichten darüber, wie sorgsam er sein Geld jahrelang gehütet hat. Sie haben die Geschichten alle schon gehört und wollen sie nicht immer wieder hören. Eigentlich wollen Sie grundsätzlich nicht, daß Ihr Vater sich mit Ihren Finanzen beschäftigt. Wenn Sie ihn um Geld bitten, ist das etwas anderes, aber hier nehmen wir an, daß das nicht der Fall war. Was können Sie tun?

Versuchen Sie, ihn zu bestätigen, indem Sie sagen: »Paps, ich verstehe, daß du besorgt bist. Danke für deine Anregungen.« Sie haben jetzt die Wahl, ob Sie das, was er gesagt hat, in Erwägung ziehen und gegebenenfalls auch anwenden wollen, oder ob Sie überhaupt keine Einmischung mehr wünschen. In diesem letzteren Fall können Sie Ihre Grenze setzen, indem Sie freundlich sagen: »Paps, bitte sag mir nicht mehr, was ich mit meinem Geld machen soll. Kann sein, daß ich nicht alles richtig mache, aber ich kümmere mich selbst um meine Finanzen. Kritisier nicht mehr, wie ich mein Geld ausgebe.« Behandeln Sie ihn anschließend ganz normal.

Eine junge Mutter wußte nicht, wie sie sich ihrer Schwiegermutter gegenüber verhalten sollte. Ihr erstes Baby war zwei Monate alt, und die Schwiegermutter gab ihr ständig Ratschläge, wie sie sich um das Baby kümmern sollte. Die junge Mutter wußte und konnte einiges, und obwohl sie Anregungen schätzte, ärgerte sie sich darüber, daß die Schwiegermutter sie so drängte.

*Nur wenn wir die Beherrschung verlieren
und vergessen, freundlich, höflich und respektvoll
zu sein, wird die Beziehung angespannt
oder reißt sogar ganz ab.*

Wenn sie zum Beispiel das Baby zu einer Veranstaltung mitnehmen wollte, sagte die Schwiegermutter: »Da kannst du den Kleinen doch nicht mit hinnehmen. Er könnte krank werden. Du mußt ihn bei mir lassen.« Die junge Mutter war sich sicher, daß es dem Baby gutgehen würde, aber sie wußte nicht, wie sie mit der Situation umgehen sollte; außerdem fühlte sie sich durch die Schwiegermutter irgendwie eingeschüchtert. Als sie ihre eigene Mutter, die das Prinzip des Bestätigens und des Grenzensetzens kannte, um eine Anregung bat, schlug diese vor, sie solle die Gefühle und Sorgen der Schwiegermutter bestätigen: »Ich schätze und verstehe es, daß du dir wegen dem kleinen Jacob Sorgen machst.« Danach sollte sie freundlich feststellen: »Und (nicht »aber«!) ich würde ihn nie irgendeinem Risiko aussetzen. Wir nehmen ihn mit, und es wird ihm gutgehen.«

Denken Sie daran, daß Grenzen gesetzt werden, indem Sie *freundlich, höflich, respektvoll* und *bestimmt* sind. Sie können jede Grenze setzen und trotzdem eine gute Beziehung zu Ihren Eltern behalten, wenn Sie ruhig bleiben und die hier vorgestellten Richtlinien anwenden. Nur wenn wir die Beherrschung verlieren und vergessen, *freundlich, höflich* und *respektvoll* zu sein, wird die Beziehung angespannt oder reißt sogar ganz ab. Wenn wir andererseits *nur freundlich, höflich* und *respektvoll,* aber *nicht bestimmt* sind, setzt das Problem sich möglicherweise endlos fort, was ebenfalls zu einer angespannten oder abgebrochenen Beziehung zwischen Eltern und erwachsenen Kindern führen kann.

Dies zeigte sich sehr anschaulich im Leben einer Klientin von mir. Sie war verheiratet und wohnte in der Nähe ihrer Eltern. Die Mutter war sehr bestimmend. Für sie waren nur die Blutsverwandten wichtig, die Partner ihrer Kinder behandelte sie eher wie Verbrecher. Den Mann meiner Klientin zum Beispiel beschimpfte sie ständig mit Kommentaren wie: »Er ist faul. Er kriegt noch nicht mal einen anständigen Job.« Allmählich übernahm die Tochter diese negative Einstellung, und sie begann, ihren Mann genauso zu behandeln, wie ihre Mutter es tat. Seine Trauer darüber verwandelte sich in Wut, so daß er des öfteren die Beherrschung verlor und sie und die Kinder verbal und manchmal auch körperlich mißhandelte.

Aufgrund finanzieller Schwierigkeiten nahm er einen neuen Job an, und sie zogen in einen anderen Bundesstaat. Bei jedem Telefongespräch gingen die verbalen Angriffe der Mutter gegen den Mann der Tochter weiter. Der Tochter wurde allmählich klar, was dies bei ihr bewirkte, und sie beschloß, zu mir in Therapie zu kommen. Nach einiger Zeit hatte sie so viel Selbstachtung gewonnen, daß sie ihrer Mutter Grenzen setzen konnte. Als die Mutter das nächste Mal anrief und mit ihren verbalen Attacken auf den Schwiegersohn anfing, sagte die Tochter bestimmt und freundlich: »Sprich nicht mehr so über meinen Mann.«

---

*Sie behandelt ihre Mutter ganz normal, erlaubt
ihr aber nicht, irgendwelche abfälligen
Bemerkungen über ihren Mann zu machen.*

Sie behandelt ihre Mutter ganz normal, erlaubt ihr aber nicht, irgendwelche abfälligen Bemerkungen über ihren Mann zu machen. Sie selbst spricht jetzt freundlich und respektvoll von und mit ihrem Mann, und ihre Beziehung hat sich beträchtlich verbessert. Interessanterweise wird auch die Beziehung zu ihrer Mutter allmählich besser.

Manche Eltern leben ihr Leben durch ihre Kinder, indem sie ihnen auch dann noch Vorschriften machen, wenn die Kinder längst erwachsen und verheiratet sind. Die Kontrolle dauert jedoch nur so lange, wie Sie sie zulassen. Um eine gute Beziehung zu Ihren Eltern auch dann zu behalten, wenn Sie ihnen Grenzen gesetzt haben, müssen Sie Ihre Eltern ansonsten ganz normal behandeln. Ziehen Sie sich nicht zurück, indem Sie aufhören, sie anzurufen, ihnen zu schreiben oder sie zu besuchen. Ein solches Verhalten wäre nicht freundlich, höflich und respektvoll. *Behandeln Sie sie normal.* Das ist mit dem Grenzensetzen durchaus vereinbar.

Der Umgang mit dem Tod

Wenn die Eltern älter und krank werden, fangen wir manchmal an, ihre ursprüngliche Rolle zu übernehmen und ihnen zu sagen, was sie machen sollen. Wir müssen aber daran denken, daß wir nicht ihre Eltern sind. Auch wenn sie ein paar kindähnliche Eigenschaften annehmen, sind und bleiben sie die Eltern und wir das Kind. Wegen dieser Position verdienen sie bis zum letzten Atemzug unseren Respekt. Was brauchen sie in diesen Jahren wirklich? Daß wir ihnen zuhören, ihre Gefühle bestätigen und hilfreiche Fragen stellen, die sie zu klugen Entscheidungen veranlassen. Das kann manchmal schwierig sein.

Als bei meiner Mutter Krebs im Endstadium diagnostiziert wurde und man ihr sagte, sie hätte nur noch ein paar Monate zu leben, beschloß sie, diese Zeit bei sich zu Hause zu verbringen, nicht zu ihren Kindern zu ziehen und auf keinen Fall in ein Pflegeheim zu gehen. Sie war unnachgiebig. Sie sagte: »Egal was am Ende passiert, tut was ihr müßt, aber steckt mich nicht in ein Krankenhaus, wo sie mein Leben künstlich verlängern. Versprecht mir das.« Wir versprachen es ihr. Da ich der einzige ihrer drei Söhne war, der in der Nähe wohnte, waren letztlich ich und meine Frau verantwortlich dafür, daß ihre Wünsche erfüllt wurden.

In den letzten qualvollen Monaten lernten wir auf ihre Bitte hin, ihr die schmerzstillenden Spritzen zu geben, die sie brauchte, um nicht ins Krankenhaus zu müssen. Unter Anleitung ihres Arztes, der sagte: »Machen Sie es ihr so angenehm wie möglich«, kümmerten wir uns um sie. Meine Frau und ich waren abwechselnd bei ihr. Dies mit unserer eigenen Familie unter einen Hut zu bringen, war nicht einfach. Ihre Nachbarn halfen in den späten Nachmittagsstunden, wenn unsere Kinder von der Schule nach Hause kamen und uns brauchten.

In dieser Zeit lernte ich, wie wichtig es war, die Gefühle meiner Mutter zu bestätigen und nicht zu versuchen, ihren Gedanken eine andere Richtung zu geben. Anfangs gelang mir das nicht immer, weil mir so daran lag, ihre Probleme zu lösen. Ich wollte alles für sie in Ordnung bringen, und ich wollte ihr ihre Schmerzen nehmen. Das war nicht möglich. Schließlich erkannte ich, daß sie und ich mit der Situation am besten klarkamen, wenn ich sie fragte, was *sie* wollte und wie ich ihr dabei helfen könnte. Wenn sie sagte: »Es tut so weh, mich umzudrehen«, lernte ich zu antworten: »Ach Mutter, es tut mir so leid, daß es dir weh tut. Wie kann ich dir helfen?« Sie war es, die die Antwort kannte, und sie hatte verschiedene Ideen, die wir ausprobierten. Manchmal gab ich eine Anregung, aber mehr nicht. Sie wußte besser als irgend jemand anders, was sie brauchte.

*Manchmal ist es schwierig, mit einem geliebten
Menschen über den Tod zu sprechen, aber meiner
Mutter war es ein Bedürfnis, darüber zu reden,
und wir mußten zuhören und ihr diese
Gelegenheit zugestehen.*

Manchmal ist es schwierig, mit einem geliebten Menschen über
den Tod zu sprechen, aber meiner Mutter war es ein Bedürfnis,
darüber zu reden, und wir mußten zuhören und ihr diese Gelegenheit zugestehen. Ich erinnere mich, daß sie sagte: »Ich
habe keine Angst vor dem Tod und was danach kommt, aber
ich habe Angst vor dem Vorgang des Sterbens und den Schmerzen, durch die ich wohl durch muß.« Wir konnten nur zuhören,
ihre Gefühle bestätigen und für sie da sein. Sie wollte ihre Beerdigung planen, und das schien ihr zu gefallen. Sie wollte auch
über ihre Lebenserfahrungen sprechen, über ihre Erinnerungen. Wir hörten zu und nahmen sogar einige dieser Unterhaltungen auf Kassette auf. Das waren immer ganz besondere Momente, die nicht nur ihr halfen, sondern auch uns. Sie fand es
tröstlich, über ihre Vorstellung vom Leben nach dem Tod zu
sprechen. Sie sprach darüber, wie sie sich freuen würde, geliebten Menschen wiederzubegegnen, die schon gestorben waren. Wir entdeckten, daß es enorm wichtig für sie war, daß wir
uns ihre Hoffnungen und Träume zu dem, was kommen würde,
anhörten und sie bestätigten.

Als ihr Zustand sich verschlechterte, mußten wir uns an das
Versprechen erinnern, das wir ihr gegeben hatten, und obwohl
wir oft versucht waren, es zu brechen, sagten wir nie: »Du
mußt ins Krankenhaus, dort hast du professionelle Pflege.« Sie
wollte in ihrer vertrauten Umgebung mit ihrer Familie und
ihren Freunden sein. Irgendwann jedoch wurde uns klar, daß

es so nicht weiterging. Unsere fünf Kinder brauchten uns zu Hause. Wir mußten Mutter eine Grenze setzen und sagen: »Es ist an der Zeit, daß du kommst und bei uns wohnst.«

Ich mußte die Bitten meiner Mutter achten und trotzdem Grenzen setzen, um selbst körperlich und seelisch gesund zu bleiben.

Sie bat uns, sie nicht zu uns nach Hause zu holen. Sie wollte da sterben, wo sie war, in ihren eigenen vier Wänden, und uns an ihrer Seite haben. Es war eine schwierige Entscheidung, aber wir wußten, daß es die einzige Möglichkeit war, ihr die Hilfe zu geben, die sie brauchte, und gleichzeitig selbst zu überleben. Wir holten sie zu uns. Ein paar Tage später begann sie, immer wieder ins Koma zu fallen. Wir riefen andere Familienmitglieder an und teilten ihnen mit, wie es um sie stand. Einer meiner Brüder konnte es einrichten, zu uns zu kommen und uns in dieser letzten Woche ihres Lebens zu helfen. Die Erfahrung mit meiner Mutter hat mich vieles gelehrt, auch die Notwendigkeit, elterliche Bitten zu achten und trotzdem Grenzen zu setzen, um selbst seelisch und körperlich gesund zu bleiben.

Wenn Sie schlecht behandelt werden

Was machen Sie, wenn Ihre Eltern Sie auf irgendeine Weise schlecht behandeln? Wir haben eine gute Freundin, deren Eltern nicht mehr alleine leben können und zu ihr und ihrem Mann gezogen sind. Ihr ganzes Leben lang ist diese Tochter von ihrer Mutter verbal mißhandelt worden. Man sagt, daß die Veranlagung, die wir in den mittleren Jahren haben, sich im Alter verstärkt. In diesem Fall traf das zu. Die Mutter unserer Freundin redet mit ihrer Tochter heute beleidigender als je zuvor. Die Tochter versucht ihre Eltern zu ehren, indem sie so für sie sorgt, wie sie es als pflichtbewußte Tochter »sollte«. Sie sagt: »Aber es bringt mich um.« Die Mutter reibt ihr ständig unter die Nase: »Du bist schrecklich, und ich wünschte, ich brauchte nicht bei euch zu wohnen. Ich hasse es, hier zu sein.« Unsere Freundin erzählte: »Dann versuche ich, sie davon zu überzeugen, daß ich sie gern hier habe, und daß es für sie und Papa am besten ist, jetzt hier bei uns zu wohnen. Dann wird sie noch aggressiver und schreit mich oft sogar an.«

Ich schlug ihr vor, sie solle aufhören, die Gefühle ihrer Mutter ändern und für sie alles angenehm machen zu wollen. Wenn die Mutter will, soll sie ihren Haß behalten. Sie könnte sie bestätigen, indem sie sagt: »Es ist sicher ziemlich schwierig, die eigenen vier Wände aufzugeben und hier zu wohnen.« Wenn die Mutter weiter auf ihrer Meinung beharrt, könnte die Tochter auch sagen: »Vielleicht hast du recht, Mutter. Vielleicht ist das wirklich nicht der richtige Ort für dich. Wo würdest du denn gerne wohnen?« Sie probierte diese Methode am nächsten Tag aus, und die Mutter sagte: »Wir brauchen wieder eine eigene Wohnung, und wir werden eine finden.« Unsere Freundin war so klug, zu antworten: »Das verstehe ich. Ich habe heute nachmittag ein paar Sachen zu erledigen, und dabei kann ich mich auch nach einem Platz umsehen, an dem ihr bleiben könnt.« Seitdem hat die Mutter es nicht mehr erwähnt.

Kein Kind braucht sich von seinen Eltern schlecht behandeln zu lassen.

Aber sie beleidigte ihre Tochter weiter, allerdings nie vor ihrem Schwiegersohn. Sie weiß, daß er es nicht dulden würde. Ich schlug unserer Freundin vor, ihrer Mutter zu vermitteln, daß *sie* es in Zukunft auch nicht mehr tolerieren würde. Hier mußte eine Grenze gesetzt werden. Wenn die Mutter jetzt mit ihren beleidigenden Attacken anfängt, sagt die Tochter: »Sprich nicht so mit mir, Mutter. Wenn du bereit bist, höflich zu sein, rede ich wieder mit dir.« Dann geht sie weg. Die Mutter hat angefangen, sie mit mehr Respekt zu behandeln. Sie weiß, daß ihre Tochter sich nicht mehr beleidigen läßt. Unsere Freundin sagt jetzt: »Ich war kurz davor, verrückt zu werden, aber ich glaube, ich komme jetzt wieder in Ordnung. Mir wird klar, daß es mir besser gegangen wäre, wenn ich schon vor langer Zeit Grenzen gesetzt hätte. Ich wußte einfach nicht, daß ich es überhaupt konnte, und ich wußte auch nicht, wie ich es machen sollte.«

Kein Kind braucht sich von seinen Eltern schlecht behandeln zu lassen. Wenn Sie freundlich Ihre Grenzen setzen, kann dies jede Beziehung enorm verbessern, auch wenn es in manchen Fällen eine Zeitlang dauern kann, bis die Eltern begriffen haben, daß Sie es mit dieser Grenze, aber auch mit Ihrer Liebe zu ihnen ernst meinen.

Wenn Eltern senil werden

Die achtzigjährige verwitwete Mutter meiner Frau ist ziemlich senil. Sie erkennt enge Familienmitglieder noch und erinnert sich an ein paar Ereignisse, aber meist lebt sie in ihrer eigenen Welt. Sie hat jedes Zeitgefühl und jedes Interesse an dem, was mit ihr oder irgend jemand anders passiert, verloren. Sie kann sich nicht mehr um ihre finanziellen oder persönlichen Angelegenheiten kümmern und ist inzwischen inkontinent. Als ihr

Mann vor fast zwölf Jahren starb, verlor sie jedes Interesse am Leben, und ihre geistigen Fähigkeiten gingen mit der Zeit immer mehr zurück, obwohl es ihr körperlich noch relativ gut geht.

Als sie nicht mehr alleine leben konnte, wollte sie zu uns ziehen. Meine Frau, einer ihrer Söhne und eine andere Tochter teilten sich die Verantwortung auf. Andere Familienangehörige halfen, indem sie sie am Wochenende zu sich nahmen. Nach zwei Jahren wurde allen klar, daß die alte Frau mehr Beaufsichtigung und Fürsorge brauchte, als ihre Kinder ihr geben konnten. Wir alle quälten uns mit der Entscheidung herum, sie in ein Alten- und Pflegeheim geben zu müssen. Einer ihrer Söhne löste das Problem, indem er ihr eine Idee eingab, die dazu führte, daß sie sich selbst dazu entschloß. Er sagte: »Mutter, hast du schon einmal daran gedacht, wie schön es wäre, wenn du mit Leuten deines Alters zusammenleben könntest? Vielleicht gefällt es dir.« Zunächst lehnte sie die Idee ab.

Ein paar Wochen später, als sie bei einem Besuch, den wir machten, erschöpft war (sie bestand immer darauf, überallhin mitzugehen, wurde dann aber schnell müde und wollte nach Hause, bevor wir soweit waren), sagte sie: »Ihr geht mir alle auf die Nerven. Ich glaube, es wäre eine gute Idee, wenn ich mit älteren Menschen zusammenleben würde.« Es war ihre Entscheidung, und die Familie fand ein schönes Altenheim für sie. Wir stellten einen Besuchsplan auf, um sicherzugehen, daß sie regelmäßig besucht wurde. Ein solcher Plan könnte auch Enkelkinder, andere Verwandte und sogar alte Freunde und Nachbarn mit einbeziehen.

Manchmal ist es unumgänglich, und wir müssen einen geliebten Menschen in ein Alten- und Pflegeheim geben, der eigentlich gar nicht dorthin will. Wenn dies der Fall ist und Vater oder Mutter sagen: »Ich will nicht dahin. Ich will hierbleiben«, bestätigen Sie am besten diese Gefühle mit einem Kommentar wie dem folgenden: »Das ist sicher sehr schwer für dich, Mutter.« Lassen Sie sie dann reden und ihre Gefühle ungehindert äußern. Bestätigen Sie sie weiter, *ohne zu sagen:* »... *aber du mußt da hin.*« Das Wörtchen »aber« sollte man grundsätzlich vermeiden, denn es schmälert den Wert der bestätigenden Formulierungen. Verwenden Sie statt dessen »und«, wenn Sie die Grenze setzen, zum Beispiel: »Ich bin auch traurig, Mutter. Ich hab dich lieb und will das Beste für dich, *und* das ist für dich der richtige Schritt.« Versichern Sie ihr, daß Sie sie oft besuchen werden und sie in wichtige Familienereignisse weiterhin einbezogen wird. Seien Sie *freundlich, höflich, respektvoll* und *bestimmt*, wenn die Entscheidung einmal getroffen werden muß. In den meisten Fällen gewöhnen die Eltern sich gut um. Nur wenn geliebte Menschen sie nicht mehr besuchen und ihnen keine liebevolle Aufmerksamkeit mehr entgegenbringen, fühlen sie sich im Stich gelassen.

Eine Frau erzählte, wie sie ihrer alten Mutter Grenzen setzte. Hier ihr Bericht:

»Meine Mutter wohnte allein in ihrer Wohnung und konnte sich noch ganz gut um sich selbst kümmern. Aber ich machte mir immer mehr Sorgen wegen ihrer Mahlzeiten. Sie hatte immer gern gekocht und wollte damit weitermachen. Ich bemerkte, daß einige Sachen anbrannten, während andere kaum durchgewärmt waren. Manchmal war die Zubereitung ihrer Speisen unhygienisch. Es beunruhigte mich. Manchmal vergaß sie auch zu essen. Ich war beruflich viel unterwegs und konnte ihr nicht regelmäßig bei ihren Mahlzeiten helfen. Ich beschloß, daß es Zeit sei für Essen auf Rädern.

Als ich Mutter davon erzählte, war sie gar nicht glücklich. Sie sagte. ›Ich lasse mir von niemand anders mein Essen kochen.‹ Ich sagte ihr, ich würde verstehen, daß sie gerne gekocht hätte;

aber jetzt könne sie es doch genießen, daß jemand anders kochte. Sie sträubte sich immer noch. Trotzdem bestellte ich die Mahlzeiten und war am ersten Tag, als sie geliefert wurden, bei ihr. Sie sah sich die junge Frau an, die das Essen brachte, und sagte: ›Sie können mich nicht zwingen, das zu essen.‹ Die junge Frau antwortete: ›Ja, stimmt, aber vielleicht schmeckt es Ihnen ja.‹ Und dann ging sie.

Das Essen sah schmackhaft aus, und Mutter setzte sich hin und aß es, während ich dabei war. Dann sagte sie: ›Sag ihnen, sie sollen kein Essen mehr bringen.‹ Ich sagte: ›Mutter, die junge Frau bringt dir jeden Tag um diese Zeit eine Mahlzeit, und ich hoffe, daß es dir schmeckt. Du hast dein ganzes Leben lang alle verwöhnt, und jetzt ist es an der Zeit, daß du verwöhnt wirst.‹ Sie war immer noch nicht glücklich damit, aber die Entscheidung war getroffen, und sie akzeptierte sie. Nach kurzer Zeit hatte sie sich an die Mahlzeiten gewöhnt und freute sich sogar auf sie.«

Diese Frau bestätigte die Gefühle ihrer Mutter, hielt aber gleichzeitig an der Entscheidung fest, die für ihre Mutter zu diesem Zeitpunkt richtig war. Sie setzte die Grenze *freundlich, höflich, respektvoll* und *bestimmt,* und die Mutter gewöhnte sich an das Essen, und mit der Zeit schmeckte es ihr sogar.

Wie wertvoll das Bestätigen ist, haben wir auch im Umgang mit der alten Mutter meiner Frau gelernt. Wenn wir sie mit dem Auto irgendwohin mitnehmen, sieht sie manchmal ein Hinweisschild auf einen Ort, der Hunderte von Kilometern weiter weg liegt, und sagt: »Ach, wollen wir da nicht mal hinfahren?« Früher antworteten wir dann im allgemeinen: »Das ist zu weit, Mama. Wir können da nicht hinfahren.« Dann sagte sie: »Ihr laßt mich überhaupt nichts mehr machen.« Heute bestätigen wir sie, indem wir sagen: »Das wäre wirklich schön.« Darauf entgegnet sie immer: »Ach, fahren wir doch nicht. Es ist zu weit.«

Trotz ihrer nachlassenden geistigen Fähigkeiten kommt sie im allgemeinen zu einer logischen Schlußfolgerung, wenn sie bestätigt wird und ihre Wünsche und Gefühle äußern kann. Wir halten das für ziemlich erstaunlich und haben herausgefunden, daß wir ihr überhaupt nichts mehr auszureden brauchen.

Das universelle Bedürfnis

Egal wie alt unsere Eltern sind – was sie am meisten brauchen, ist das, was wir alle brauchen – das Wissen, *daß sie wertvoll sind, daß ihre Gefühle wichtig sind und daß irgend jemand sich wirklich für sie interessiert.* Nichts vermittelt mehr Zufriedenheit als das Gefühl, jemanden zu haben, der Sie so sehr liebt, daß er Ihnen aufmerksam zuhört und Ihre Gefühle bestätigt. Es ist eine der schönsten Möglichkeiten, unseren Eltern die Zuneigung und den Respekt zu zeigen, die sie verdienen. Wir können nur hoffen, daß die nächste Generation unserem Beispiel folgt und unsere Kinder uns genauso einfühlsam und respektvoll behandeln.

Das Bestätigen ist eine der schönsten Möglichkeiten, unseren Eltern die Zuneigung und den Respekt zu zeigen, die sie verdienen.

Fangen Sie heute an

Heute ist ein guter Tag, um damit anzufangen, Ihre Eltern zu bestätigen. Rufen Sie sie heute abend an oder besuchen Sie sie und fragen Sie: »Wie geht's euch?« *Hören* Sie dann *zu,* indem sie ihnen Ihre volle Aufmerksamkeit schenken. *Hören* Sie, welche Gefühle geäußert werden, *hören* Sie, welche Bedürfnisse geäußert werden, und versuchen Sie zu *verstehen*. Verwenden Sie bestätigende Formulierungen, zum Beispiel: »Ich glaube dir, daß das schwer ist. Es tut mir leid, daß es dir weh tut«, oder andere geeignete Sätze. Geben Sie ihnen keinen Ratschlag.

Wenn Ihre Eltern anfangen, Ihnen zu sagen, was Sie mit Ihrem Leben machen sollen, hören Sie einfach zu, bestätigen Sie sie und danken Sie ihnen für ihre Fürsorge. Sie brauchen sich nicht zu verteidigen. Nehmen Sie an, was Sie für nützlich halten, und ignorieren Sie den Rest. Wenn Sie zum ersten oder wiederholten Male eine Grenze setzen müssen, dann tun Sie es *freundlich, höflich, respektvoll* und *bestimmt*; behandeln Sie Ihre Eltern anschließend ganz normal und bringen Sie Ihre Liebe zum Ausdruck. Wenn Sie das Bestätigen bei jedem Besuch praktizieren, wird es zu einem natürlichen Bestandteil Ihrer Unterhaltung. Und ich verspreche Ihnen: Die Mühe lohnt sich.

Das Bestätigen in Scheidungs-
und Patchwork-Familien

Die Klischees erkennen

Sucht ein geschiedener Mann oder eine Frau eine neue Beziehung, kann er bzw. sie ausgehen, sich umschauen, einen geeigneten Partner finden und wieder heiraten – nichts scheint einfacher. Diese Ehe sollte weniger problematisch sein, denn im allgemeinen sind beide etwas älter und haben mehr Erfahrung. Aufgrund der größeren Reife müßte das neue Paar in der Lage sein, mit den Kindern, die in die neue Ehe mitgebracht wurden, so umzugehen, daß zumindest annähernd eine Bilderbuchfamilie entsteht. Richtig?? Falsch!!

Das Zusammenschweißen von Patchwork-Familien ist eine echte Herausforderung. Unter einer Patchwork-Familie verstehe ich ein Ehepaar, bei dem mindestens ein Partner vorher verheiratet war und aus der früheren Ehe Kinder hat. Die Kinder können ganz oder zeitweise bei dem Paar leben. Wer sich in einer solchen Situation befindet, kennt die Dynamik des Prozesses und hat wahrscheinlich bereits schmerzlich erfahren, daß die meisten der allgemein verbreiteten Klischees nicht zutreffen. Diese Klischees und die Dynamik von Patchwork-Familien zu kennen, trägt dazu bei, das Bestätigen auch in diesem Umfeld erfolgreich anzuwenden. Hier einige Beispiele für diese Klischees:

- Weil ich dich so liebe, wirst du meine Kinder automatisch lieben und bei dir haben wollen.
- Weil ich dich so liebe, werden meine Kinder dich automatisch als Mutter/Vater lieben und akzeptieren.
- Deine Kinder werden mich als ihre Mutter/ihren Vater akzeptieren.
- Ich komme einfach zur Familie dazu und helfe dir, deine Kinder auf eine Weise zu erziehen, zu der dein Expartner offensichtlich nicht in der Lage war.
- Wir sind von Anfang an eine große, glückliche Familie.
- Jetzt kann ich meine Elternfunktion an meinen neuen Partner abgeben.
- Deine Verwandten werden mich und meine Kinder als ihre Familie akzeptieren. Sie werden sich automatisch wie »richtige« Großeltern, Onkel, Tanten etc. verhalten.
- Deine erwachsenen Kinder werden meine Kinder als richtige Geschwister akzeptieren.
- Der Umgang mit deinem Expartner wird unproblematisch sein.

Manches davon tritt vielleicht wirklich ein; aber verlassen Sie sich nicht darauf, daß es sofort der Fall ist. Der Vorgang, aus zwei Familien eine zu machen, dauert unter den besten Voraussetzungen mindestens fünf Jahre. Da so viele Bedürfnisse und Probleme geklärt werden und so viele Gefühle heilen müssen, spielt die Zeit eine wichtige Rolle. Auch wenn Sie noch so sehr wünschen, sofort eine harmonische Familie zu sein, sollten Sie die Beteiligten allmählich in ihre Rollen hineinwachsen lassen und nicht versuchen, den Prozeß zu forcieren. Denken Sie daran: Sie können für andere die Welt nicht in Ordnung bringen.

Ein jungvermähltes Paar

Der entscheidende Faktor für eine geglückte Verbindung zweier Familien ist, wie gut das neue Paar seine Partnerschaft gestaltet. Sehr oft vergessen die beiden, daß sie ein jungvermähltes Paar sind, und zwar unabhängig vom Alter: Dies ist das erste Mal, daß sie miteinander eine feste Partnerschaft eingegangen sind. Sie müssen einander erst entdecken. Angesichts einer bereits fix und fertig vorhandenen Familie ist das nicht einfach. Aber es muß geschehen, damit die neue Ehe glückt. Andernfalls behandeln Sie Ihren neuen Partner genauso, wie Sie Ihren Expartner behandelt haben.

Das größte Geschenk, das Sie Ihren Kindern machen können, sind Eltern, die sich lieben. Dies gilt für eine Erst- genauso wie für eine Zweitehe. Wenn das Paar Zeit und Energie in den Aufbau einer guten Partnerschaft steckt, haben die Kinder etwas Stabiles, an das sie sich halten können. Dies gilt auch, wenn die Kinder nur zeitweise mit dem Paar zusammenleben.

Wenn ein Paar Zeit und Energie in den Aufbau einer guten Partnerschaft steckt, haben die Kinder etwas Stabiles, an das sie sich halten können.

Zwei Menschen, die zum ersten Mal heiraten, haben im allgemeinen genug Zeit, sich aneinander sowie an die Familie und die Freunde des anderen zu gewöhnen, bevor Kinder kommen. Bei einer Zweitehe hat das Paar sofort eine Familie, die schon fix und fertig da ist, plus einen oder zwei Expartner, mit denen man sich auseinandersetzen muß. Die Scheidung hat im allgemeinen Schuldgefühle, Wut, Enttäuschung, Trauer und Schmerz ausgelöst. Freunde, Verwandte, Exschwiegermütter und -väter haben Partei ergriffen. Wenn die vorherige Ehe durch Mißbrauch, Vernachlässigung oder Untreue belastet war, sind die emotionalen Wunden tief und heilen nur langsam. Solche Verletzungen führen oft zu der Angst, der neue Partner könne dasselbe tun wie der »Ex«. Manchmal wird dieser ganze Gefühlswust auf den neuen Partner abgeladen.

Die erzieherische Herausforderung

Zu all dem kommt die neue Elternrolle. Wer miterlebt, wie die Kinder heranwachsen, lernt, mit ihren ganz individuellen Charakterzügen und Eigenarten umzugehen. Das Selbstbild der Familie hat sich allmählich entwickelt. Die gemeinsamen Aktivitäten, der Zeitpunkt der Mahlzeiten, die Verteilung der Hausarbeit und die Regelung des Taschengeldes sind nach und nach festgelegt worden. Im Verlauf des kindlichen Entwicklungsprozesses haben die Eltern die Familienregeln angewandt. Jetzt ändert sich all dies plötzlich, und die Kinder müssen sich an einen fremden Erwachsenen gewöhnen.

Auch die Geburtsordnung innerhalb der Familie, der Wohnort, die Verteilung der Zimmer sowie die Schule ändern sich möglicherweise. Oder die Kinder pendeln zwischen dem Zuhause von Vater und Mutter hin und her. All dies stellt die Welt der Kinder auf den Kopf. Zu allem Überfluß kritisiert der Expartner oft den neuen Partner und die neuen Regeln. Manchmal sagt er den Kindern, sie brauchten dem neuen Partner oder den neuen Regeln nicht zu gehorchen. Möglicherweise beginnt der nicht-sorgeberechtigte Elternteil einen Krieg um die Zuneigung der Kinder zu führen und setzt Bestechungen und Geschenke ein, um die Kinder für sich zu gewinnen.

Im Verlauf der Scheidung fangen manche Kinder an, einen Elternteil zu beschützen. Eine Freundin berichtete, ihr Sohn hätte ihr bei vielen Hausarbeiten und sogar beim Bezahlen der Rechnungen geholfen. Als sie wieder heiratete, habe er sich extrem verletzt und abgeschoben gefühlt. Ein Mädchen im Teenageralter erzählte mir, es wäre wütend auf den neuen Mann seiner Mutter, weil es nicht mehr deren volle Aufmerksamkeit hätte. Sie sagte: »Wir sind früher überall zusammen hingegangen. Jetzt hat er mir meine Mutti weggenommen.«

Ein Elternteil hat oft Schuldgefühle wegen all dem, was die Kinder aufgrund der Scheidung durchmachen mußten.

Ein weiterer schwieriger Aspekt sind die Schuldgefühle des biologischen Elternteils. Es hat oft Schuldgefühle wegen all dem, was die Kinder aufgrund der Scheidung durchmachen mußten, und sehr stark das Bedürfnis, die Kinder zu schützen und ihnen Privilegien einzuräumen. Möglicherweise denkt er: »Die Regeln für unser neues Zuhause müssen für ihre Kinder gelten, aber meine sind anders.« Manche nicht-sorgeberechtigten Väter oder Mütter haben das Gefühl, daß die Kinder nicht zu ihnen kommen wollen, wenn die Regeln mit Gewalt durchgesetzt werden. Die Kinder erkennen dies sehr schnell und benutzen es als Waffe, um ihre Wünsche erfüllt zu bekommen.

Der Umgang mit Einsamkeit

Jeder, der einen Freund, einen Partner oder ein Kind verliert, erlebt Einsamkeit. Auch eine Scheidung löst unweigerlich dieses Gefühl aus, egal wieviel Wut oder Schmerz mit ihr einhergegangen sind. Denn schließlich haben Sie und Ihr Expartner zwar manchen harten Kampf miteinander ausgefochten, aber auch einige der intimsten, innigsten Augenblicke und möglicherweise die Geburt oder den Tod eines Kindes erlebt; und Sie hatten eine ständige Bezugsperson. All dies ist jetzt vorbei. Wenn jemand, der geschieden ist, mit uns über seine Einsamkeit spricht, wollen wir auch das für ihn regeln und ihm zu einer positiven Lebenseinstellung verhelfen. So sagen wir manchmal: »Du solltest froh sein, daß du mit der nichts mehr zu tun hast. Gott sei Dank bist du die los.« Damit wollen Sie dem anderen positives Denken überstülpen, ohne daß er darum gebeten hat. Das Beste, was Sie machen können, ist, den anderen mit ein paar bestätigenden Äußerungen durch seine Gefühle hindurchzubegleiten, zum Beispiel: »Ich glaube dir, daß du jetzt ziemlich allein bist« oder: »Ich kann mir vorstellen, wie einsam du dich jetzt fühlst.« Und dann: *Zuhören, zuhören, zuhören* und *verstehen*.

Auch Ihre Kinder haben das Gefühl, einsam zu sein oder jemanden zu vermissen. Wenn ein Kind versucht, seine Gefühle zu verarbeiten, sagt es vielleicht, daß es seinen Papa vermißt. Dies kann bei Ihnen den ganzen Schmerz und die ganze Wut über die Scheidung wieder hochkommen lassen und dazu führen, daß Sie sagen: »Jetzt ist aber Schluß. Du mußt dich einfach daran gewöhnen.« Aber das Kind muß sich in seinem eigenen Tempo an die neue Situation anpassen können und wissen, daß es in Ordnung ist, wenn es seine Gefühle äußert, egal bei welchem Elternteil es gerade ist. Die Aussage: »Ja, es ist in Ordnung, daß du ihn vermißt«, erlaubt dem Kind, seine Gefühle irgendwie zu ordnen. Sein Papa wird immer sein Papa sein. Denken Sie daran, letztlich kann jeder nur sich selbst heilen. Wenn Sie Ihr Kind als Mülleimer für Ihre eigenen unverarbeiteten Gefühle benutzen, hilft dies weder Ihnen noch dem Kind. Der Schuß wird wahrscheinlich nach hinten losgehen und dazu führen, daß das Kind negative Gefühle Ihnen gegenüber entwickelt.

Die Kommunikation mit dem Expartner

Sind bei einer Scheidung Kinder im Spiel, müssen die Expartner auch weiterhin miteinander reden, um die Besuchsregelung und die Bedürfnisse der Kinder zu besprechen. Sehr oft wird es dabei laut, und es kommt zu Schuldzuweisungen. Eine solche Art der Kommunikation verstärkt nur die bereits vorhandene Bitterkeit. Wenn Sie Ihren Expartner als wichtige Person im Leben Ihres Kindes akzeptieren und ihn mit dem Respekt behandeln, mit dem Sie selbst behandelt werden möchten, sind Sie viel Haß und Wut los. Ihren Expartner zu bestätigen ist vielleicht das Letzte, was Sie wollen; aber möglicherweise ist es die klügste Entscheidung, die Sie für Ihr Kind und Ihr eigenes emotionales Wohlbefinden treffen können.

Ihren Expartner zu bestätigen ist vielleicht das Letzte, was Sie wollen; aber möglicherweise ist es die klügste Entscheidung, die Sie treffen können.

Denken Sie an diese Methode, wenn Sie mit einem Expartner sprechen, der eine Unterhaltszahlung für das Kind zu spät leistet und sagt: »Es tut mir leid. Ich hatte das Geld einfach nicht, denn ich mußte Steuern nachzahlen.« Sie können das bestätigen, indem Sie sagen: »Das mit den Steuern ist wirklich hart. Ich verstehe es, und es tut mir leid, daß du finanzielle

Schwierigkeiten hast.« Setzen Sie dann die Grenze, indem Sie *freundlich, höflich, respektvoll* und *bestimmt* sagen: »Trotzdem müssen wir den Unterhalt für das Kind bis zum Fünfzehnten haben.« Verlieren Sie nicht die Beherrschung und fangen Sie nicht an, wütend herumzuschreien und beleidigend zu werden, wenn er weitere Entschuldigungen anführt. Bleiben Sie ruhig, beherrschen Sie sich, und setzen Sie noch einmal Ihre Grenze. Gewähren Sie ihm den erbetenen Aufschub, wenn Sie eine Verzögerung hinnehmen können und die Erfahrung gemacht haben, daß er sein Versprechen hält, später zu zahlen. Wenn er solche Verpflichtungen in der Vergangenheit nicht eingehalten hat und es notwendig ist, ihm juristische Schritte anzukündigen, dann tun Sie dies *freundlich, respektvoll* und weiterhin *bestimmt*. Erniedrigen Sie sich nicht selbst dadurch, daß Sie herumschreien oder Dinge sagen, die Sie später vielleicht bedauern werden – Dinge, die Ihr Kind wiederholt oder hört.

Es lohnt sich, zum Wohl des Kindes ein bißchen entgegenkommend zu sein.

Wie sollen die Besuche des Kindes beim nicht-sorgeberechtigten Elternteil gehandhabt werden? Wenn Sie im Hinblick auf den Zeitpunkt, zu dem Ihr Kind wieder bei Ihnen sein muß, unberechtigterweise zu strikt sind, kann dies zu unnötigen Problemen zwischen Eltern und Kind führen. In einem mir bekannten Fall waren die entsprechenden Forderungen der Mutter extrem rücksichtslos gegenüber den Bedürfnissen des Vaters. Dies verursachte beim Kind unnötige Angst und belastete die Beziehung der Eltern und ihre Fähigkeit, über andere Bedürfnisse des Kindes zu verhandeln, sehr stark. Ich persönlich glaube, daß es sich lohnt, zum Wohl des Kindes ein bißchen entgegenkommend zu sein. Wird das Entgegenkommen ausgenutzt, müssen unter Umständen Grenzen gesetzt werden – aber mit Respekt.

In jedem Fall, den ich kenne, hat das Bestätigen und ein respektvolles Grenzensetzen die Beziehung der Eltern friedlicher gemacht, und davon profitierte immer auch das Kind.

Fragen zur Scheidung beantworten

Der Umgang mit Fragen, die von Kindern, Verwandten und Freunden zur Scheidung gestellt werden, kann ein heikles Problem sein. Die Fragen erfordern eine adäquate Antwort, ohne daß jedes Detail preisgegeben wird. Ein paar von mir interviewte Paare mit zusammengewürfelten Familien hielten es für das beste, die meisten Fragen offen, ehrlich und taktvoll zu beantworten. Eine Frau sagte: »Wenn meine Kinder Fragen hatten, antwortete ich ihnen freimütig und auf eine Art, die für ihr Alter angemessen war, ohne zu versuchen, ihre Gefühle für ihren Vater zu unterminieren. Ich glaube, daß meine Kinder sich deshalb sehr viel leichter an die neue Situation gewöhnt haben. Sie fragen mich ganz offen alles, was sie wissen wollen.«

Manche Kinder haben Angst zu fragen: »Warum hast du dich scheiden lassen?« Sie haben den Kummer ihrer Eltern erlebt und wollen ihn nicht verstärken. Ich bin Kindern begegnet, die glaubten, *sie* seien der Grund für die Scheidung, weil niemand mit ihnen geredet und sie anders informiert hat. Es ist erschreckend, wie oft Scheidungskinder dies glauben. Einige Klienten von mir haben das »Es-ist-meine-Schuld«-Gefühl jahrelang mit sich herumgetragen. Für die meisten Fragen der Kinder gibt es recht einfache Antworten, die die falschen Vorstellungen zerstreuen.

Nehmen wir zum Beispiel an, Ihr Partner ist mit jemand anderem durchgebrannt. Wenn Ihr Kind fragt, warum er gegangen ist, können Sie sagen: »Deine Mama (oder dein Papa) hat sich in jemand anderen verliebt und beschlossen, mit ihm (oder ihr) wegzugehen, und ich bin darüber sehr traurig.« Es ist nicht nötig, sich in einer wütenden Tirade zu ergehen, wenn eine einfache Antwort genügt. Noch einmal: Es hilft Ihnen nicht, wenn Sie Ihren Expartner in den Augen der Kinder am Boden zerstören. Schlachten sollten von den Rechtsanwälten oder zwischen Ihnen beiden ausgetragen werden – ohne Ihr Kind.

Wenn der obigen Aussage eine Warum-Frage folgt, könnte eine einfache Antwort lauten: »Ich weiß es nicht. Da mußt du deine Mama (oder deinen Papa) fragen.« Lassen Sie das Kind seine Gefühle äußern und *bestätigen* Sie diese, zum Beispiel mit den im Kapitel »Sechster Grundsatz« aufgeführten Formulierungen. Wenn das Kind weinen will und Ihnen auch danach zumute ist, dann weinen Sie zusammen.

Wenn das Kind weinen will und Ihnen auch
danach zumute ist, dann weinen Sie zusammen.

Nehmen wir an, Sie sind derjenige, der beschlossen hat, die Ehe wegen eines neuen Partners zu verlassen. Sie helfen sich und anderen am meisten, wenn Sie die Verantwortung für Ihre Handlungen und Entscheidungen übernehmen. Das bedeutet, daß es unter Umständen keine Antwort gibt, die Ihre Kinder oder sonst jemanden zufriedenstellt. Durch Rechtfertigungsversuche, bei denen Sie Ihrem Partner die Schuld dafür geben, daß Sie sich in jemand anderen verliebt oder eine Affäre haben, machen Sie sich nur selbst lächerlich. Schließlich hat niemand Sie gezwungen, diese Entscheidungen zu treffen.

Seien Sie sich selbst und anderen gegenüber aufrichtig. Sagen Sie zum Beispiel: »Ich weiß, daß du das vielleicht nicht verstehst, aber ich hab deine Mama nicht mehr lieb. Ich hab eine andere Frau lieb.« Die nächste Frage Ihres Kindes wird lauten: »Warum?« Denken Sie daran: Wenn Sie Ihren Partner oder Expartner in den Augen des Kindes oder von irgend jemand anders schlecht machen, machen Sie keine gute Figur. Dies kann dem Kind weh tun und später auf Sie zurückfallen. Zeigen Sie Mut, und übernehmen Sie die Verantwortung für das, was Sie getan haben. Beantworten Sie die Fragen so gut Sie können und machen Sie sich klar, daß Sie nicht alle Details mitzuteilen brauchen. Seien Sie jedoch darauf vorbereitet, eine Menge Warum-Fragen zu beantworten. Auf alle muß freundlich und ohne irgendwelche Tricks eingegangen werden. Da das Kind an Mama und Papa großen Anteil nimmt, verdient es ein ausführliches, freundliches, behutsames und ehrliches Gespräch. Dabei ist es hilfreich, wenn Sie hier und da ein paar »Das ist eine gute Frage«-Bestätigungen einflechten.

Da das Kind an Mama und Papa großen Anteil nimmt, verdient es ein ausführliches, freundliches, behutsames und ehrliches Gespräch.

Wenn Sie sich haben scheiden lassen, weil Sie sich nicht mehr verstehen, können Sie einfach sagen: »Wir kommen nicht mehr miteinander zurecht.« Auch hier kann die Anschlußfrage lauten: »Warum?« Nennen Sie einfach den Grund oder die Gründe, zum Beispiel: »Wir sind zu verschieden (haben zu viele unterschiedliche Meinungen, Wünsche, Ziele, Werte etc.), und schaffen es nicht mehr, das unter einen Hut zu kriegen.« Es gibt viele andere Möglichkeiten, dasselbe zu sagen. Wenn Sie versuchen, den anderen in Grund und Boden zu verdammen, wird dies wahrscheinlich mehr schaden als nützen.

Denken Sie daran: Es ist egal, was Sie – an Gutem oder Schlechtem – über den anderen sagen; nichts wird Ihr Kind davon abhalten, den anderen Elternteil genauso zu lieben und zu vermissen, wie es Sie lieben oder vermissen würde. Wenn Sie gut von dem anderen sprechen, wird das Kind wahrscheinlich fragen: »Warum habt ihr euch dann scheiden lassen?« Gute Frage. Antworten Sie geduldig und lassen Sie das Kind so lange weiterfragen, bis es zufrieden ist. Wenn Sie schlecht über Ihren Expartner reden, ist das Kind wahrscheinlich tief verletzt. Es ist auch möglich, daß Sie dadurch die Liebe und das Vertrauen Ihres Kindes zu Ihnen zumindest teilweise zerstören.

---

*Betonen Sie, daß die Scheidung auf keinen Fall
die Schuld des Kindes war.*

Solche Gespräche führen in der Regel zu Fragen wie: »Warum haßt du meine Mama (meinen Papa)?« oder: »Warum konntest du nicht wegen uns dableiben?« oder: »Wessen Schuld war es?« Das ist dann möglicherweise der letzte Test für Ihre Rechtschaffenheit und Ihre Demut. Ich empfehle Ihnen, sich die Antworten auf diese Fragen möglichst schon vorher zurechtzulegen. Sie sollten sich bescheiden und aufrichtig dafür entschuldigen, daß die Scheidung dem Kind weh getan hat. Eine letzte Frage, die dem Kind möglicherweise noch im Kopf herumgeht, die es wahrscheinlich aber nicht stellen wird, lautet: »War es *meine* Schuld, daß ihr euch habt scheiden lassen?« Betonen Sie unbedingt, daß die Scheidung auf keinen Fall seine Schuld war.

Es ist sehr schwierig, Antworten zu finden, wenn die Kinder Fragen zur Scheidung, zur Untreue eines Partners oder zu nicht gehaltenen Versprechungen eines Elternteils haben. Sind unsere Kinder verletzt oder quälen sich, wollen wir alles für sie in Ordnung bringen. Wenn wir erkennen, daß wir dazu nicht fähig sind, kann in uns eine Wut auf den Expartner wachsen, die wir schließlich an unseren Kindern oder dem neuen Partner auslassen. Bestätigen Sie daher die Gefühle Ihrer Kinder, und dann heißt es: *Zuhören, zuhören, zuhören* und *verstehen.* Sonst geraten die Kinder in einen tiefen Zwiespalt, können nichts mehr verstehen und fühlen sich gedrängt, sich zwischen ihren beiden Elternteilen zu entscheiden.

Was ist mit Freunden, die nachfragen? Einfache, direkte Antworten sind am besten. Manche Leute bohren vielleicht nach und versuchen, alle pikanten Einzelheiten herauszubekommen. Bleiben Sie cool – und bei den einfachen Antworten. An einem bestimmten Punkt muß Ihre Antwort vielleicht lauten: »Ich schätze deine Anteilnahme und will einfach nicht weiter ins Detail gehen.« Dies ist ein Beispiel dafür, wie man seine Grenze setzen und gleichzeitig das Interesse und die Anteilnahme eines Freundes bestätigen kann.

Grenzen sind notwendig

Die Hauptbeschäftigung von Kindern ist: *Sie wollen ihre eigenen Bedürfnisse um jeden Preis erfüllt bekommen.* Um dies zu erreichen, verwenden sie alle Hilfsmittel, die sie finden können. Schon sehr früh lernen sie die Kunst des Manipulierens. Sie lernen sie, weil wir als Eltern sie ihnen im allgemeinen beibringen. Sie lernen, daß sie ihre Interessen durchsetzen können, wenn sie schüchtern lächeln, betteln, quengeln, weinen, schreien oder sich wütend auf den Boden werfen, besonders in der Öffentlichkeit. Sie lernen auch, wie sie einen Elternteil gegen den anderen ausspielen können.

Kinder lernen die Kunst des Manipulierens sehr früh, denn im allgemeinen bringen wir als Eltern sie ihnen bei.

Kinder beginnen erwachsen zu werden, wenn sie lernen, daß es Grenzen gibt, innerhalb derer sie ihre Bedürfnisse und Wünsche äußern können. Sie müssen lernen, ein Gleichgewicht zwischen ihren Bedürfnissen und den Bedürfnissen anderer zu finden. Wenn Kinder nicht lernen, daß es Grenzen gibt, leben sie in einer unrealistischen Welt, in der nur sie selbst zählen. Werden sie dann älter und stellen fest, daß andere Leute Grenzen setzen, werden sie aggressiv und fangen an, andere in irgendeiner Form zu drangsalieren.

Kinder, die eine Scheidung erleben, lernen, daß sie ein paar Hilfsmittel mehr haben, um ihre Bedürfnisse erfüllt zu bekommen. Sie haben jetzt drei oder vier Elternteile, die sie gegeneinander ausspielen können. Sie kennen die Schuldgefühle ihrer Eltern und nutzen sie aus. Auch Stiefgeschwister können als Waffe benutzt werden, um einen Vorteil zu ergattern. Das klingt negativ und berechnend; aber in einer Familie, in der keine Scheidung stattgefunden hat, ist es oft genauso. In Familien, in denen die Eltern geschieden sind, ist nur die Anzahl der Spieler und ihre Position eine andere, und die Gefühle gehen oft tiefer und sind stärker in Aufruhr.

Du bist nicht mein Papa/meine Mama

Vielleicht haben Sie den Satz schon gehört: »Du hast mir nichts zu sagen, denn du bist nicht mein Papa/meine Mama!« Die Worte sind wie ein Stachel, der sich tief in unser Fleisch bohrt. Dieses schwere Geschütz provoziert den Stiefelternteil oft zu einem verbalen Gegenangriff, der das Paar schnell trennen kann. Der biologische Elternteil eilt im allgemeinen zur Verteidigung seines verletzten Kindes herbei und denkt: »Wie kann jemand so mit meinem Kind reden, nach allem, was es mitgemacht hat?« Der Stiefelternteil wollte, daß ihm genausoviel Respekt und Gehorsam entgegengebracht wird, wie dem biologischen Elternteil, aber Pustekuchen! Das Kind hat die Schlacht gewonnen.

Je besser Sie die Wut und den Schmerz der Scheidung verarbeiten können, desto weniger empfindlich reagieren Sie auf verletzende Worte.

Worte haben nur die Macht, die wir ihnen zugestehen. Wenn jemand eine sehr schmerzliche Erfahrung durchlebt, zum Beispiel eine Scheidung, treffen Worte auf blankliegende Nerven und lösen oft Reaktionen aus, die wir normalerweise im Griff hätten. Je besser Sie die Wut und den Schmerz der Scheidung verarbeiten können, desto weniger empfindlich reagieren Sie auf solche Worte. Folgenden Vorfall erzählte ein Klient von mir:

»Der jüngste Sohn meiner Frau hatte zu seinem achten Geburtstag ein paar Freunde eingeladen, die über Nacht blieben. Am nächsten Tag, als die Geburtstagsfeier zu Ende ging, war das Wohnzimmer ein einziges Chaos, und ich wollte, daß der Junge das Durcheinander beseitigte und seine Spielsachen wegräumte. Er wollte nicht und wurde bockig. Ich wurde lauter, und er stellte sich noch mehr auf die Hinterbeine. Schließlich sagte ich: ›Du hast fünf Minuten, um das Zimmer aufzuräumen. Wenn du es nicht machst, ist das für mich ein Zeichen dafür, daß dir nichts an deinen Spielsachen liegt. Ich sammle sie dann ein und schließe sie zwei oder drei Wochen weg. Ich stelle jetzt die Uhr.‹

Der Sohn maulte weiter vor sich hin und räumte nicht auf. Als er merkte, daß ich es ernst meinte, fing er an, seine Spielsachen nach oben in sein Zimmer zu bringen. Ich folgte ihm und sah, daß sein Zimmer aussah, als hätte eine Bombe eingeschlagen. Ich sagte: ›Dein Zimmer mußt du auch aufräumen.‹ Darauf sagte er: ›Meine Freunde haben dabei mitgeholfen, daß alles so durcheinander ist, und deshalb müssen sie mir auch beim Aufräumen helfen.‹ Ich ignorierte die Bemerkung und sagte: ›Fang mit dem Aufräumen an, solange die Uhr noch läuft.‹ Daraufhin schrie der Junge: ›Du bist nicht mein Papa, du kannst mich nicht dazu zwingen!‹ Dann brüllte er nach seiner Mutter. Sie mischte sich ein und beschützte ihren Sohn, denn sie hielt die Forderung für ungerecht. Er räumte nicht auf, und als die Uhr abgelaufen war, nahm ich eine Tüte, sammelte die Spielsachen ein und schloß sie weg. Der Sohn brüllte immer noch und protestierte weiter, und seine Mutter sagte mir, ich sei ungerecht.

Ich bat meine Frau um ein Gespräch im Badezimmer. Nachdem ich die Tür geschlossen hatte, versuchte ich ihr zu erklären, was passiert war, aber sie hatte schon entschieden, daß ich ungerecht zu dem Jungen gewesen wäre. Ich geriet in Rage, kam ihrem Gesicht ganz nah und schrie sie an, und sie gab mir eine Ohrfeige. Ich beschimpfte sie und sagte, daß ich so eine

Ehe nicht brauchte, und dann stürmte ich aus dem Haus. Sie weinte, nahm die Spielsachen ihres Sohnes und gab sie ihm zurück. Keine Frage, das Kind hatte die Schlacht gewonnen und seine Bedürfnisse erfüllt bekommen.«

Als dieses Paar zu mir in Therapie kam, sprachen wir über die Bedürfnisse beider Partner im obigen Vorfall, und wie das Kind erfolgreich einen gegen den anderen ausgespielt hatte, damit seine Bedürfnisse erfüllt wurden. Beide erkannten die Notwendigkeit, eine solide Zweierbeziehung aufzubauen und an ihrem unterschiedlichen Erziehungsstil zu arbeiten. Sie besprachen, wie jeder von ihnen dazu beitragen konnte, die Bedürfnisse des anderen zu erfüllen, und verpflichteten sich, sich entsprechend zu bemühen. Sie arbeiten jetzt besser zusammen und hatten auf diese Weise auch schon einige Erfolge.

Manchmal haben die Kinder Schwierigkeiten
mit der Anrede für den neuen Mann
bzw. die neue Frau.

Wie also gehen Sie mit der Aussage um: »Du bist nicht mein Papa/meine Mama«? Oft wissen weder die Kinder noch die Eltern genau, wie der Stiefelternteil anzureden ist. Ich bin der Ansicht, daß das Paar mit den Kindern dieses Thema besprechen sollte. Ein idealer Zeitpunkt dafür wäre direkt vor der Hochzeit bzw. dem Zusammenziehen. Wenn es da nicht geschehen ist, lege ich Ihnen nahe, es möglichst bald danach zu machen. Bei diesem Gespräch könnte der Stiefelternteil zum Beispiel sagen: »Du sollst wissen, daß mir klar ist, daß ich nicht dein Papa bin. Du hast einen Papa, und er wird immer dein Papa sein. Ich bin der Mann deiner Mutter. Ich hab sie sehr lieb und unterstütze sie, und ich möchte sehr gern auch dein Freund sein. Manchmal wissen Kinder nicht so genau, wie sie den neuen Mann anreden sollen. Ich möchte, daß du dich wohl dabei fühlst. Wenn du willst, kannst du mich ›Papa‹ nennen, oder du nennst mich bei meinem Vornamen. Für mich ist beides in Ordnung.« Dieser oder ein ähnlicher Dialog kann den Vorgang, zwei Familien zu verbinden, etwas von seiner Widersprüchlichkeit nehmen.

Ich hatte einmal ein Paar in meiner Praxis, das von seinen beiden Jungen begleitet wurde, die fünf und sieben Jahre alt waren. In der Familie gab es einen Machtkampf, weil die Eltern auf der Anrede »Papa« bestanden. Die beiden Jungen waren damit nicht glücklich und schienen verwirrt. Deshalb lotste ich den Stiefvater nach oben beschriebenem Muster durch einen Dialog mit den Jungen. Ich fragte die Jungen sogar, ob der Stiefvater ihr Vater sei, und sie antworteten: »Nein.« Doch als den Jungen die Wahl gelassen wurde, beschlossen beide, ihn »Papa« zu nennen.

Sie waren sehr erleichtert festzustellen, daß sie die Wahl hatten und daß der neue Mann ihren »richtigen« Vater anerkannte. Das ist die Wirkung des Bestätigens. Der Stiefvater hörte den Jungen zu und verstand ihre Bedürfnisse. In der nächsten Woche berichteten die Eltern, sie hätten zufällig eine Unterhaltung zwischen den Jungen mitgehört, der ein Streit folgte. Einer der Jungen sagte: »Das sag ich Papa!« Der andere erwiderte: »Von mir aus, er ist mein Freund.«

Auch wenn ein solcher Dialog schon stattgefunden hat, kann ein Kind immer noch den Satz hinwerfen: »Du bist nicht mein Papa.« *Bestätigen* Sie diese Aussage, indem Sie sagen: »Du hast recht, ich bin nicht dein Papa. Aber ich bin der Mann deiner Mutter und unterstütze ihre Regeln.« Das Kind sagt dann vielleicht: »Mir gefällt diese Regel nicht.« Bestätigen Sie die Aussagen, indem Sie sagen: »Es ist in Ordnung, daß die Regel dir nicht gefällt, und wir können über sie reden, wenn deine Mama nach Hause kommt.« Stellen Sie dann *freundlich, höflich, respektvoll* und *bestimmt* fest: »Bis dahin wird die Regel befolgt.«

Regeln in Patchwork-Familien

In jeder Familie können Regeln nur durchgesetzt werden, wenn beide Elternteile sie unterstützen und sich einig sind, daß sie für alle Kinder und meistenfalls auch für die Erwachsenen gelten. Wenn die Kinder spüren, daß die Eltern hier nicht an einem Strang ziehen, benutzen sie dies als Waffe, um ihre Bedürfnisse erfüllt zu bekommen: Sie spielen geschickt einen Elternteil gegen den anderen aus. Im obigen Beispiel wußte der Sohn, daß seine Mutter kommen und ihn retten würde, wenn er nur dafür sorgte, daß sein Stiefvater ordentlich an die Decke ging. Er hatte herausgefunden, daß sie in bezug auf die Regeln nicht einer Meinung waren und er die Regeln umgehen konnte, wenn er so lange quengelte und seine Mutter nervte, bis sie erschöpft nachgab.

Wenn die Kinder spüren, daß die Eltern im Hinblick auf die Regeln nicht an einem Strang ziehen, spielen sie geschickt einen Elternteil gegen den anderen aus.

Solche Kämpfe kommen in gewissem Ausmaß in allen Familien vor. Als die Jungen eines getrennt lebenden Paares befragt wurden, welchen Anteil sie an den Streitigkeiten der Eltern hatten, sagten beide, sie wüßten, daß ihre Mutter kommen und sie retten und mit dem Vater streiten würde, wenn sie ihren Vater nur ordentlich wild gemacht hatten. Endergebnis war dann nämlich immer, daß sie das, was der Vater gesagt hatte, nicht mehr zu machen brauchten. Die Eltern hätten diese Manipulation dadurch unterbinden können, daß beide sich einmütig hinter die Familienregeln stellten.

Wenn Regeln aufgestellt werden sollen, ist es wichtig, daß zunächst das Paar sich bespricht und entscheidet, welche Grundregeln beide gutheißen. Anschließend sollte es sich mit den Kindern von jeweils einem Partner treffen. In diesem Gespräch muß der biologische Elternteil die Führung übernehmen. Besprechen Sie die neuen Bedürfnisse der Patchwork-Familie und lassen Sie sich von den Kindern Anregungen zu Regeln und Verfahrensweisen geben, woran sich auch der Stiefelternteil beteiligen kann. Wenn die Regeln festliegen, erklärt der Stiefelternteil, daß er den biologischen Elternteil und die Regeln unterstützen wird. Wenn während oder nach der Diskussion eines der Kinder sagt: »Früher haben wir diese ganzen Regeln nicht gebraucht. Sie gefallen mir nicht«, sollten Sie diese Aussage bestätigen. Zum Beispiel mit: »Du hast recht, und ich verstehe, daß du sie nicht magst. Es ist ein ziemliches Durcheinander, wenn sich die Familie ändert, und wenn die ganzen Regeln geändert werden müssen.« Mehr brauchen Sie nicht zu sagen, denn weitere Erklärungen verwässern nur die Diskussion. Sie brauchen nicht alles für alle angenehm zu machen; zeigen Sie nur Verständnis für den Standpunkt des Kindes.

Ich empfehle dieses Verfahren zum Aufstellen von Regeln allen Familien. Zunächst müssen die Eltern sich einig sein, welche Grundeinstellung bei ihnen zu Haus herrscht und welche Regeln für alle gültig sind. Sammeln Sie dann die Vorschläge der Kinder. Der nächste Schritt besteht darin, daß beide Eltern äußern, daß sie die Regeln und die an sie geknüpften Erwartungen befürworten und sich bei der Durchsetzung gegenseitig unterstützen werden. Doch auch wenn all dies schon geschehen ist, werden manche Kinder immer noch gegen die Regeln ankämpfen, denn sie wollen, daß ihre Bedürfnisse erfüllt werden. Hören Sie in diesem Fall dem Kind zu und sagen Sie dann: »Trotzdem müssen die Regeln befolgt werden.« Seien Sie dann bei der Durchsetzung *freundlich, höflich, respektvoll* und *bestimmt.*

Ein Paar machte eine erstaunliche Erfahrung damit, wie wichtig es ist, alle Kinder gleich zu behandeln. Die Frau schrie ihren eigenen Kindern im allgemeinen zu, sie sollten irgend etwas erledigen. Es war nicht unhöflich – sie rief einfach laut von einem Zimmer oder dem Flur in ein anderes Zimmer. Ihre Kinder waren daran gewöhnt. Sie sagte, mit seinen Kindern könnte sie das nicht machen, sie seien das nicht gewöhnt, und sie hätte Angst, es könnte sie beleidigen. Die Kinder beider Elternteile waren im Teenageralter.

Eines Tages sagten seine Kinder zu ihr: »Magst du uns eigentlich? Deine eigenen Kinder schreist du an und uns schreist du nicht an. Deshalb glauben wir, daß du uns nicht magst.« Ich selbst befürworte das Schreien nicht, aber dieser Vorfall scheint zu belegen, daß eine ungleiche Behandlung manchmal als ungleiche Liebe interpretiert wird.

Wie gehen Sie als nicht-sorgeberechtigter Elternteil damit um, wenn Ihr Kind zu Ihnen sagt: »Meine Mama/mein Papa hat gesagt, daß ich deinen Regeln nicht zu gehorchen brauche.« Das Kind kann auch sagen, daß es dem Stiefelternteil nicht zu gehorchen braucht. Dies kann dazu führen, daß die ganze Wut und der ganze Schmerz, die Sie vor oder während der Scheidung empfunden haben, wieder hochkommen und an dem Kind ausgelassen werden. Möglicherweise gibt das Kind auch eine Äußerung wieder, die der andere Elternteil gar nicht gemacht hat. Kinder nehmen es mit der Wahrheit oft nicht so genau. Nicht alle Kinder lügen; die meisten dehnen die Wahrheit nur ein bißchen, damit sie ihre Bedürfnisse erfüllt bekommen. Wie soll man also folgende Äußerung bestätigen: »Mama sagt, daß ich deinen Regeln nicht zu gehorchen brauche.« Versuchen Sie es einmal so: »Mein Sohn, ich höre, was du sagst. Deine Mutter hat bei sich zu Hause Regeln, und ich erwarte, daß du sie befolgst. Wir haben bei uns ebenfalls Regeln, und ich erwarte, daß du sie befolgst, auch wenn sie anders sind.« Daraufhin könnte er sagen: »Dann besuch' ich dich nie mehr!«

Die Drohung, nie mehr zu kommen, kann zur ultimativen Waffe werden, um den nicht-sorgeberechtigten Elternteil zu manipulieren.

Die Drohung, nie mehr wieder zu kommen, kann zur ultimativen Waffe werden, um den nicht-sorgeberechtigten Elternteil zu manipulieren. Ich habe ein paar Männer gekannt (Männer sind im allgemeinen der nicht-sorgeberechtigte Elternteil), die diesen Satz fürchten und klein beigeben. Sobald Sie dieser Drohung jedoch einmal nachgegeben haben, wird sie immer wieder benutzt werden. Es ist hier ganz wichtig, Grenzen zu setzen, wobei Sie immer daran denken sollten, *freundlich, höflich, respektvoll* und *bestimmt* zu sein. Auf den obigen Kommentar könnten Sie zum Beispiel erwidern: »Dann wäre ich sehr traurig, und ich würde das nicht wollen. Ich werde dich weiter einladen, zu mir zu kommen, denn ich hab dich lieb, und mir ist klar, daß du selbst entscheiden kannst, ob du kommen willst oder nicht. Ich hoffe, daß du kommst. Wir werden immer versuchen, gerecht zu sein, und es wird immer Regeln geben, die du befolgen mußt.« Das Kind beschließt dann vielleicht, eine Zeitlang nicht zu kommen. Laden Sie es weiter ein, ohne zu versuchen, es mit Dingen oder Ausflügen zu bestechen, es sei denn, Sie haben diese Dinge und Ausflüge sowieso geplant.

Wenn Sie anfangen, mit dem anderen Elternteil zu konkurrieren, sind Sie leicht manipulierbar.

Je mehr Energie Sie aufwenden, um eine gute Partnerschaft und ein möglichst normales häusliches Leben zu schaffen, desto attraktiver wird Ihr Zuhause für Ihre Kinder. Ihr Zuhause ist dann ein sicherer Ort, an dem es sich angenehm leben läßt. Wenn sowohl der sorgeberechtigte als auch der nicht-sorgeberechtigte Elternteil ein solches Zuhause schaffen, fühlen die Kinder sich noch geborgener und können sich um so besser an die Veränderungen gewöhnen. Mag sein, daß dies unrealistisch klingt, aber es ist machbar. Denken Sie daran: Der einzige Mensch, den Sie steuern können, sind Sie selbst, und das einzige Zuhause, an dem Sie etwas tun können, ist das Ihre. Sie brauchen sich um das Zuhause von irgend jemand anders nicht zu kümmern, denn Sie stehen nicht in einem Wettbewerb. Wenn Sie anfangen, mit dem anderen Elternteil zu konkurrieren, sind Sie leicht manipulierbar.

Nicht gehaltene Versprechen

Manchmal sagen oder versprechen Eltern etwas, das sie dann nicht tun oder einhalten. Nicht gehaltene Versprechen tun jedem weh; und nach einer Scheidung lösen sie noch mehr Emotionen aus. Der sorgeberechtigte Elternteil kennt die emotionalen Bedürfnisse des Kindes genau und tut alles, um es zu beschützen. Auch in diesem Fall können scheidungsbedingte Wut und Enttäuschung wieder hochkommen. Aber dies ist weder der richtige Zeitpunkt noch der richtige Ort, um diese Gefühle zu verarbeiten, denn das würde dem Kind mehr schaden als nutzen.

Wenn das Kind fragt: »Warum ist Papa nicht gekommen, um mich zu besuchen?« oder: »Warum schickt Papa mir kein Geschenk zum Geburtstag?« oder: »Warum hat Mami mich nicht abgeholt?«, könnte die erste Antwort lauten: »Ich weiß es nicht.« Dann äußert das Kind vielleicht seine Wut, seine Enttäuschung oder seine Trauer. Bestätigen Sie seine Gefühle, indem Sie zum Beispiel sagen: »Ich glaube, ich verstehe deine Gefühle. Ich wäre auch (nennen Sie das Gefühl, das geäußert wurde).« Wenn das Kind dann sagt: »Aber warum ist er nicht gekommen?«, muß die Antwort das Kind auf den Urheber zurückführen, indem Sie zum Beispiel sagen: »Ich weiß es nicht. Ich glaube, du mußt deinen Papa fragen, wenn du ihn das nächste Mal siehst.« Wenn Sie den anderen Elternteil schlechtmachen, nützt das niemandem.

Die Liebe von vielen Menschen

Meine Frau hat oft gesagt: »Um so mehr Leute ihre Kinder lieben und umsorgen, desto besser ist es für die Kinder.« Kinder gedeihen in einer liebevollen und respektvollen Umgebung. Wenn Eltern und Verwandte von Scheidungskindern sich dies vergegenwärtigen würden, würde es dazu beitragen, daß die Kinder nicht mehr so als Opfer betrachtet würden. Die Großeltern können dabei eine wichtige Rolle spielen, wenn sie wollen. Das Problem besteht darin, daß sie selbst Eltern sind

und ihre eigenen Kinder beschützen wollen. Wenn die Großeltern nach der Scheidung mit ihren Enkeln zu tun haben wollen, müssen sie einen Weg finden, den Expartner zu akzeptieren.

Wenn die Großeltern eine vertrauensvolle Beziehung zu
ihren Enkeln aufgebaut haben, haben diese das Gefühl, ihnen
gefahrlos auch solche Fragen stellen zu können, mit denen sie
bei ihren eigenen Eltern Schwierigkeiten haben. Ein Beispiel
dafür stammt von der Großmutter eines fünfjährigen Jungen.

»Etwa drei Jahre nach der Scheidung unseres Sohnes sahen
sein kleiner Junge (der bei seiner Mutter lebt) und ich uns eins
meiner Alben an, in denen ich Fotos und denkwürdige Stücke
aus der Familiengeschichte aufbewahre. Er hatte mir das Buch
gebracht, wollte es durchblättern und über das, was drin war,
sprechen. Das Buch lag offen auf dem Fußboden, als wir es an-
sahen. Zu meiner Überraschung tauchte plötzlich ein Bild von
seiner Mutter und seinem Vater an ihrem Hochzeitstag auf. Ich
hatte ganz vergessen, daß es in diesem speziellen Album war.
Er sah es sich an und sagte: ›Das sind meine Mama und mein
Papa, nicht, Oma?‹ Ich sagte: ›Ja. Das war, als sie geheiratet
haben.‹ Dann sah er mich direkt an und fragte: ›Warum haben
sie sich scheiden lassen?‹

Da wurde mir klar, daß er mit mir darüber reden mußte und
daß ich jemand zu sein hatte, bei dem er mit offenen Antworten rechnen konnte. Es war eine schwierige Situation. Ich at-
mete tief ein und antwortete so aufrichtig und urteilslos, wie
ich konnte: ›Mami wollte nicht mehr mit Papi zusammenleben
und beschloß, auszuziehen und sich scheiden zu lassen.‹

Er stand auf, stampfte mit dem Fuß auf dem Bild seiner Mutter herum und schrie: ›Du dumme, dumme Mami!‹ Ich hörte
zu, als er seine Wut auf seine Mutter herausließ, und dann um-

armte ich ihn und sagte: ›Manchmal passieren Dinge, die wir nicht verstehen.‹ Er beruhigte sich, und ich sagte: ›Das Gute bei dem Ganzen ist, daß du eine Mama hast, die dich sehr lieb hat, und du hast einen Papa, der dich auch sehr lieb hat. Und ich hab dich auch sehr lieb.‹ Er entspannte sich und blätterte die Seite um.

Ich wußte, daß ich seiner Mutter keine Vorwürfe machen konnte, auch wenn ich innerlich nicht billigte, was sie getan hatte. Das ist nicht mein Job. Meine Aufgabe ist es, eine liebevolle Beziehung zu meinem Enkel aufzubauen, und ich wußte, daß das nur ging, wenn ich weder seine Mutter noch seinen Vater kritisierte.«

Großeltern können eine wichtige Rolle im Leben ihrer Enkel spielen, wenn sie eine Atmosphäre schaffen, in der das Kind offen und ungehindert reden kann.

Diese Großmutter verschaffte ihrem Enkel einen sicheren Rahmen, in dem er seine Gefühle gefahrlos äußern konnte. Sie ergriff weder für den Vater noch für die Mutter Partei, und so wußte der Junge, daß er in Zukunft alles sagen konnte, was er wollte, ohne daß die Großmutter seine Mutter niedermachte oder ihr die Schuld gab.

Meine Frau erlebte etwas Ähnliches mit unserem sechsjährigen Enkel – der ebenfalls ein Scheidungskind ist –, als sie ihn eines Nachmittags zum Pizza-Essen ausführte. Sie saßen am Tisch und warteten auf das bestellte Essen, als unser Enkel aus heiterem Himmel sagte: »Oma, eine Scheidung ist das Allerletzte!« Sie bestätigte seine Gefühle, indem sie sagte: »Ja, das finde ich auch. Ich glaube auch, daß sie das Allerletzte ist.« Er sagte: »Aber wirklich.« Dann nahm er sein Gespräch über die Schule wieder auf. Anscheinend hatte er es einfach jemandem sagen müssen, der ihn verstand und ihm nicht einen netten kleinen Vortrag darüber hielt.

Großeltern können eine wichtige Rolle im Leben ihrer Enkel spielen, wenn sie eine Atmosphäre schaffen, in der das Kind offen und ungehindert reden kann. Es ist nicht nötig, den eigenen Schmerz oder die eigene kritische Haltung auf das Scheidungskind zu übertragen. Wenn das Kind die Möglichkeit hat, offen zu reden, kann es verarbeiten, was es verarbeiten muß, und seine Wunden können anfangen zu heilen.

Fangen Sie heute an

Fangen Sie heute an, indem Sie sich dieses Kapitel noch einmal vornehmen und sich eine Idee herausgreifen, von der Sie meinen, daß sie in Ihrer Familie hilfreich und praktikabel wäre. Besprechen Sie sie mit Ihrem Partner und legen Sie fest, wie Sie beide diese Idee in die Tat umsetzen können. Denken Sie daran, wie wichtig es ist, den anderen und die Kinder zu bestätigen. Es muß geübt werden, aber es macht sich bezahlt.

Freunde bestätigen

Was ist ein Freund?

Bevor wir erörtern, wie das Bestätigen bei Freunden funktioniert, sollten wir überlegen, was ein Freund überhaupt ist. Wenn ich Klienten und Workshopteilnehmer frage, was für sie ein wahrer Freund ist, werden immer die folgenden fünf Eigenschaften genannt:

- Jemand, dem ich vertrauen kann.
- Jemand, der mich so akzeptiert, wie ich bin, und der mich nicht beurteilt.
- Jemand, mit dem ich Spaß haben kann.
- Jemand, mit dem ich reden kann.
- Jemand, der sich wirklich für mich interessiert und der für mich da ist.

Diese Aussagen ergeben zusammen eine ausgezeichnete Definition.

Wir alle brauchen einen Freund

Es gibt nichts Schöneres, als jemanden zu haben, mit dem man sein Glück teilen kann. Wenn wir eine lang erhoffte Beförderung erhalten haben, wenn wir von einer Reise zurückkommen und die Einzelheiten jemandem erzählen wollen, oder wenn ein Kind etwas tut, auf das wir stolz sind, dann ist es schön, dies einem Freund zu erzählen, der zuhört und sich mit uns freut. Irgendwie wird die Freude dadurch noch größer.

Eine Freundin von uns, die Angst hatte, Krebs zu haben, und auf die Untersuchungsergebnisse wartete, rief meine Frau und mich eines Tages an und sagte: »Sie sind negativ! Sie haben herausgefunden, was es ist, und es ist kein Krebs!« Sie war vor Freude ganz aus dem Häuschen, und wir genauso. Sie wußte, daß wir sie mochten und ihr beigestanden hätten, egal wie es ausgegangen wäre. Es war ein schöner, intimer Augenblick, an ihrem Glück und ihrer Erleichterung teilhaben zu können. Wenn Freunde ihre Freude mit uns teilen und wir sie dabei begleiten können, ist dies eine sehr befriedigende Form des Bestätigens.

Andererseits gibt es nichts Wichtigeres, als einen guten Freund zu haben, dem man seine Schwierigkeiten erzählen kann. Eine Frau sagte: »Ich hab zugehört, als meine Freundin wieder und wieder über ihre Scheidung sprach und ihre Wut und ihren Schmerz über das äußerte, was geschehen war. Ich bin zu dem Schluß gekommen, daß sie jemanden haben mußte, der ihr zuhörte, egal wie oft sie die ganze Geschichte erzählte, und der nicht versuchte, ihr diese Gefühle auszureden. Meine Erfahrung sagt mir, daß sie es irgendwann leid sein wird, darüber zu reden, und dann ist die Sache für sie abgeschlossen und sie kann weitergehen.«

Diese Frau macht ihrer Freundin ein großes Geschenk. Und sie hat recht. Irgendwann wird ihre Freundin das Problem ad acta legen, und neue Elemente werden in ihr Leben und in ihre Unterhaltungen einfließen. Mit einem bestätigenden Gesprächspartner ist dies wahrscheinlich sehr viel schneller der Fall als ohne. Nebenbei lernt die Frau dabei am Beispiel ihrer Freundin, wie wichtig das Bestätigen ist, und wenn diese dann ihrerseits vor einer schwierigen Situation steht – was wir alle irgendwann tun –, kann sie es ihr zurückgeben.

Keine Ratschläge geben

Vergleichen Sie die Situation dieser Frau mit der Erfahrung, die ich in der Einführung zu diesem Buch beschrieben habe (siehe Seite 11).

»Ich hatte einen sehr anstrengenden Tag im Büro hinter mir, nichts hatte geklappt. Ich traf mich mit einem guten Freund und wollte ihm einfach nur erzählen, was alles passiert war. Als ich gerade damit angefangen hatte, unterbrach er mich schon und sagte mir, was ich seiner Meinung nach hätte tun sollen bzw. was ich jetzt noch tun könnte, um mein Problem zu lösen. Diese Art Hilfe brauchte ich nicht. Innerlich hatte ich das Gefühl, schreien zu müssen: ›Sei still und hör mir zu! Ich muß jemandem erzählen, was los war, weil ich sonst platze, und ich dachte, du würdest dich für mich interessieren und mich verstehen.‹ Ich war frustriert, beendete die Unterhaltung schnell und ging deprimiert und verletzt weg.«

Der Gegensatz ist frappierend. Wenn mein Freund zugehört und meine Gefühle bestätigt hätte, anstatt mich mit Lösungen für mein Problem zu unterbrechen, hätte ich mich völlig anders gefühlt.

Nichts ist so entwürdigend und unbefriedigend, wie wenn ein Freund Ihnen sagt, was Sie mit dem, was Sie erleben, machen »sollten« oder »müßten«. Wahre Freundschaft bedeutet, zuzuhören ohne Ratschläge zu geben. Vielleicht denken Sie jetzt: »Aber was ist, wenn ich eine tolle Idee habe, die ihr auf jeden Fall weiterhelfen würde?« Ich rate Ihnen: Behalten Sie sie erst mal für sich. Denken Sie an die vier Regeln des Bestätigens: *Hören* Sie *zu*, indem Sie Ihrer Gesprächspartnerin Ihre volle Aufmerksamkeit widmen; *Hören* Sie, welche Gefühle geäußert werden, *Hören* Sie, welche Bedürfnisse geäußert werden; versuchen Sie zu *verstehen*. Wenn Sie über Lösungen für ihre Probleme nachdenken, während sie Ihnen ihre Gefühle und Gedanken mitteilt, widmen Sie ihr nicht Ihre volle Aufmerksamkeit.

Meine Frau erlebte, wie wichtig dies ist, als sie in ein intensives Gespräch mit einer ihrer Freundinnen vertieft war.

»Meine Freundin klagte mir ihren Frust in bezug auf einen Konflikt, den sie mit einem Familienmitglied hatte. Für sie war es ein extrem schwieriges Problem, und beim Sprechen fing sie an zu weinen. Ich bestätigte ihre Gefühle, während sie redete und weinte, und das war gar nicht so schwer, denn mein Herz war bei ihr. Es tat mir aufrichtig leid, was sie durchmachte, und ich sagte: ›Es tut mir so leid, daß dir das passiert.‹ Und dann kamen mir die Tränen. Ich sagte: ›Ich kann es nicht ertragen, daß dir das passiert. Ich mag dich wirklich.‹ Durch ihre Tränen hindurch lächelte sie leicht und sagte: ›Ich danke dir so sehr. Im Augenblick bedeutet mir das enorm viel.‹

Dann tappte ich in die Falle, zu denken, daß ich eine Lösung für sie hätte, und sagte: ›Mir ist etwas eingefallen, das du ausprobieren könntest.‹ Dann nannte ich meine Idee. Sobald ich auf diesen Problemlöse-Modus umgeschaltet hatte, hörten ihre Tränen auf, und ihr Gesichtsausdruck veränderte sich. Sie sagte: ›Das geht nicht. Das hab ich schon probiert. Na ja, ich muß jetzt gehen.‹

Ich konnte kaum glauben, daß mir das passiert war. Ich hatte ihr nicht erlaubt, so tief in ihre Gefühle hineinzugehen, wie es für sie notwendig war. Durch das, was ich für eine gute Lösung hielt, hatte ich sie behindert. Diese Erfahrung machte mir noch deutlicher, wie wichtig es ist, keine Lösungen anzubieten. Ich brauchte sie nur zu bestätigen und zuzuhören. Ich hätte sie ein andermal anrufen oder besuchen und ihr dann ein paar Fragen stellen können, durch die sie selbst auf Lösungen gekommen wäre, und dann hätte ich ihr sogar eine Anregung geben können, aber nicht in dem Moment, als sie mir gerade ihr Herz ausschüttete.«

Wir alle müssen von dieser unnötigen Problemlöseverpflichtung wegkommen und immer daran denken: *Ich habe nicht die Macht, irgend etwas für meine Freundin in Ordnung zu bringen.* Die Lösungen für ihre Probleme liegen in ihr selbst. Wenn Sie eine wahre Freundin sind, lassen Sie sie ihre Gefühle ungehindert äußern und so tief in sie hineingehen, wie es notwendig ist. Behindern Sie sich nicht, indem Sie versuchen, ihre Gedanken in eine andere Richtung zu lenken oder ihr ihre Gefühle auszureden. Gestatten Sie ihr diese Gefühle, und Sie werden überrascht sein, wie gut sie sich selbst helfen kann. Wenn wir anderen diese Gelegenheit zugestehen, finden sie im allgemeinen die Lösung selbst. Das ausführliche Darüberreden gibt ihnen die Chance, die Dinge anders zu sehen.

Freunden Grenzen setzen

Eine Frau erzählte: »Ich hab eine Freundin, die mich verrückt macht. Wenn es darum geht, meine Kinder zu erziehen, sagt sie mir ständig, was ich hätte tun sollen oder was ich das nächste Mal tun müßte. Ich hab das so satt, daß ich eigentlich gar keine Lust mehr habe, überhaupt mit ihr zusammen zu sein.« Sie war darüber traurig, denn es gab auch Dinge, die ihr an ihrer Freundin gefielen, aber die Freundschaft war ihr nicht soviel wert, daß sie ständig die verletzenden Vorträge in Kauf nehmen wollte. Sie sagte: »Sie vermittelt mir andauernd das Gefühl, strohdumm zu sein, weil ich nicht soviel weiß wie sie. Und das brauche ich überhaupt nicht.«

Was können Sie in einer solchen Situation tun? Ich meine, daß hier ein paar Grenzen gesetzt werden müssen. Mit dem Gedanken im Hinterkopf, daß Grenzen *freundlich, höflich, respektvoll* und *bestimmt* gesetzt werden, könnte sie zu ihrer Freundin sagen: »Bitte sag mir nicht mehr, wie ich meine Kinder erziehen soll, es sei denn, ich bitte dich um einen Vorschlag. Es belastet unsere Freundschaft, und es gibt so vieles, was mir an unserer Freundschaft gefällt, daß ich sie nicht verlieren möchte.« Wenn die Freundin auf diese Grenze nicht eingeht, können Sie davon ausgehen, daß es eigentlich keine richtige Freundschaft war. Eine gute Freundin wird sich im allgemeinen entschuldigen und die Grenze nicht verletzen.

Nehmen wir jetzt einmal an, Sie wären die Freundin, die im allgemeinen die Ratschläge gibt. Wie gehen Sie dann mit der Situation um? Stellen Sie sich vor, das kleine Kind Ihrer Freundin hätte gerade das Band von deren Lieblingsmusikkassette abgewickelt, während Sie beide sich unterhielten. Sobald die Freundin sieht, was das Kind getan hat, packt sie es am Arm, gibt ihm ein paar Schläge aufs Hinterteil und schreit: »Mach das nie wieder!« Das Kind bricht in Tränen aus und schreit, während sie es in sein Zimmer zerrt. Sie sitzen da und denken an eine sehr viel bessere Methode, mit der Situation umzugehen. Es juckt Sie so richtig, ihr zu sagen, was sie pädagogisch richtig hätte machen sollen. Lassen Sie es sein! Halten Sie inne und überlegen Sie, was Ihre Freundin jetzt wirklich braucht. Braucht sie nicht viel eher ein bißchen Bestätigung? Schließlich ist gerade ihre Lieblingskassette ruiniert worden. Wenn sie wieder ins Zimmer kommt, wird sie wahrscheinlich sagen: »Ich weiß nicht, was ich mit diesem Kind machen soll. Ständig macht es irgendetwas kaputt... und jetzt auch noch meine Lieblingskassette.« Das ist der richtige Zeitpunkt, um ihre Gefühle zu bestätigen, indem Sie zum Beispiel sagen: »Es ist wirklich frustrierend, wenn Kinder so was machen.« Sie werden zugeben, daß solche Vorfälle tatsächlich frustrierend *sind*. Lassen Sie Ihre Freundin dann reden. Wahrscheinlich wird Sie Ihnen erzählen, was das Kind sonst noch alles Frustrierendes angestellt hat. Sie muß diesen ganzen Frust bei irgend jemandem loswerden, der sie so mag, daß er einfach zuhört und nicht versucht, ihr irgend etwas beizubringen. *Dies ist nicht der richtige Zeitpunkt für Belehrungen. Es ist der richtige Zeitpunkt zum Zuhören.*

Früher oder später sagt sie dann vielleicht: »Was würdest du machen, wenn du an meiner Stelle wärst?« Die beste Antwort auf diese Frage lautet: »Ich weiß nicht genau. Was hast du denn schon ausprobiert?« oder: »Was könntest du denn sonst noch machen?« Lassen Sie sie selbst versuchen, auf ein paar bessere Lösungen zu kommen. Schließlich ist es ihr Problem, nicht Ihres. Schon nur das Darüberreden trägt dazu bei, daß sie es besser einschätzen kann. Wenn sie intensiv nachgedacht hat und immer noch nicht weiß, was sie machen soll, können

Sie ihr eine Anregung geben, indem Sie sagen: »Ich weiß nicht, ob es bei deinem Kind funktioniert – sie sind alle so verschieden –, aber mir ist etwas eingefallen, was du ausprobieren könntest.« Achten Sie darauf, daß diese Vorgehensweise sie nicht unter Druck setzt. Teilen Sie ihr dann Ihre Anregung mit und fügen Sie unter Umständen sogar hinzu: »Wahrscheinlich fällt dir noch etwas Besseres ein, aber du kannst das hier ja mal ausprobieren. Vielleicht lohnt es sich. Es ist nicht einfach, Kinder zu erziehen.«

Das ist eine Freundschaft, die den anderen aufwertet. Mit einer solchen Freundin werden Sie wahrscheinlich gern zusammensein wollen. Niemand wird kleiner gemacht, und niemand scheint die richtigen Antworten für sich gepachtet zu haben. Denken Sie daran: Was bei Ihnen und Ihrem Kind hilft, hilft bei ihr vielleicht nicht. Sie muß selbst ihre Entdeckungen machen. Wenn Sie später einen Zeitschriftenartikel oder ein Buch mit guten Ideen finden, können Sie ihr das mitteilen. Ohne Druck – einfach als überlegenswerte Gedanken.

Was ist mit einer Freundin, die anfängt, Ihre Zeit übermäßig zu beanspruchen? Dies kann zu einem ernsthaften Problem werden und die Freundschaft sogar zerstören. Ich habe dies bei einer Klientin beobachtet, die mehrere Jahre lang mit einer anderen Frau, einer Witwe, befreundet war.

Sie hatte auch andere Freundinnen, und trotzdem schätzte sie diese spezielle Freundschaft besonders. Diese Freundin hatte jedoch das Bedürfnis, mit meiner Klientin extrem viel Zeit zu verbringen; meine Klientin hatte allmählich das Gefühl zu ersticken. Um selbst emotional zu überleben, mußte sie eine Grenze setzen und ihrer Freundin sagen, wann und wieviel Zeit sie für sie hatte. Sie sagte: »Unsere Freundschaft ist mir wichtig, und ich muß mit dir über ein paar Bedürfnisse von mir reden.« Achten Sie darauf, daß sie nicht sagte: »*Aber* ich muß mit dir ... reden.« Das Wörtchen »aber« hätte die Freundschaft irgendwie kleiner gemacht. Als der Freundin klar wurde, daß sie meine Klientin nicht mehr so oft sehen würde, sagte sie: »Unsere Freundschaft ist mir auch wichtig, und ich werde es vermissen, dich nicht mehr so oft zu sehen.« Meine Klientin bestätigte dieses Gefühl, indem sie sagte: »Das verstehe ich. Wir haben schöne Zeiten zusammen gehabt, und ich möchte, daß das so bleibt. Wie wäre es, wenn wir uns jeden Samstag treffen würden?« Die Freundin war einverstanden, und seitdem verbringen sie fast jeden Samstagnachmittag zusammen. Sie haben sich beide daran gewöhnt und scheinen mit diesem Arrangement zufrieden zu sein.

Ich glaube, daß ein wahrer Freund Ihre Grenzen achtet und sie versteht. Was ist mit einer Freundin, die Sie ständig drängt, Details aus Ihrem Leben zu erzählen, über die Sie nicht sprechen wollen? Sie können ihr eine Grenze setzen, indem Sie ihr Gefühl bestätigen, zum Beispiel mit: »Ich schätze dein Interesse; aber ich möchte nicht darüber reden.« Wechseln Sie dann das Thema und behandeln Sie sie anschließend ganz normal.

Ein wahrer Freund akzeptiert Sie so, wie Sie sind,
ohne Sie zu beurteilen.

Was ist mit einer Freundin, die Sie drängt, etwas zu tun, was gegen Ihre Überzeugung ist? Auch hier sollten Sie Ihre Grenzen setzen. Sie wissen, was Sie glauben und wie weit Sie in bestimmten Situationen gehen würden. *Setzen Sie Ihre Grenze freundlich, höflich, respektvoll und bestimmt.* Wenn Sie es nur so wischi-waschi tun, ist es keine richtige Grenze. Wenn Sie nicht genau wissen, welche Werte Sie befürworten, ist es hilfreich, eine Zeitlang in sich zu gehen, über Ihre persönlichen Werte nachzudenken und sie eventuell sogar aufzuschreiben. Wenn sie ganz fest in Ihnen verankert sind, kann Sie dies leiten und es erspart Ihnen möglicherweise Fehler, die Sie später bereuen.

Denken Sie daran, ein wahrer Freund akzeptiert Sie so, wie Sie sind, ohne Sie zu beurteilen. Wenn dies in einer Freundschaft nicht der Fall ist, ist es meines Erachtens keine richtige Freundschaft. Ein echter Freund akzeptiert und achtet Ihre Grenzen.

Wenn ein Freund einen geliebten Menschen verliert

Eine Frau erzählte, wie sie eine Freundin bestätigte, deren Mann kurz zuvor an einem Herzanfall gestorben war.

»Unmittelbar nachdem es passiert war, war ich zunächst völlig fertig. Es setzte mir sehr zu, daß meine Freundin so etwas Schwieriges durchmachen mußte. Ich hätte gern alles für sie wieder in Ordnung gebracht, aber das war nicht möglich. Als ich sie traf, umarmte ich sie und sagte: ›Es tut mir so leid.‹ Wir hielten uns fest und schluchzten ein paar Minuten lang zusammen. Dann sagte sie: ›Es ist alles so schnell gegangen, und jetzt ist er weg.‹ Ich versuchte nicht, ihr gut zuzureden. Es ist absurd, überhaupt daran zu denken, in einem solchen Augenblick so etwas zu versuchen. Ich sagte: ›Wie ist es passiert?‹ Sie schien mir alle Details erzählen zu wollen, und ich blieb einfach bei ihr und hörte zu.

Irgendwann sagte sie: ›Ich weiß nicht, was ich machen soll.‹ Ich glaube, wenn ich das Bestätigen nicht gekannt hätte, hätte ich ihr in diesem Augenblick irgendeinen Ratschlag gegeben. Gott sei Dank tat ich es nicht. Das war nicht das, was sie brauchte. Auf ihre Bemerkung sagte ich nur: ›Es wird sicher schwierig werden. Kann ich irgend etwas tun, um dir zu helfen?‹ Sie machte sich wegen der Einzelheiten des Begräbnisses Sorgen und bat mich dabei um Hilfe. – Als sie gesagt hatte: ›Ich weiß nicht, was ich machen soll‹, hatte ich gedacht, sie würde ihre Zukunft meinen, und hätte ihr dazu einen Ratschlag gegeben, und nicht zur Beerdigung. Ich begriff, wie wichtig es war, daß ich fragte, was sie brauchte, und nicht irgendwelche Vermutungen anstellte.«

Meine Frau erlebte etwas Ähnliches mit einer neuen Nachbarin, deren Großmutter starb. Sie kannte die Nachbarin nicht gut, wollte aber ihr Beileid aussprechen. Die Nachbarin bat sie ins Haus, und meine Frau sagte: »Es tut mir leid, vom Tod Ihrer Großmutter hören zu müssen.« Die Nachbarin dankte meiner Frau für ihre Anteilnahme. Dann sagte meine Frau: »Erzählen Sie mir von Ihrer Großmutter.« In der nächsten halben Stunde sprach die Nachbarin über die herrlichen Zeiten, die sie mit ihrer Großmutter gehabt hatte. Sie weinte und lachte bei einigen Erinnerungen. Meine Frau umarmte sie und sagte: »Danke, daß Sie mir das erzählt haben. Jetzt ist mir klar, warum Sie sie so lieb hatten.« Das war der Beginn einer wunderbaren Freundschaft. Wenn jemand stirbt, hat aufmerksames Zuhören eine fast magische Heilwirkung. So wirkt Bestätigung. Ein Freund von mir erzählte mir das folgende Erlebnis, das ebenfalls die Macht des Bestätigens veranschaulicht.

»Ein paar Jahre nach dem Tod meiner Frau ließen meine beiden Jungen, die damals im Teenageralter waren, sich auf Drogen ein, was in der Nachbarschaft ein paar Probleme verursachte. Es war eine sehr, sehr schwere Zeit für mich. Ich vermißte meine Frau, und meine Jungen schienen mir zu entgleiten. Ich hatte damals wirklich ziemlich viel Kummer. Ein

Nachbar, der zufällig Rechtsanwalt war, war durch das Verhalten meiner Jungen so aufgebracht, daß er drohte, sie mir wegnehmen zu lassen. Ich fühlte mich völlig alleingelassen.

In der folgenden Woche besuchte ich eine Veranstaltung in der Nähe und fühlte mich sehr einsam, weil niemand mit mir sprach. Als ich wegging und gerade auf mein Auto zusteuerte, kam ein Mann aus der Nachbarschaft zu mir, legte mir den Arm um die Schultern und sagte: ›Harte Zeiten, was?‹ Plötzlich hatte ich das Gefühl, daß jemand mich verstand und sich wirklich für mich interessierte. Es war ein Wendepunkt für mich, und obwohl es schon fünfzehn Jahre her ist, erinnere ich mich immer noch daran, als wäre es gestern gewesen.«

Der Einfluß eines Freundes, der Ihre Gefühle bestätigt und Sie durch sie hindurchbegleitet, ist von unschätzbarem Wert.

Eine kleine Katharsis

Durch das Bestätigen können Sie einer Freundin manchmal die erleichternde, läuternde Wirkung einer kleinen Katharsis zukommen lassen. Nehmen wir an, Ihre Freundin ärgert sich über eine Äußerung ihres Exmannes und sagt Ihnen: »Ich hab so eine Stinkwut auf den Blödmann, daß ich ihn am liebsten verprügeln würde.« Anstatt zu antworten: »Um Gottes willen, das kannst du doch nicht machen. Dadurch würde alles nur schlimmer«, könnten Sie sie in den Genuß einer kleinen Katharsis kommen lassen, indem Sie sagen: »Ja, ich glaube, das Gefühl hätte ich auch!« Sie wird dann vielleicht sagen: »Mensch, ja, das wäre wirklich gut!« Beobachten Sie ihr Lächeln, während sie sich die Szene vorstellt. Sie werden sehen, wie die Spannung nachläßt, und dann wird sie wahrscheinlich sagen: »Ach, eigentlich kann ich das gar nicht. Aber manchmal bringt er mich wirklich total auf die Palme.« Bestätigen Sie dann einfach ihre Gefühle: »Ja, du hast es tatsächlich nicht einfach«, und erlauben Sie ihr, sich alles von der Seele zu reden. Wenn sie die Gelegenheit bekommt, ihre Gefühle zu äußern, ohne daß Sie sie dabei behindern oder bewerten, wird sie wahrscheinlich auf ein paar gute Lösungen kommen, die für sie praktikabel sind.

Entdecken Sie, wie angenehm eine Freundschaft ist, bei der Sie nur zuzuhören und zu verstehen brauchen und nicht dafür verantwortlich sind, irgendwelche Probleme zu lösen.

Fangen Sie heute an

Rufen Sie heute irgendwann im Laufe des Tages oder Abends eine Freundin an und fragen Sie sie: »Wie geht's dir?« Wenn sie antwortet: »Gut. Und wie geht's dir?«, dann antworten Sie nur kurz und fragen Sie dann: »Und was gibt's Neues bei dir?« Sie sagt dann vielleicht: »Wieso willst du das wissen?« Sie könnten darauf sagen: »Ich hab eine Zeitlang nichts von dir gehört, und es interessiert mich einfach, was bei dir so los ist.« Hören Sie dann zu und bestätigen Sie ihre Gefühle, ohne ihr irgendwelche Ratschläge zu geben. Wenn sie Sie um Hilfe oder Lösungen bittet, können Sie bestätigende Formulierungen und Fragen verwenden (siehe Kapitel »Sechster Grundsatz«), um ihr zu helfen, selbst die beste Lösung für ihr Problem zu finden. Entdecken Sie so, wie angenehm eine Freundschaft ist, bei der Sie nur zuzuhören und zu verstehen brauchen und nicht dafür verantwortlich sind, irgendwelche Probleme zu lösen.

Bestätigen am Arbeitsplatz

Kundenkontakte

Ich war einmal Miteigentümer einer kleinen Elektronikfirma. Der Kontakt zu Kunden und Angestellten nahm einen Großteil meiner Zeit in Anspruch. Das Eingehen auf ihre Bedürfnisse war eine wichtige und oft schwierige Aufgabe. Ich wollte, daß meine Angestellten sich als unverzichtbarer Teil des Ganzen fühlten. Wenn sie mit Kunden telefonierten, mußten sie wissen, daß sie die Firma repräsentierten. Jeder, der irgendeine Führungsfunktion innehatte, mußte sich dessen bewußt sein, daß er das Management verkörperte und unsere Firmenphilosophie vertrat. Denn nur in puncto Service und Kundenbetreuung hatten wir mehr zu bieten als die anderen. Jeder einzelne Angestellte sollte nach dem Grundsatz handeln: Der Kunde ist König. Wenn wir uns nicht um unsere Kunden kümmern, wird niemand es tun.

In der Einführung zu diesem Buch habe ich das Beispiel eines Kundendienstmitarbeiters genannt, der einen aufgebrachten Kunden am Telefon hat (siehe Seite 13). Für den Kunden am anderen Ende der Leitung repräsentiert dieser Mitarbeiter die ganze Firma. Hier noch einmal das Beispiel:

»Das Telefon auf meinem Schreibtisch klingelte, und ich nahm den Hörer ab. Mit lauter, wütender Stimme sagte ein Mann:

›Ich hoffe, daß Sie mir helfen können, denn ich hab jetzt schon drei Leute an der Strippe gehabt und will, daß endlich was passiert! Mein Auto war in den letzten zwei Wochen dreimal wegen derselben Sache in Ihrem miesen Laden, und es funktioniert immer noch nicht!‹ Ich fragte: ›Können Sie mir sagen, was jetzt mit ihm nicht in Ordnung ist?‹ – ›Wenn ich wüßte, was mit der verdammten Karre nicht stimmt, hätte ich es schon selbst repariert!‹ Ich sagte: ›Tut mir leid, daß Sie solche Unannehmlichkeiten hatten.‹ Er unterbrach mich und sagte: ›Es ist mir piepegal, ob es Ihnen leid tut. Sie sind sowieso der traurigste Verein, den ich kenne. Was zum Teufel wollen Sie jetzt machen, um mein Auto hinzukriegen?‹ Ich ertappte mich dabei, daß ich wütend zurückgab: ›Jetzt hören Sie aber mal, ich kann doch nichts dafür, daß Ihr Auto nicht ordentlich repariert worden ist!!!‹‹«

Überlegen wir einmal, ob es nicht eine bessere Möglichkeit gibt, mit der Situation umzugehen. Dazu unterbrechen wir das Beispiel nach der Aussage des Kunden: »Was zum Teufel wollen Sie jetzt machen, um mein Auto wieder hinzukriegen?« In welcher emotionalen Verfassung befindet sich der Kunde? Waren Sie schon einmal in einer ähnlichen Lage, in der niemand sich um Ihr Problem zu kümmern schien? Was hätten Sie da gerne gehabt? Wie hätte man auf Sie eingehen sollen? Erinnern Sie sich: Bestätigen bedeutet, einen Menschen dort abzuholen, wo er sich gerade befindet. Und ihn von dem Punkt aus durch seine Gefühle zu begleiten bis zu dem Punkt, zu dem er hin muß.

Der obige Kunde hat mehrere Gefühle gleichzeitig: Er ist *wütend,* weil das Auto nicht in Ordnung gebracht worden ist – er konnte das Auto in den letzten zwei Wochen mindestens drei Tage lang nicht nutzen, und niemand scheint das zu interessieren. Er ist *traurig,* weil das Auto nicht in Ordnung ist – er glaubt, daß man ihn mit seinem Problem allein läßt, und vor Jahren, als Autos noch nicht mit so viel Elektronik versehen waren, hat er selbst dies und jenes in Ordnung gebracht. Er hat *Angst*, weil sein Auto vielleicht nicht repariert werden kann, weil er vielleicht ein anderes Auto kaufen muß, dieses ihm aber gefällt, und weil vielleicht niemand da ist, der sein Problem wirklich ernst nimmt. Diese Gefühle erzeugen Frust und das Bedürfnis, diesen Frust irgendwo loszuwerden.

Wenn ein Kunde seinen Frust an Ihnen abläßt, müssen Sie sich klarmachen, daß dies nichts mit Ihnen persönlich zu tun hat, auch wenn es gegen Sie gerichtet zu sein scheint. Treten Sie gedanklich einen Schritt zurück, und hören Sie mit dem Teil von Ihnen zu, der schon einmal ähnliche Gefühle hatte. Wenn Sie das tun, könnte Ihre Reaktion folgendermaßen aussehen: »Das ist sicher ziemlich frustrierend. Offensichtlich haben wir Sie ziemlich hängenlassen, und das tut mir leid. Es gibt keine Entschuldigung dafür, und ich werde persönlich dafür sorgen, daß wir unserer Verantwortung gerecht werden. Wann können Sie uns Ihr Auto noch einmal bringen?« *Das ist Bestätigung.* Es zeigt, daß Sie den Frust Ihres Kunden verstehen. Sagen Sie dann: »Wenn Ihr Auto hier ist und Sie irgendwelche Fragen haben, dann rufen Sie mich bitte an. Ich werde persönlich nachsehen, was los ist. Ich danke Ihnen für Ihre Geduld.« Alle Menschen müssen wissen, *daß sie wertvoll sind, ihre Gefühle wichtig sind und irgend jemand sich wirklich für sie interessiert.*

Ich hatte zum Beispiel einmal Probleme mit einer Recycling-Tonerkartusche für meinen Kopierer. Als ich zur ersten Firma zurückging, um ihnen zu sagen, daß die Kartusche nicht richtig funktionierte, behandelte der Firmenchef mich so, als würde er sagen: »Wie können Sie es wagen, unser Produkt in Frage zu stellen? Wir leisten hervorragende Arbeit, und offensichtlich machen Sie irgend etwas falsch.«

Ich ging zu einer anderen Firma und kaufte eine andere Recycling-Kartusche. Auch mit ihr hatte ich ähnliche Probleme, aber die Firma reagierte völlig anders. Ich rief sie an, und der Inhaber sagte, er würde mir eine andere Kartusche bringen, was er auch tat. Auch sie funktionierte nicht richtig. Er sagte: »Lassen Sie mich Ihren Kopierer mitnehmen, damit ich diese Kartuschen testen kann, bis wir eine finden, die bei Ihrem Kopierer sauber arbeitet. Es ist für Sie mit keinen zusätzlichen Kosten verbunden.« Gesagt, getan. Ich habe jetzt eine Kartusche, die funktioniert, ich habe bei ihm eine andere Kartusche für meinen Drucker gekauft, und ich werde anderen Leuten von dem tollen Service erzählen, den diese Firma mir geboten hat. Dieser Mann hat sich um mein Problem gekümmert, er hat zugehört, er hat mein Bedürfnis verstanden und mir seine Hilfe angeboten. Das ist Bestätigung!

Unerfüllbare Bedürfnisse

Oft werden Bitten an uns herangetragen, die unerfüllbar sind. Nehmen wir an, der Kunde mit dem Problemauto verlangt, daß Sie das Auto zurücknehmen und ihm sein Geld zurückgeben. Wie bestätigen Sie ein solches Ansinnen? Jetzt müssen Sie wissen, welche Grenzen Sie haben, und sie ihm ganz freundlich mitteilen können. Sie könnten zum Beispiel sagen: »Das wäre schön, und ich wünschte, ich könnte es, doch das geht leider nicht. Aber ich werde dafür sorgen, daß Ihr Auto so repariert wird, daß Sie zufrieden sind.« Er könnte dann immer noch mit einem frustrierten Kommentar reagieren, zum Beispiel: »Dann wende ich mich eben an die Firmenleitung. Ich bin sicher, daß sie mir gerne helfen würde.« Bestätigen Sie dies, indem Sie sagen: »Ich glaube, ich kann Ihre Gefühle verstehen. Es tut mir leid, daß wir Ihre Bitte nicht erfüllen können. Ich würde mich freuen, wenn Sie uns noch einmal die Möglichkeit geben würden, Ihr Auto korrekt in Ordnung zu bringen.«

Nicht für alle Probleme gibt es eine Lösung, die die Bedürfnisse aller Beteiligten befriedigt. Wenn Sie die Beherrschung nicht verlieren, haben Sie die besten Chancen, den Kunden nicht zu verlieren. Und Sie behalten auch Ihren Ruf, Kunden freundlich zu behandeln.

Alles, was wir tun, hat Grenzen. Die Herausforderung besteht darin, innerhalb dieser Grenzen möglichst spannungsfrei arbeiten zu können. Jeder darf sich wünschen, die Grenzen wären nicht da, und kann diesen Wunsch auch äußern. Damit bestätigen Sie Ihren Gesprächspartner. Wie Sie Ihre Grenzen präsentieren, gibt Aufschluß darüber, wie wohl Sie sich mit ihnen fühlen und ob Sie selbst sie wirklich akzeptieren. Ich habe selbst schon gewünscht, einige Regeln würden sich ändern, dann aber festgestellt, daß sie nicht geändert werden konnten. Ich hatte trotzdem ein gutes Gefühl, wenn mein Gesprächspartner meinen Wunsch verstand, mein Bedürfnis bestätigte und mir *freundlich* »Nein« oder »Das geht nicht« sagte.

Fürsorglichkeit ist der Schlüssel

Vor ein paar Jahren habe ich im »Guidepost Magazine« einen Artikel gelesen, der die Fürsorglichkeit auf wunderbare Weise beschreibt. Es ist die Geschichte einer Krankenschwester, die in einem staatlichen Genesungsheim arbeitete. Sie wurde einer älteren Patientin zugeteilt, die seit drei Jahren kein Wort gesprochen hatte. Die anderen Krankenschwestern konnte diese Patientin so wenig leiden, daß sie sie immer an das jüngste Belegschaftsmitglied weiterreichen. Aber diese Krankenschwester war Christin – zumindest hatte sie sich immer dafür gehalten – und sie beschloß, daß ihre christliche Liebe nur so gut wäre wie ihre Liebe zu dieser speziellen Patientin.

Die alte Frau saß gewöhnlich den ganzen Tag in einem Schaukelstuhl. »Also zog ich einen anderen Schaukelstuhl heran«, sagte die Krankenschwester, »und schaukelte neben ihr hin und her und liebte sie und liebte sie und liebte sie.« Am dritten Tag öffnete die Frau die Augen und sagte: »Sie sind so nett.« Das waren die ersten Worte, die sie seit drei Jahren gesprochen hatte.

Bestätigen bedeutet, daß Sie den anderen an dem Punkt abholen, wo er sich befindet, und nicht da, wo er Ihrer Meinung nach sein müßte.

In dem Artikel stand weiter, daß die ältere Frau sich in zwei Wochen so weit erholte, daß sie nach Hause konnte. Offensichtlich hatten die anderen Krankenschwestern ihr das Etikett »mürrisch und unzugänglich« verpaßt und sie entsprechend behandelt. Was hat das mit dem Bestätigen zu tun? Bestätigen bedeutet, daß Sie den anderen an dem Punkt abholen, wo er sich befindet, und nicht da, wo er Ihrer Meinung nach sein *müßte*. Sehr oft gehen wir von *unseren* Gefühlen und *unserem* Verständnis aus, wenn wir festlegen, wo jemand sein müßte. Aber so geht es nicht. Wir können einem anderen Menschen nur dann helfen, wenn wir ihm zuhören und zu verstehen versuchen, an welchem Punkt er jetzt ist. Als die neue Krankenschwester beschloß, selbst dorthin zu gehen, wo die ältere Frau war, akzeptierte sie sie zu deren Bedingungen und versuchte nicht, eine Veränderung zu erzwingen. Als die Frau die herzli-

che Fürsorge spürte, öffnete sie sich und ließ die Krankenschwester herein. Dann konnte die Krankenschwester ihre
Hilfe anbieten. Fürsorglichkeit ist der Schlüssel zu anderen
Menschen. Wenn jemand einem fürsorglichen Zuhörer seine
Situation oder sein Bedürfnis schildert, kommt er oft selbst auf
die Lösung für sein Problem. Sie brauchen nur ein paar bestätigende Fragen zu stellen, und dann heißt es: *Zuhören,
zuhören, zuhören* und *verstehen.*

Beispiele beobachten

Es macht Spaß, in Fernsehsendungen und Filmen nach Beispielen für das Bestätigen zu fahnden. Ein sehr schönes Beispiel dafür fand ich in einer »Matlock«-Folge (eine Fernsehse-
rie über einen fiktiven Rechtsanwalt aus Atlanta/Georgia). Der
Staatsanwalt und Matlock streiten über die Zulässigkeit eines
neuen Beweises, den Matlock im Gericht vorgetragen hat. Der
Richter bittet sie zu einer Besprechung in sein Zimmer. Im Verlauf der Unterredung sagt der Staatsanwalt: »Es ist grauenhaft.
Die Polizei hatte jede Menge Zeit, um diesen Beweis zu finden.« Matlock erwidert: »Wissen Sie, Euer Ehren, es ist wirklich grauenhaft. Es ist grauenhaft, daß die Polizei so lange gebraucht hat.« Daraufhin sagt der Staatsanwalt: »Also schön,
ich glaube, wir können den Beweis akzeptieren.« Der Richter
verläßt den Raum, und der Staatsanwalt meint zu Matlock:
»Das paßt mir überhaupt nicht.« Matlock entgegnet: »Mir
würde es auch nicht gefallen.« Daraufhin entspannt der Staatsanwalt sich, und die Szene wird ausgeblendet.

Dies war keine Szene aus dem wirklichen Leben, aber sie hat
einen Vorteil des Bestätigens gezeigt: Wenn jemand angehört
und verstanden wird, braucht man sich um nichts zu streiten.

Wenn Matlock gesagt hätte: »Pech für Sie. Sie werden da einfach nicht drumherumkommen«, wäre daraus ein Streit entstanden. Aber so hatte der Staatsanwalt nichts, um das er sich streiten konnte. Die Situation, mit der er klarkommen mußte, war unangenehm und nicht ideal. Er äußerte es, und es wurde verstanden und bestätigt. Ich habe erlebt, daß solche Situationen sich im wirklichen Leben ereignet haben.

> *Wenn jemand angehört und verstanden wird,*
> *braucht man sich um nichts zu streiten.*

Es ist interessant zu beobachten, was passiert, wenn andere das Bestätigen bei ihrer Arbeit anwenden – und was geschieht, wenn sie es nicht anwenden. Solche Beobachtungen erleichtern es Ihnen, sich die entsprechenden Grundsätze anzueignen.

Meine Frau Joy war einmal Zeugin einer solchen Situation, als sie vor einem Postschalter wartete. Sie hörte zufällig die Unterhaltung zwischen der Angestellten und dem Kunden vor ihr mit.

»Die Angestellte schien ungeduldig und in Eile. Am Ende einer ausgedehnten Transaktion legte sie schroff das Wechselgeld auf die Theke. Der Kunde sagte: ›Es gefällt mir nicht, wie Sie mich behandeln. Sie knallen mir das Wechselgeld einfach so hin.‹ Die Angestellte verteidigte sich und sagte: › hab ich nicht. Ich hab es einfach hingelegt.‹ Der Kunde erwiderte: ›Sie haben vielleicht eine Laune!‹ und ging verärgert weg. Ich dachte bei mir, daß der Kunde wahrscheinlich in besserer Stimmung weggegangen wäre, wenn die Angestellte einfach gesagt hätte: ›Es tut mir leid. Ich wollte es nicht hinknallen.‹«

Ich trat an den Schalter, und die Angestellte war immer noch durcheinander und irgendwie neben der Kappe. Ich versuchte, sie zu verstehen, und sagte: ›Manche Tage sind wirklich hart, nicht!‹ Die Frau wurde sofort milder und sagte: ›Heute war es wirklich schlimm.‹ Sie war nett, als sie mich bediente, und ihre Laune schien sich zu bessern.«

Joy hatte recht. Der Kunde vorher wäre in besserer Stimmung weggegangen, wenn ihn die Angestellte bestätigt hätte, anstatt sich zu verteidigen. Achten Sie darauf, wie die Laune der Angestellten sich änderte, als sie durch den verständnisvollen Satz »Manche Tage sind wirklich hart« bestätigt wurde. Es funktioniert in beiden Richtungen – sowohl der, der arbeitet, als auch der, der bedient wird, können das Bestätigen verwenden und Situationen entschärfen.

Die bestätigende Lehrerin

Bei manchen Tätigkeiten werden die Menschen, mit denen Sie zu tun haben, nicht als Kunden betrachtet. Eine Lehrerin zum Beispiel betrachtet ihre Schüler nicht als Kunden, obwohl sie das im Grunde sind – sie konsumieren das, was sie lehrt. Eine Nachbarin von uns unterrichtete Englisch an der Universität. Sie erzählte uns, wie sie früher mit den Klagen ihrer Studenten umgegangen war und was sie änderte, nachdem sie das Bestätigen kennengelernt hatte.

»Zu Beginn des Semesters erklärte ich den Ablauf des Kurses, die Gründe für Seminararbeiten, ich erläuterte, wie viele Arbeiten sie schreiben müssen und warum ich diese Anforderungen stellte. Wenn das Semester dann auf Hochtouren lief, kamen immer einige meiner Studenten zu mir und beklagten sich über die Zahl der Arbeiten, die viele Zeit, die sie für ihre Erledigung brauchten. Sie jammerten über die Notwendigkeit, wissenschaftliche Arbeiten auf bestimmte Weise anzufertigen, und die Zahl der unbenoteten schriftlichen Arbeiten. Zuerst wiederholte ich nur meine Erklärung vom Anfang des Semesters, aber das schien nichts zu nützen.

Nachdem ich das Bestätigen kennengelernt hatte, beschloß ich, es auszuprobieren. Wenn meine Studenten kamen und sich beklagten, hörte ich mir ihre Klagen an und sagte dann: ›Ja, stimmt, es ist schwierig. Ich kann verstehen, daß Sie Schwierigkeiten haben, den ganzen Kurs mit Ihren sonstigen Aufgaben in Einklang zu bringen.‹ Oft brach ihr ganzer Frust aus ihnen heraus, während ich sorgfältig zuhörte und zu verstehen versuchte, so gut ich konnte. Mir wurde klar, daß ihr Frust sich nicht gegen mich persönlich richtete – sie waren einfach frustriert wegen allem, was sie zu tun versuchten. Ich änderte meine Anforderungen nicht, und im allgemeinen kamen sie am nächsten Tag mit der erledigten Arbeit zurück.

Was mich darin bestätigt hat, weiterhin hohe Anforderungen zu stellen, sind die Briefe, die ich von Studenten nach ihrem Abschluß erhalte. Sie danken mir für das, was ich aus ihnen herausgeholt habe, und sagen, daß sie jetzt einsehen, wie es ihnen bei ihrer Abschlußarbeit oder an ihrem Arbeitsplatz geholfen hat.«

Sie hörte sich die Klagen der Studenten an,
bestätigte deren Gefühle und ließ die
Verantwortung da, wo sie hingehörte.

Diese kluge Lehrerin setzte eine Norm fest, erklärte sie zu Beginn des Kurses und ließ die Verantwortung für die Erfüllung

der Anforderungen bei denen, die sich für den Kurs einge-
schrieben hatten. Sie hörte sich die Klagen der Studenten an,
bestätigte deren Gefühle und ließ die Verantwortung da, wo sie
hingehörte. Wenn wir eingreifen und jemandem helfen wollen,
versuchen wir oft, ihm die Verantwortung abzunehmen, damit
er sich wohler fühlt. Wir meinen, dies würde ihm helfen, aber
oft frustriert es den anderen nur noch mehr. Die Lehrerin hätte
ihre Anforderungen herunterschrauben und es für die Studenten leichter machen können. Das hätte die Lage für die Studenten für kurze Zeit einfacher gemacht, die Zukunft aber
schwieriger, denn sie wären nicht darauf vorbereitet gewesen,
die Herausforderungen zu bestehen, die am Arbeitsplatz auf
sie warteten.

Bestätigen als Lebensretter

Im Verlauf ihres Berufslebens stehen Ärzte oft vor Situationen,
bei denen es um Leben oder Tod geht. Bei folgender Geschichte geht es um einen Arzt, der selbst mit dem Tode bedroht wurde. Er berichtete folgendes:

»Ärzte sind gesetzlich verpflichtet, Vorfälle von Kindesmiß-
brauch dem Jugendamt zu melden, was dazu führen kann, daß
die Kinder in ein Heim kommen. Am Tag vor dem hier geschilderten Vorfall mußte ich einen Bericht über einen Mißbrauch für die zuständige Behörde machen. Am nächsten Tag
ging ich in mein privates Büro, und da stand der Vater der
mißbrauchten Kinder mit einem Gewehr, das er direkt auf mich
angelegt hatte. Er sagte: ›Sie haben mir meine Kinder genommen. Sie waren mein Leben! Und jetzt nehme ich Ihnen Ihr
Leben.‹

Ich hatte noch nie solche Angst wie in diesem Augenblick. Ich wußte, daß ich mausetot wäre, wenn ich jetzt etwas Falsches sagen würde. Also bestätigte ich ihn und sagte: ›Ich glaube, wenn ich Sie wäre, würde ich mich auch umbringen wollen.‹ Er stand ein paar Augenblicke da, begann dann zu weinen, senkte allmählich das Gewehr und sackte zusammen.«

Bei manchen Menschen kann extremer Streß ein extremes Verhalten auslösen. Dieser Vater konnte nur sehen, daß man ihm seine Kinder weggenommen hatte. Er konnte nicht sehen, daß sein Verhalten die Ursache dafür war. Manche Menschen suchen immer jemanden, dem sie die Schuld in die Schuhe schieben können, anstatt die Verantwortung für ihr Tun zu übernehmen. Der Arzt sah, daß es notwendig war, zuzuhören und zu verstehen. Er meinte zu mir: »Ich habe oft über den Vorfall nachgedacht und weiß, daß ich wahrscheinlich tot wäre, wenn ich diesen Mann und seine Gefühle nicht verstanden hätte.«

Trauen Sie Ihren Mitarbeitern etwas zu

Wenn jemand für eine bestimmte Aufgabe eingestellt wird, gibt es auf seiten des Arbeitgebers und auf seiten des Arbeitnehmers Erwartungen und Wünsche. Der Arbeitnehmer will seine Sache gut machen und erwartet, gut eingearbeitet zu werden, um die Erwartungen der Firma zu erfüllen. Der Arbeitgeber will, daß der Arbeitnehmer gute Arbeit leistet, und erwartet, daß er hart arbeitet. Jeder Arbeitgeber möchte, daß seine Mitarbeiter sich mit dem Unternehmen identifizieren. Der Arbeitgeber kann dieses Gefühl verstärken, wenn er sich die Zeit nimmt, seinen Mitarbeitern zuzuhören und sich für ihre Bedürfnisse, Wünsche und Anregungen interessiert.

Wenn ein Mitarbeiter bei einer bestimmten Prozedur oder auch der Firmenpolitik ein Problem sieht, tut der Inhaber oder Manager gut daran, ihm zuzuhören. Das Management kann Verbesserungen dadurch ermutigen, daß es auf die Leute eingeht. Ich habe einmal gehört, wie ein Chef zu einem Mitarbeiter sagte: »Sie werden nicht fürs Denken bezahlt. Sie sind hier, um Ihre Arbeit zu tun.« Durch eine solche Einstellung gehen viele wertvolle Beiträge verloren. Wenn der Arbeitgeber lernt, das Interesse seiner Leute an den Verfahrensabläufen zu bestätigen, und bestätigende Fragen stellt, hat die Firma die besten Chancen, zu wachsen und erfolgreich zu sein. Durch das Bestätigen kann der Arbeitgeber das Können und die Erfahrung seiner Mitarbeiter anzapfen. Sowohl der Arbeitgeber als auch der Arbeitnehmer brauchen dazu Persönlichkeit und Selbstvertrauen. Viele Firmen sagen, sie würden diese Politik verfolgen, aber im täglichen Umgang wird sie oft vergessen. Manchmal nimmt der Arbeitgeber sich nicht die Zeit, seinem Mitarbeiter zuzuhören oder zu zeigen, daß er ihm etwas zutraut.

In einem Herstellungsbetrieb stellte ein Monteur in einer Fertigungsstraße fest, daß er und andere auf bestimmte Teile warten mußten. Anstatt Zeit mit Reden zu verschwenden, umriß er das Problem, entwarf einen Plan und ging zu seinem Vorgesetzten. Wenn dieser jetzt nur gesagt hätte, er würde über eine Lösung nachdenken, hätte sich wahrscheinlich nichts geändert, und die Firma hätte weiterhin viele Arbeitsstunden und Geld verloren. Dem Vorgesetzten war jedoch klar, daß er nicht alle Probleme selbst lösen mußte, und deshalb hörte er dem Monteur zu, als der das Problem darstellte, und fragte ihn, *ob er eine Lösung wüßte.* Der Monteur legte den Plan vor, den er ausgearbeitet hatte. Er erschien dem Vorgesetzten plausibel, auch wenn dafür zusätzliche Lohn- und Materialkosten anfallen würden. Der Plan wurde durchgeführt, und die Firma sparte viel ein.

Wenn ein Arbeitnehmer ein Problem zur Sprache bringt, ist die optimale Reaktion von Ihrer Seite die Frage: »Was meinen Sie, was man da machen könnte?«

Nicht alle Anregungen sind umsetzbar. Wenn zum Beispiel der Maschinenpark älter oder schon etwas überholt ist und der Arbeitnehmer neuere Maschinen fordert, hat die Firma möglicherweise nicht die Mittel, um die älteren Maschinen zu ersetzen. Und sobald Sie dann die neue Maschine kaufen, kommt ein noch neueres Modell auf den Markt. Trotzdem können Sie auf einen solchen Vorschlag positiv reagieren. Nicht die Ablehnung als solche wertet den Arbeitnehmer ab, sondern die *Art*, wie er abgelehnt wird. Der Inhaber einer Druckerei zum Beispiel wurde von seinem Arbeiter an der Druckerpresse darauf angesprochen, daß ein bestimmter Arbeitsvorgang schwierig sei. Der Arbeiter meinte, die Firma brauche eine modernere Presse. Der Inhaber fragte ihn, ob der Arbeitsvorgang mit der vorhandenen Presse erledigt werden könne, und der Arbeiter sagte, mit einer neuen Presse ginge es sehr viel einfacher und schneller. Anstatt verärgert zu sein, könnte der Chef den Arbeitnehmer bestätigen, indem er etwa sagt: »Das ist eine schwierige Sache. Ich sehe, daß wir eine neuere Presse brauchen, und daß der Arbeitsvorgang mit der Presse, die wir haben, schwieriger ist. Ich wünschte, es wäre möglich, sie zu ersetzen, aber es geht zur Zeit nicht. Bitte tun Sie weiter Ihr Bestes.«

Die meisten Leute reagieren positiv, wenn man sie anhört,

bestätigt und schätzt. Wenn ein Mitarbeiter ein Problem zur Sprache bringt, ist die optimale Reaktion von Ihrer Seite die Frage: »Was meinen Sie, was man da machen könnte?« Hören Sie sich seinen Vorschlag an. Wenn er keine Lösung hat, könnte die bestätigende Frage lauten: »Könnten Sie darüber nachdenken und mir Ihre Ideen mitteilen? Sie sind direkt am Problem dran und sehen vielleicht Dinge, die ich nicht sehe. Danke jedenfalls für Ihr Engagement.« Dies gibt dem Mitarbeiter indirekt zu verstehen: »Ich brauche Ihre Erfahrung, ich schätze Ihre Ideen, und ich möchte mit Ihnen zusammenarbeiten.«

Oft haben Firmeninhaber und leitende Angestellte die Tendenz, für jedes Problem und jede Klage sofort eine Lösung aufzutischen. Das aber ist eine ständige Belastung und kann zum Burn-out-Syndrom führen. Es ist wichtig, Mitarbeiter heranzuziehen, die der Firma gegenüber loyal sind und nach Lösungen genauso suchen wie nach Problemen.

Fangen Sie heute an

Gehen Sie zum Kapitel »Sechster Grundsatz« zurück und sehen Sie sich die bestätigenden Formulierungen und Fragen noch einmal an. Wählen Sie einige aus, die zu Ihrer Situation passen, und überlegen Sie, wo Sie sie in Ihrem Beruf anwenden können. Denken Sie daran: Wir alle haben dieselben Bedürfnisse, Wünsche und Gefühle. Es ist egal, an welcher Stelle in der Firma Sie arbeiten – eine schwierige Aufgabe ist eine schwierige Aufgabe. Begleiten Sie den anderen auf dem Weg, auf dem er ist, und erkennen Sie seine Gefühle an. Beobachten Sie, wie seine Einstellung sich ändert, wenn Sie ihn bestätigen, indem Sie ihm *zuhören* und ihn *verstehen*.

Schluß

Tun Sie es!

Ich hoffe, daß Sie die belastenden Gedanken, für die Lösung
der Probleme aller möglichen Leute verantwortlich zu sein, ein
bißchen weiter von sich weggeschoben und angefangen haben,
die Grundsätze des Bestätigens anzuwenden. Ich gebe zu, daß
die wirksame Anwendung dieser Grundsätze Übung erfordert.
Es ist nicht einfach, loszulassen und andere selbst ihre Probleme lösen zu lassen, wenn Sie sicher sind, die richtige Antwort für sie zu haben. Aber wenn Sie diesem Drang nicht nachgeben und die Verantwortung bei dem lassen, der sie hat, ist das
die beste Hilfe, die Sie geben können. Nehmen Sie sich die
Zeit, in die Anwendung und Perfektionierung dieser Fertigkeiten allmählich hineinzuwachsen.

Ich hoffe nicht, daß Sie dieses Buch lesen, die darin geäußer-
ten Ideen ganz aufregend finden und dann nichts umsetzen.
Lassen Sie es dazu nicht kommen! Erleben Sie, wie die An-
wendung dieser Grundsätze in Ihrem Leben und im Leben
Ihrer Lieben vieles zum Besseren wenden kann und wie alle
Ihre Beziehungen liebevoller und fürsorglicher werden. Lesen
Sie ruhig noch mal ein paar Dinge nach, wenn Sie Ihren Ge-
sprächspartner im Alltag bestätigen. Die Mühe lohnt sich.

Zur Erinnerung

Als kleines Resümee und Erinnerungshilfe an die zentralen Punkte habe ich hier acht Fragen und die entsprechenden Antworten aufgeführt. Wenn Sie Ihr Erinnerungsvermögen testen wollen, können Sie die Antwort zunächst abdecken, bis Sie die Frage beantwortet haben.

1. Was ist Bestätigung?
Die Fähigkeit, den anderen Menschen durch seine Gefühle hindurchzubegleiten, ohne zu versuchen, seine Gedanken oder seine Richtung zu verändern.

2. Wie lauten die vier Regeln des Bestätigens?
- *Zuhören* – indem Sie dem anderen Ihre volle Aufmerksamkeit schenken.
- *Zuhören* – welche Gefühle werden geäußert?
- *Zuhören* – welche Bedürfnisse werden geäußert?
- *Verstehen* – indem Sie sich so gut Sie können in den anderen hineinversetzen.

3. Welches universelle Bedürfnis hat jeder Mensch?
Zu wissen: *Ich bin wertvoll, meine Gefühle sind wichtig, und irgend jemand interessiert sich wirklich für mich.*

4. Wie lautet das Prinzip, das dem Bestätigen zugrundeliegt?
Die Erkenntnis, daß ich nicht die Macht habe, irgend etwas für einen anderen Menschen in Ordnung zu bringen. Ich kann meine Hilfe anbieten, aber ich kann nichts für ihn in Ordnung bringen.

5. Wer hat die Verantwortung für ein Problem?
Der, der das Problem hat.

6. Was sind die vier Schlüsselelemente, um wirksam Grenzen zu setzen?
Freundlich, höflich, respektvoll und *bestimmt* sein.

7. Wann ist der richtige Zeitpunkt für Belehrungen?
Nicht im Eifer des Gefechts. Nicht, wenn jemand seine Gefühle vor Ihnen ausbreitet, und nicht, wenn einer von Ihnen verärgert ist.

8. Nennen Sie je zwei gute bestätigende Formulierungen und Fragen.
Hier sind endlos viele Antworten möglich. Meine Favoriten:
- »Das ist sicher schwierig.«
- »Ich glaube, ich hätte dasselbe Gefühl.«
- »Wie hast du dich dabei gefühlt?«
- »Was meinst du, was klappen könnte?«

Sie müssen diese Liste natürlich nicht auswendig lernen. Sie ist aber gut dafür geeignet, das Gedächtnis zwischendurch wieder aufzufrischen, wenn Ihnen beispielsweise ein schwieriges Gespräch bevorsteht, oder wenn Ihnen einfach mal danach ist.

Das Leben ist zu kurz, um mit Problemen befrachtet zu werden, für die Sie nicht verantwortlich sind und die Sie nicht lösen können. Das Bestätigen und Zuhören kann dazu beitragen, daß wir den anderen besser verstehen und unsere Beziehungen glücklicher werden. Meine Frau Joy und ich haben dieses Buch geschrieben, damit es in diesem Sinne Ihr Leben verändert.

Gary und Joy Lundberg

Dank

Ich danke meiner besten Freundin, meiner Gefährtin und Frau dafür, daß sie an mich geglaubt und mich ermutigt hat. Joy war immer da, egal wohin das Leben uns führte. Sie hat ihr Mitgefühl und ihr Talent als Schriftstellerin eingebracht. Sie hat mich mit sanftem Druck zum Schreiben angehalten und so dafür gesorgt, daß das Buch nicht nur in meinem Kopf existiert.

Unseren Eltern, Lynne und Elese Lundberg und Clarence und Opal Saunders, die ohne Fehl lehrten und liebten, spreche ich meine Hochachtung aus. Ich danke auch unseren fünf Kindern Michael, Lynda, Carol, John und Paul sowie ihren Partnern, daß sie uns viele Erfahrungen mitgeteilt haben.

Mein Hauptmentor war und ist mein ältester Bruder, Dr. Lynne Jay Lundberg. Er hat mir geholfen, indem er sein Wissen und seine Liebe mit mir teilte. Seine Frau Elaine, mein Bruder Don und seine Frau Jonia haben Joy und mich beim Schreiben und bei öffentlichen Veranstaltungen immer unterstützt.

Unser Herausgeber, Howard Allan Christy, hat uns sehr geholfen und ermutigt. Verschiedene Verwandte, Freunde und Gefährten haben das Manuskript gelesen und nützliche Kritiken und Anregungen vorgebracht: Janice Kapp Perry, Don und Jonia Lundberg, Lee Saunders, Lynne Christy, Mike und Gail Kraus, Dr. Tom und Marilou Meyers, Fern Cox, Ann Wakefield, Jan Godfrey, Joan Rollins und Shawna Powelson.

Danken muß ich auch Leo Weidner. Er war eine einzigartige Mischung aus Freund, Nachbar und Coach, mit ihm habe ich viele Ideen und Einsichten ausgetauscht. Seine Kritik an unserem Manuskript war sehr wertvoll. Daß er Klienten an mich verwies, zeigte mir, daß er an mich glaubt und mir vertraut.

Schließlich möchte ich den vielen Freunden, Klienten und Workshopteilnehmern danken, die ihre Erfahrungen und ihre Bereitschaft, die Grundsätze auszuprobieren, zu diesem Buch beigetragen haben.

Gary Lundberg

Literatur

James Allen: *Heile deine Gedanken. Werde Meister deines Schicksals.* Lüchow Verlag, Freiburg 1995

Stephen R. Covey: *Die sieben Wege zur Effektivität.* Campus Verlag, Frankfurt 1992

John Gray: *Männer sind anders. Frauen auch.* Goldmann Verlag, München 1993

Jean Piaget: *Das Erwachen der Intelligenz beim Kinde.* Klett Verlag, Stuttgart 1975

Leo A. Weidner: *Achieving the Balance.* Law Enterprises 1988

Kaoru Yamamoto u. a.: *Voices in Unison: Stressful Events in the Lives of Children in Six Countries.* In: *Journal of Child Psychology and Psychiatriy and Allied Disciplines.* 28/1988

Rhea Zakich: *Simple Secrets of Family Communication.* In: *Reader's Digest.* August 1986